БИБЛІОТЕКА СВОБОДНАГО ВОСПИТАНІЯ и ОБРАЗОВ
и ЗАЩИТЫ ДѢТЕЙ.

Подъ редакціей И. Горбунова-Посадова.

ВЫПУСКЪ LII.

ИЗЪ МОЕГО ДѢТСТВА.

ВОСПОМИНАНІЯ
А. К. ЧЕРТКОВОЙ.

Типо-литографія Т-ва И. Н. КУШНЕРЕВЪ и К°, Пименовская ул., соб. д.

МОСКВА—1911.

Милому Сашѣ Зириневу
на добрую память
въ знакъ дружескаго чувства
отъ А. Чертковой
1: Янв. 1912 г.

Нѣсколько словъ отъ издателя.

Я выпускаю съ особенной отрадою предлагаемыя воспоминанія. Съ одной стороны, книга эта цѣнный вкладъ въ область изученія дѣтской психологіи, а потому и въ область педагогіи. Съ другой стороны, воспоминанія А. К. Чертковой имѣютъ значительную художественную цѣну. Давно уже въ русской литературѣ не появлялось такъ прекрасно написанныхъ воспоминаній дѣтства.

Записки А. К. Чертковой соединяютъ въ себѣ глубокую искренность, глубокую правду выраженія дѣтской души съ настоящей, простой и, вмѣстѣ съ тѣмъ, тонкой художественностью изображенія.

По нашему мнѣнію, по своимъ достоинствамъ воспоминанія эти стоятъ сейчасъ же въ слѣдующемъ ряду за такими мемуарами дѣтства, какъ «Дѣтство» Л. Н. Толстого и «Дѣтскіе годы» Аксакова.

Представляя интересъ для читателя вообще, особенно же для родителей, педагоговъ и психологовъ, многія страницы этихъ записокъ даютъ прекрасный матеріалъ и для дѣтскаго чтенія, которому такъ часто недостаетъ правдиваго и, вмѣстѣ съ тѣмъ, художественнаго матеріала неподдѣльныхъ воспоминаній дѣтства.

Отъ всей души желаю, чтобы книга А. К. Чертковой привлекла къ себѣ то вниманіе, котораго такъ заслуживаетъ и сама книга и авторъ ея, А. К. Черткова, въ качествѣ одного изъ главныхъ и дѣятельнѣйшихъ членовъ редакціи «Посредникъ» такъ много въ 80-хъ и 90-хъ годахъ поработавшая для народной и для дѣтской литературы, въ послѣднiе же годы — для дѣтскаго искусства въ качествѣ композитора-автора нѣсколькихъ сборниковъ пѣсенъ для дѣтей, являющихся одними изъ лучшихъ въ нашей музыкальной литературѣ. (Мы не говоримъ уже о многолѣтней работѣ А. К. вмѣстѣ съ ея мужемъ В. Г. Чертковымъ по изданію сочиненій Л. Н. Толстого.)

Не могу не высказать пожеланія, чтобы авторъ «Воспоминаній дѣтства» продолжалъ бы свои воспоминанія, въ которыхъ съ тою же художественностью были бы обрисованы дальнѣйшіе этапы жизни одной изъ симпатичнѣйшихъ дѣятельницъ нашей эпохи.

Въ заключеніе приведу то, что записано Л. Н. Толстымъ въ одномъ изъ дней его дневника 1909 года: «Сегодня читалъ Галины [1]) воспоминанія. Очень хорошо».

И. Горбуновъ-Посадовъ.

---

[1]) Л. Н. называлъ Анну Константиновну Черткову Галей, какъ звали ее всегда среди семьи и близкихъ друзей.

Изъ моего дѣтства.

Воспоминанія А. К. Чертковой.

> „...Чѣмъ старше я становлюсь, тѣмъ воспоминанія мои становятся живѣе... И наслаждаюсь воспоминаніемъ не меньше, иногда больше, чѣмъ наслаждался дѣйствительностью. Что это значитъ? То, что ничто не преходитъ ничто не будетъ, а все есть. И чѣмъ больше открывается жизнь, тѣмъ рѣзче выдѣляется доброе, истинное отъ дурного, ложнаго".
>
> (Изъ дневника Л. Н. Толстого. 6 іюня 1905 г.).

ПРЕДИСЛОВІЕ.

Воспоминанія свои я пишу только для себя и для самыхъ моихъ близкихъ, знающихъ и любящихъ меня такою, какая я была и есть—со всѣми моими слабостями. Литературно-художественнаго интереса въ моихъ запискахъ очень мало. Это скорѣе отрывочная хроника семьи—обыкновенной, ничѣмъ особенно не выдающейся, небогатой дворянской, служебной семьи съ хорошими нравственными традиціями, но и съ недостатками и слабостями, присущими своей средѣ и своему времени. Кромѣ того, первая часть моего дѣтства, относящаяся къ 60-мъ годамъ, прошла въ исключительно изолированной обстановкѣ, очень небогатой внѣшними впечатлѣніями, что имѣетъ свои положительныя и отрицательныя стороны. Но, быть-можетъ, именно благодаря тому, что впечатлѣній было мало, и жизнь была проста и однообразна, все то немногое, что нарушало однообразный будничный ходъ жизни, особенно рѣзко запечатлѣлось въ моей памяти, порой до странно-мелкихъ подробностей. И хотя природа вообще не обидѣла меня памятью, но этотъ первый періодъ дѣтства я особенно ясно помню. Ясно помню какъ отдѣльныя рельефныя картины изъ него, такъ и общій фонъ всей жизни и моего личнаго дѣтскаго настроенія.

Изолированность моей дѣтской жизни того времени имѣла ту хорошую сторону, что не разсѣивала дѣтскій мозгъ избыткомъ впечатлѣній, которыми изобилуетъ дѣтство городскихъ и въ особенности современныхъ дѣтей, и предоставляла возможность характеру развиваться самостоятельно, безъ лишней подражательности дѣтямъ-товарищамъ, за полнымъ отсутствіемъ таковыхъ. Одинъ мой братъ былъ хотя и старше меня, но болѣзненный, хилый, котораго я даже опередила въ развитіи въ тѣ годы, и которому сознательно не хотѣла подражать. Второй братъ, моложе меня, былъ еще очень мало развитъ и только позднѣе импонировалъ мнѣ мужественными чертами своего характера. Другія дѣти нашей семьи были значительно моложе меня и тѣмъ болѣе не могли вліять на меня.

Несомнѣнно яркое впечатлѣніе производилъ на меня мой отецъ своимъ сильнымъ, непосредственнымъ и замѣчательно искреннимъ характеромъ, съ его то рѣзко-деспотическими, то задушевными вспышками. Быть-можетъ, не такое яркое, какъ отецъ, но болѣе глубокое, непрерывное вліяніе оказывалъ на меня кроткій и строго-выдержанный характеръ матери, хотя думаю, что ея вліяніе на меня было болѣе сильно въ послѣдующій, болѣе сознательный — отроческій періодъ. Но несомнѣнно самымъ преобладающимъ вліяніемъ въ первыя семь лѣтъ моей жизни было вліяніе моей няни, воспоминанія о которой составляютъ главное содержаніе первой части моихъ записокъ.

Въ воспоминаніяхъ своихъ я записывала все, что только приходило мнѣ на память, въ томъ видѣ, въ какомъ мнѣ это представляется и представлялось много разъ раньше, съ добавленіемъ разсказовъ другихъ моихъ близкихъ. Многіе факты слишкомъ мелки и ничтожны, чтобы на нихъ стоило останавливать вниманіе, но я не выкидывала ничего изъ этихъ раннихъ воспоминаній, такъ какъ лично мнѣ каждый мелкій штрихъ, возстанавливающій предо мной дорогое прошлое дѣтства, одинаково дорогъ. Кромѣ того, я думаю, что мнѣ трудно рѣшить самой, что стоитъ и чего не стоитъ заносить на бумагу. А между тѣмъ я знаю, что въ первыя 7 лѣтъ жизни человѣкъ получаетъ самый большій запасъ впечатлѣній и знаній, чѣмъ во всю свою послѣдующую жизнь. И въ дѣтскомъ самомъ раннемъ возрастѣ самыя мелкія, ничтожныя событія имѣютъ вліяніе на умственное и нравственное развитіе ребенка. Разумѣется, многое и ускользаетъ изъ его поля зрѣнія, но то, что почему-либо запечатлѣлось въ его мозгу, навѣрно ужъ имѣло какое-либо значеніе.

Въ моемъ мозговомъ архивѣ среди воспоминаній ранняго дѣтства сохранились такія, которыя я не могу иначе назвать, какъ моментальными снимками. И процессъ, посредствомъ котораго отпечатались они въ мозгу, очень напоминаетъ фотографическую камеру. Въ полной темнотѣ вдругъ открывается маленькое окошко, блеснетъ свѣтъ, и на фонѣ этого свѣтлаго пятна выступаетъ картина,—но живая—съ звуками и красками. Видѣніе продолжается одно мгновеніе, и вотъ камера опять захлопнулась, и снова темно... Негативъ иногда годами лежитъ непроявленный, и потомъ вдругъ какой-нибудь, иногда ничтожный случай, дѣйствующій какъ реактивъ на стекло, пробудитъ въ памяти какъ будто забытую картинку, надъ которой дальше уже работаютъ сознательная память и воображеніе. Это наиболѣе раннія воспоминанія...

Другія же воспоминанія—болѣе позднія—скорѣе имѣютъ характеръ кинематографа, т.-е. болѣе продолжительно смѣняющихся картинъ и болѣе или менѣе связанныхъ между собой. Пробѣлы между ними я иногда дополняю своимъ воображеніемъ, стараясь представить ихъ себѣ какъ можно правдоподобнѣе, т.-е. такъ, какъ должно было бы быть въ дѣйствительности, сообразуясь съ характерами и обстановкой.

Май, 1907 г.
 Англія.

ЧАСТЬ I.

ДУБОВКА.

(1860—1866 гг.)

> „Счастливая, счастливая, невозвратимая пора дѣтства! Какъ не любить, не лелѣять воспоминаній о ней? Воспоминанія эти освѣжаютъ, возвышаютъ мою душу и служатъ для меня источникомъ лучшихъ наслажденій".
>
> (Л. Н. Толстой. „Дѣтство", гл. XV.)

Вмѣсто вступленія.

Домикъ на Волгѣ.

На крутомъ берегу Волги, въ посадѣ Дубовка, въ 60-хъ годахъ стоялъ небольшой деревянный домъ, съ мезаниномъ, въ которомъ жили мои отецъ и мать, и гдѣ протекли мои первыя семь лѣтъ жизни, самой мирной и счастливой жизни.

Несмотря на то, что съ тѣхъ поръ прошло 40 лѣтъ, домъ этотъ съ дворомъ и палисадникомъ, съ видомъ на Волгу, такъ ясно запечатлѣлся въ моей памяти, что я безошибочно рисую себѣ его планъ какъ наружный, такъ и внутренняго расположенія комнатъ, до мельчайшихъ подробностей, и помню его лучше и яснѣе, чѣмъ послѣдующіе многіе дома и квартиры, въ которыхъ мнѣ пришлось жить.

Домъ стоялъ на скалѣ, какъ бы выступавшей террасой подъ еще болѣе высокой горой, на которой раскинулся посадъ. Домъ былъ деревянный, обшитый тесомъ и выкрашенъ въ голубовато-сѣрую краску, подъ красной желѣзной крышей. Со стороны двора домъ былъ одноэтажный, и на эту сторону (начиная отъ воротъ влѣво) выходило окнами крыло дома съ маленькой дѣтской и няниной комнатой; въ подвальномъ этажѣ находилась кухня съ лѣстницей, спускающейся внизъ подъ землю; затѣмъ уступомъ вглубь по длинному фасаду дома шла стеклянная галлерейка. На этой же сторонѣ было два входа: буфетное низенькое крылечко и парадное довольно высокое крыльцо съ широкой площадкой. Дворъ былъ довольно обширный, окруженный съ правой стороны отъ воротъ постройками: батарейной канцеляріей моего отца (небольшое бѣлое зданіе) и длинными сараями, задней стѣной примыкающими къ горѣ; затѣмъ подъ угломъ къ нимъ, въ концѣ двора, большая конюшня, а за нею баня.

На южную сторону дома выходило окно кабинета и три окна залы. Здѣсь было теплѣй всего, и, сколько помнится, лежали кучи песку, въ которомъ мы часто возились. Отсюда же шла узкая крутая пѣшеходная дорожка къ берегу Волги.

На восточной сторонѣ, фасадомъ на Волгу, домъ былъ полутораэтажный, если не считать мезанина. Сюда выходили окнами всѣ жилыя комнаты, а балконъ, выходившій изъ гостиной, стоялъ на довольно высокихъ деревянныхъ колоннахъ, обвитыхъ лѣтомъ плющемъ или павителью. Подъ этимъ балкономъ была большая тяжелая дверь въ подвалъ, и лѣтомъ это прохладное мѣсто подъ колоннами замѣняло намъ бесѣдку. Тутъ, я помню, мы, бывало, съ матерью занимались, а тетки варили варенье на жаровнѣ.

Полукругомъ вдоль этого фасада шелъ довольно большой садикъ или, вѣрнѣе, палисадникъ, такъ какъ деревьевъ было очень мало, а больше кустовъ и цвѣтовъ. И вотъ въ этомъ-то палисадникѣ и огородикѣ, примыкающемъ къ нему съ сѣверо-восточной стороны, проводили мы большую часть нашего времени, совершенно удовлетворяясь этимъ тѣснымъ кусочкомъ земли и не мечтая ни о чемъ лучшемъ.

I.

Няня и бурлакъ.

Среди воспоминаній изъ ранняго дѣтства, когда наша семья жила въ маленькомъ посадѣ Дубовка на Волгѣ,—есть одно, которое я чаще другихъ любила воспроизводить въ своей памяти и которое поэтому особенно ярко живетъ въ моемъ представленіи.

Въ воспоминаніи этомъ я вижу себя еще совсѣмъ маленькимъ ребенкомъ и такъ какъ я знаю, что оно относится ко

Нашъ домъ въ Дубовкѣ.

времени безпрестанныхъ пожаровъ, происходившихъ на Волгѣ въ 1861—1862 годахъ, то думаю, что не ошибаюсь, считая, что мнѣ въ то время было не болѣе двухъ съ половиной лѣтъ.

Знаю, что время было лѣтнее. Я и братъ Ляля (который старше меня года на 2) играемъ на дворѣ около дома, съ той стороны, гдѣ дворъ переходитъ уже въ палисадникъ; кажется, мы дѣлаемъ формочки изъ песку.

Солнце въ этомъ мѣстѣ жарко печетъ, поэтому думаю, что дѣло было уже къ закату, такъ какъ это западная сторона дома.

Вотъ съ чернаго крыльца сходитъ няня и подходитъ къ намъ. Она что-то объясняетъ брату, присѣвъ передъ нимъ на корточки, и даетъ ему въ руки большой ломоть чернаго хлѣба, посыпаннаго крупной солью. Я чувствую голодъ и тянусь къ ней, прося:

— И мнѣ, и мнѣ!

Братъ что-то пищитъ ноющимъ голосомъ, и мнѣ кажется,— ему чего-то боязно. Няня гладитъ его по головѣ и приговариваетъ:

— Ну, съ Галенькой вмѣстѣ—пойдешь?—и она даетъ мнѣ въ руку луковицу, но грозитъ пальцемъ, говоря, вѣроятно, чтобы я не брала ея въ ротъ.

У няни добрые глаза и добрая улыбка. Она торопитъ насъ, махая куда-то рукой и при этомъ, какъ мнѣ теперь кажется, оглядываясь по сторонамъ. Она провожаетъ насъ до калитки палисадника, изъ котораго дорожка ведетъ внизъ подъ крутую гору, прямо на берегъ Волги. Должно быть, она же заставляетъ насъ взяться за руки, потому что, я помню, мы идемъ внизъ подъ гору, держась другъ за друга. Но я оглядываюсь назадъ, и вотъ мнѣ представляется няня высоко-высоко стоящей надъ нами. Мнѣ дѣлается немного жутко безъ нея, но я все-таки иду по песчаной дорожкѣ, спотыкаясь о круглые гладкіе камешки, которые скользятъ и катятся внизъ по горѣ изъ-подъ нашихъ ногъ. Мнѣ хочется нагнуться, собрать эти гладкіе, блестящіе камешки, которые мнѣ хорошо знакомы и которыми мы очень любили играть,—но въ одной рукѣ я держу за зеленый пучокъ большую луковицу, а за правую руку крѣпко уцѣпился братъ Ляля.

Остался въ памяти также этотъ спускъ съ горы; онъ представляется мнѣ ужасно долгимъ,—настолько, что я уже, кажется, забываю, зачѣмъ и куда мы идемъ; забываю, что насъ послала няня. Быть-можетъ, это—суммированное воспоминаніе, такъ какъ мы часто спускались по этой дорожкѣ. Но при этомъ ясно вспоминается, какъ луковица щиплетъ мнѣ глаза и какъ запахъ вкуснаго свѣжаго чернаго хлѣба въ рукѣ у брата, прижавшаго его къ своей груди, раздражаетъ мой голодъ (мнѣ кажется, я даже помню форму казавшагося мнѣ огромнымъ ломтя съ толстой нижней, посыпанной мукой, коркой). И мнѣ хочется попросить хоть маленькій кусочекъ, но я, видно, помню, что няня не позволила ѣсть, и не рѣшаюсь, кажется, высказать брату свое желаніе.

Затѣмъ вижу, какъ мы, спустившись подъ гору, идемъ направо немного по песчаному берегу, въ которомъ ноги грузнутъ въ пескѣ. Братъ тянетъ меня туда, гдѣ сложены подъ горой большія кучи длинныхъ темныхъ сѣро-синеватыхъ бревенъ и досокъ (въ этомъ мѣстѣ часто складывались обломки барокъ и старыя лодки. Тамъ лежали иной разъ ихъ цѣлые остовы. И тамъ, когда мы были уже постарше, помню, мы играли въ пароходы).

Мы заходимъ сбоку на эту кучу и вдругъ останавливаемся изумленные. Въ тѣни, подъ кучей наваленныхъ бревенъ, въ углубленіи, какъ въ норѣ, сидитъ какая-то темная фигура человѣка съ темнымъ, закопченнымъ, какъ мнѣ представляется, страшнымъ лицомъ, на которомъ блестятъ два бѣлка. Онъ смотритъ на насъ, скаля бѣлые зубы, вѣроятно, улыбаясь, и что-то шепчетъ, маня насъ пальцемъ къ себѣ. Мы съ нѣкоторымъ страхомъ подходимъ къ нему. Братъ протягиваетъ ему хлѣбъ, а я, изъ подражанія, луковицу. Онъ хватаетъ ихъ у насъ изъ рукъ и быстро начинаетъ жевать. Я не могу оторвать глазъ отъ него. Какъ живая стоитъ у меня передъ глазами его фигура: у него темно-рыжая борода, на головѣ спутанные волосы безъ шапки, на тѣлѣ грязноватая, должно быть, синяя, пестрядинная рубаха-косоворотка съ разстегнутымъ воротомъ, обнажающимъ его смуглую грудь; на шеѣ виситъ маленькій мѣдный крестикъ, выпавшій изъ-за ворота и болтающійся отъ прерывистаго не то дыханія, не то отъ его движеній; крестикъ этотъ привлекаетъ особенно мое вниманіе. „Бурлакъ" (слово это я узнала раньше, мнѣ кажется, чѣмъ „крестьянинъ" или „мужикъ") сидитъ, нагнувшись нѣсколько впередъ, упираясь локтями въ колѣни, и торопливо ѣстъ; въ то же время, помню, какъ онъ махаетъ на насъ рукой и что-то шепчетъ, должно быть, чтобы мы уходили, и, наконецъ, дѣлаетъ порывистое, какъ бы угрожающее движеніе впередъ, дескать: „подите прочь!.. Не то я васъ!"

Мы въ испугѣ поворачиваемся и бѣжимъ, при чемъ Ляля (онъ былъ большой трусишка) забываетъ меня и быстро ковыляетъ своей косолапой ножкой въ гору. Я стараюсь поспѣвать за нимъ (на мнѣ длинное платьице, на которое я все время наступаю), падаю въ глубокомъ пескѣ и съ трудомъ добираюсь до подножія горы, ужъ чуть-чуть не плача; но вотъ — знакомыя, сильныя руки подхватываютъ меня и вносятъ наверхъ, и я сейчасъ же забываю, что мнѣ было страшно и что я хотѣла плакать, и чувствую себя опять вполнѣ уютно и безопасно на рукахъ у няни...

Здѣсь это воспоминаніе обрывается.

Уже много лѣтъ спустя, вспоминая объ этомъ случаѣ, когда мнѣ было лѣтъ 9—10, я отъ отца и матери узнала объясненіе этого эпизода. Это, очевидно, происходило въ тѣ памятные года, когда были сплошные пожары на Волгѣ, производимые неизвѣстными поджигателями, а можетъ-быть и бурлаками, бунтовавшими противъ купцовъ-предпринимателей и сжигавшими сплошь купеческія барки, дома, посады и чуть ли не цѣлые города.

Отецъ разсказывалъ мнѣ, что отъ городничаго было вывѣшено объявленіе въ Дубовкѣ, на соборной площади, грозящее самымъ страшнымъ наказаніемъ всѣмъ пойманнымъ поджигателямъ и строгимъ взысканіемъ лицамъ, такъ или иначе способствовавшимъ злоумышленникамъ или укрывавшимъ ихъ; поэтому понятно, что наша няня боялась, видно, сама отнести подаяніе несчастному бродягѣ, который, по всей вѣроятности, тоже принадлежалъ къ этой шайкѣ поджигателей.

Я знаю хорошо, что няня, какъ женщина порядка и твердыхъ нравственныхъ взглядовъ, не могла бы сочувствовать поджогамъ, но она, какъ и большинство русскихъ женщинъ, навѣрно жалѣла всѣхъ „несчастненькихъ" (какъ у насъ обыкновенно въ народѣ называютъ преступниковъ), скрывающихся отъ людей, какъ затравленные звѣри, и она, очевидно, считала своимъ христіанскимъ долгомъ подавать голодному. Но странно, что хотя я и не помню, чтобы няня намъ наказывала никому не разсказывать объ этомъ случаѣ, мы какъ будто чутьемъ понимали, что объ этомъ не слѣдуетъ никому говорить. И только когда мнѣ было 9 лѣтъ, живя уже на Кавказѣ, въ Майкопѣ, гдѣ одно лѣто были также сплошные пожары (кажется, горѣлъ переселенческій поселокъ), я, напуганная съ дѣтства еще дубовскими пожарами, какъ-то въ разговорѣ съ отцомъ вспомнила и этотъ эпизодъ изъ моего дѣтства. И благодаря этому узнала отъ отца объясненіе этого, бывшаго для меня загадкой, случая; объясненіе же это освѣтило мнѣ и другія воспоминанія дѣтства.

II.

Пожары.

I.

Помню, какъ я въ первый разъ увидала „пожаръ" и услыхала это слово. Это было такъ.

Насъ, то-есть Лялю и меня, повезли на какой-то дѣтскій праздникъ. Было ли это въ частномъ домѣ или въ клубѣ — я не помню. Но запомнились мнѣ слѣдующія подробности. Ляля былъ одѣтъ въ коричневую черкеску съ маленькимъ серебрянымъ кинжальчикомъ, а на мнѣ было что-то въ родѣ мордовскаго костюма, который мама вышивала сама, и помню, что на плечахъ моей расшитой рубахи были по красному кумачу нашиты мелкія металлическія блестки.

Я не помню, какъ насъ одѣвали, но помню уже себя въ большой ярко-освѣщенной залѣ и какихъ-то дѣтей, которыя меня окружили и, смѣясь, старались отщипать блестки на плечахъ, что меня раздражало, и въ особенности казалось обиднымъ то, что и Ляля тоже „дразнилъ" меня въ числѣ другихъ дѣтей, и вѣроятно, желая скрыть слезы, которыя мнѣ всегда было стыдно показывать, я забилась за портьеру двери, выходящей на какой-то балконъ-террасу. Повидимому, дѣти отстали отъ меня, потому что помню себя стоящей нѣкоторое время въ уголку за портьерой одну и скучающей. И вдругъ мое вниманіе было привлечено яркимъ огнемъ въ окнѣ двери, который, какъ фейерверкъ, вылеталъ среди вечерней темноты; не помню, была ли дверь полуоткрыта, или я, приподнявшись на цыпочки, увидала это сквозь стекло, но помню себя смотрящую на это ярко-красное пятно, изъ котораго снопами вылетали искры; но въ ту минуту я, очевидно, не отдавала себѣ отчета въ томъ, что это такое. Я даже не помню въ себѣ желанія спросить у кого-либо объясненія этого явленія. Я просто стояла и смотрѣла.

Вдругъ чья-то рука рѣзко отодвигаетъ меня отъ двери, и какая-то нарядная дама, распахнувъ двери, закричала страшнымъ, какъ мнѣ показалось, голосомъ:

— Пожаръ! Пожаръ!

Тутъ бросилась изъ комнаты на балконъ толпа народу. Не помню, закричала я или нѣтъ, но помню чувство необъяснимаго страха, который меня охватилъ, когда я очутилась среди толпы затолкавшихъ меня незнакомыхъ людей, что-то кричавшихъ и суетившихся.

Наконецъ, я увидала въ толпѣ пеструю персидскую шаль моей матери, которой я страшно обрадовалась, и вотъ вижу себя уже на рукахъ у нея, завернутую въ эту шаль. Страхъ, очевидно, уже прошелъ, и я помню себя съ любопытствомъ разсматривающую картину пожара, который принялъ уже огромные размѣры, и огонь, казалось, будто плылъ, разливался. Очевидно, это было на рѣкѣ (вспоминаю, какъ говорили потомъ, что пожары начались на баркахъ), потому что среди горѣвшихъ какихъ-то огромныхъ предметовъ свѣтилась вода (домъ стоялъ надъ рѣкой).

Вѣроятно, праздникъ, на который мы съѣхались, былъ этимъ пожаромъ разстроенъ, и насъ, кажется, скоро же увезли домой.

Въ связи съ этимъ запомнилось мнѣ и то, какъ я на возвратномъ пути, должно быть, заснула въ каретѣ. Помню, я сквозь сонъ чувствую, какъ меня раздѣваютъ,—помню щекотанье подъ подбородкомъ, отъ котораго я проснулась, и я, открывъ глаза, вижу себя на рукахъ у мамы или у няни, развязывавшей на шеѣ мой теплый капоръ.

2.

Помню, какъ иногда ночью я просыпалась отъ какого-то гула въ ушахъ. Я уже понимаю настолько, что знаю, что это звонятъ въ церкви.

Я привыкла слышать звонъ на разсвѣтѣ,—вѣроятно, означавшій для меня то, что уже утро и пора вставать. Вотъ я вижу няню, двигающуюся по комнатѣ, но не зову ея, а только слѣжу за ней; няня становится на колѣни передъ иконой и начинаетъ молиться. Потомъ, вѣроятно, она замѣчаетъ, что я не сплю, подходитъ ко мнѣ и уговариваетъ спать. Въ окна сквозь ставни и занавѣси что-то свѣтится, и я тянусь къ окну...

Я не помню сначала чувства страха, такого, который овладѣлъ мной потомъ при повторныхъ пожарахъ. Была ли я слишкомъ мала и глупа, чтобы понимать опасность, или потомъ ужъ я стала бояться подъ впечатлѣніемъ общей боязни всѣхъ окружавшихъ меня, которые, очевидно, не скрывали этого отъ дѣтей,—но чувство страха впослѣдствіи у меня развилось до такой степени, что каждый разъ, когда ночью билъ частый набатъ, я просыпалась съ крикомъ, дрожа какъ въ лихорадкѣ, и не успокаивалась, пока не умолкалъ набатный колоколъ. Помню, какъ отецъ бралъ меня на руки и подносилъ къ окну, думая, вѣроятно, что я привыкну, такимъ образомъ, къ картинѣ пожаровъ и перестану бояться, но, кажется, и это мало помогало.

И такъ какъ наши дѣтскія выходили съ одной стороны на Волгу, а съ другой—во дворъ, откуда были ясно слышны звуки набата и даже крики толпы и часто видно было и пламя отъ близко горѣвшихъ зданій, то мать, кажется, съ тѣхъ поръ перевела меня къ себѣ въ спальню, которая была самой тихой, удаленной отъ шума комнатой (полутемная большая комната, окномъ выходившая на крытую галлерею). Пожаровъ этихъ было такъ много и днемъ и ночью, что воспоминанія о нихъ въ моей памяти слились въ одинъ сплошной кошмаръ, который мнѣ представляется въ видѣ огромныхъ костровъ, горящихъ то на верху горы, въ пасадѣ, то за рѣкой.

Но вотъ яркая картина въ моей памяти. Раннее утро. Мы стоимъ съ братомъ Лялей одѣтые, какъ на прогулку, на нашемъ крыльцѣ и смотримъ на огромное пламя, которое подымается отъ рыбнаго купеческаго амбара на горѣ, какъ разъ надъ нашимъ экипажнымъ сараемъ, и длиннымъ страшнымъ языкомъ тянется надъ всѣмъ дворомъ къ дому прямо надъ нашими головами, и оттуда сверху сыплется что-то черное и горящее. Воздухъ удушливый, жаркій и ужасно вонючій. И тутъ же, я помню, какъ горящая головня сверху летитъ прямо на насъ и мимо Лялиной головы, ударяется о стѣну около косяка двери, у которой мы стоимъ, и падаетъ около Лялиныхъ ногъ. Ляля плачетъ и кричитъ что-то въ родѣ: „Нашъ домъ сгоритъ, нашъ домъ сгоритъ!" И страхъ Ляли заражаетъ меня и я, кажется, тоже плачу.

Помнится, кругомъ суетятся, бѣгаютъ люди, вытаскиваютъ сундуки, какія-то вещи. Отецъ кричитъ, распоряжается во дворѣ и дѣйствуетъ кишкой пожарнаго насоса, и мнѣ почти забавно и интересно, какъ онъ обдаетъ струей воды стѣны дома, и вода попадаетъ на насъ самихъ. (Поливая безпрестанно домъ, онъ, какъ оказалось, отстоялъ его отъ огня.) Потомъ помню, пробѣгаетъ няня и суетъ намъ каждому въ руку что-то съѣстное, помнится, ватрушку съ творогомъ (вѣроятно, изъ остатковъ отъ вчерашняго, то, что ей подъ руку попало): очевидно, намъ не успѣли дать позавтракать; потомъ она же выноситъ какую-то круглую картонку и узелокъ съ вещами, и одно суетъ мнѣ, а другое Лялѣ и велитъ намъ крѣпко держать и не потерять.

Наконецъ, вотъ насъ съ крыльца ведутъ куда-то. На рукахъ несутъ кого-то изъ меньшихъ дѣтей, и мы гурьбой спускаемся съ той самой крутой тропинки, съ которой мы обыкновенно ходили съ няней гулять на берегъ Волги. Тамъ насъ сажаютъ въ лодки и перевозятъ на другой берегъ рѣки. Намъ уже совсѣмъ не страшно и даже весело. Не думаю, чтобы мы еще когда-нибудь были на томъ берегу, и потому почти увѣрена, что воспоминаніе о пребываніи тамъ относится именно къ этому случаю. Помню костеръ, и мама и няня что-то стряпаютъ на угляхъ и кормятъ насъ. Должно быть, мы очень голодны, потому что мнѣ все кажется необыкновенно вкуснымъ. Помню берегъ низкій, отлогій, поросшій кустарникомъ, и песчаную отмель, на которой мы играемъ и собираемъ камушки и ракушки. Потомъ насъ тутъ же подъ какими-то кустами укладываютъ спать. Думаю, что насъ сонныхъ такъ и перевезли домой, такъ какъ обратнаго пути я уже не помню. Затѣмъ вспоминаю еще, какъ мы разсматриваемъ черное, закоптѣлое пятно на стѣнѣ дома, оставшееся отъ упавшей головни, и оно, кажется, долго сохранялось у насъ на стѣнѣ.

3.

Вотъ мы съ няней подымаемся по большой горѣ, ведущей въ городъ, и, взойдя на нее, идемъ влѣво на главную улицу. Няня ахаетъ все время и дѣлится своими впечатлѣніями съ кѣмъ-то изъ взрослыхъ,—не помню, кто былъ съ нами.

Меня поражаетъ, что вмѣсто прежде стоявшихъ тутъ домовъ теперь торчатъ какія-то высокія, длинныя башни, въ родѣ тѣхъ, какія мы строили изъ кирпичиковъ. Мнѣ объясняютъ, что это—печныя трубы, а кругомъ масса пепла и черныхъ обуглившихся бревенъ. Въ горячей золѣ еще мѣстами сверкаетъ огонь, и дымъ курится и тянется по вѣтру синеватой пеленой, разнося сильный запахъ гари, который мнѣ очень не нравится и который на всю жизнь остался у меня въ памяти. Какіе-то люди кучками сидятъ на сундукахъ и большихъ узлахъ, многіе плачутъ, и мнѣ, глядя на нихъ, чего-то страшно и тоже хочется плакать, и я тяну няню домой.

Какъ потомъ мнѣ разсказывали, сгорѣлъ буквально весь посадъ. Осталась лишь одна церковь и, къ удивленію всѣхъ, нашъ домъ. Впрочемъ, остался цѣлъ еще домъ городничаго. Говорятъ, онъ оберегалъ его солдатами, несмотря на всѣ попытки поджечь его. Домъ его стоялъ среди большого сада, спускающагося по склону горы до самой Волги, ворота въ который приходились напротивъ нашихъ воротъ. Городничій былъ, вообще, очень нелюбимъ населеніемъ. Фамилія его была Мартышкинъ. Я хорошо запомнила это, такъ какъ меня и Лялю это очень забавляло.

Помню ясно одинъ моментъ, какъ онъ подъѣзжаетъ къ своимъ воротамъ и, соскочивъ съ дрожекъ, быстрыми мелкими шажками скрывается въ воротахъ сада. Мы съ Лялей стоимъ у воротъ своихъ и смѣемся надъ Мартышкинымъ, потому что онъ намъ очень напоминаетъ игрушечную обезьянку, которую кто-то подарилъ Лялѣ; мы даже, играя, называли ее „городничій". Она была тоже въ треуголкѣ и мундирѣ (но только въ красномъ); вѣроятно, это и дѣлало его похожимъ. И мы увѣрены были въ дѣтствѣ, что его потому и прозвали Мартышкинымъ, что онъ похожъ на мартышку. И только, когда подросли, узнали, что это была его настоящая фамилія.

Объ этомъ городничемъ отецъ разсказывалъ, что онъ былъ большой трусъ. И во время пожаровъ и уличныхъ безпорядковъ, которые то и дѣло происходили тогда въ Дубовкѣ, онъ, испугавшись озлобленной толпы, заперся въ своемъ домѣ, велѣвъ даже запереть ставни, и сказался больнымъ, а отцу моему прислалъ записку, въ которой слезно умолялъ отца взять на себя управленіе городомъ, „передавая ему всю власть". Письмо, по словамъ отца, было написано глупымъ, высокопарнымъ канцелярскимъ языкомъ и, притомъ, безграмотнымъ.

Мнѣ даже какъ будто помнится, что я вижу, какъ отецъ стоитъ въ гостиной и читаетъ какое-то письмо, смѣясь прямо-таки до слезъ.

Въ то время у насъ было необычно много посѣтителей. Приходили какіе-то люди, которые, то сидя въ гостиной, то стоя въ передней, о чемъ-то громко разговаривали съ отцомъ. Изъ числа ихъ я помню только стараго купца Горьева, внѣшность котораго я и сейчасъ живо представляю себѣ. Это былъ типичный русскій купецъ (строгій староверъ), крупный, толстый, съ здоровыми розовыми щеками. Онъ очень любилъ моихъ отца и мать и говорилъ имъ „ты", какъ и всѣмъ вообще. Родители мои тоже очень уважали его и вспоминали его всегда, какъ честнаго, твердаго въ нравственныхъ принципахъ человѣка, строго придерживающагося старины и съ „большимъ здравымъ смысломъ", какъ говорилъ мой отецъ о немъ. (О немъ и его семьѣ, можетъ-быть, скажу послѣ.)

Такъ вотъ я помню, что отецъ читаетъ ему письмо городничаго, а Горьевъ, откинувшись назадъ на спинку кресла, громко хохочетъ звучнымъ, „аппетитнымъ", какъ выражался мой отецъ, смѣхомъ, при чемъ мое вниманіе привлекаетъ его вздрагивающій отъ смѣха толстый животъ и большая бѣлая борода лопатой.

Отецъ же, читая письмо городничаго, приговариваетъ: „Эдакій трусъ, эдакій трусъ!" Помнится мнѣ, что вскорѣ потомъ этого городничаго отставили отъ должности. Мы не разъ съ няней гуляли въ саду городничаго и видѣли домъ его съ заколоченными ставнями. Тогда меня занималъ вопросъ: „А что, тамъ и теперь сидитъ спрятанный городничій?" Кажется, послѣ него должность городничаго, благодаря новымъ реформамъ, была и вовсе упразднена, по крайней мѣрѣ, я уже не помню совсѣмъ его преемника.

Слѣдующая сцена въ связи съ этими событіями также довольно ясно запомнилась мнѣ. На дворѣ у насъ толпа народу, и, какъ мнѣ кажется, людей такъ много, что большой нашъ дворъ не вмѣщаетъ всей толпы. На дворѣ стоитъ страшный шумъ, крикъ, гвалтъ и, какъ мнѣ кажется, драка, которая пугаетъ не только насъ, дѣтей, но, очевидно, и взрослыхъ. (Мы смотримъ не то изъ окна няниной комнаты, не то съ буфетнаго крыльца.)

Тутъ же няня и какая-то женщина, прачка или горничная, ахаютъ, приговаривая:

— Охъ, убьютъ, убьютъ!

Вижу отца, который то вмѣшивается въ толпу, что-то горячо говоря и размахивая руками, то стоитъ на крыльцѣ и горячо разсуждаетъ и отдаетъ какія-то распоряженія. Потомъ какъ будто бы крики стихли. Вижу какихъ-то бородатыхъ людей въ синихъ чуйкахъ, стоящихъ около крыльца передъ моимъ отцомъ, снимающихъ шапки и низко кланяющихся по нѣскольку разъ.

Отецъ объяснилъ намъ нѣсколько лѣтъ спустя, что это воспоминаніе мое, очевидно, относится къ тому событію, когда былъ пойманъ поджигатель, и когда народъ хотѣлъ надъ нимъ учинить самосудъ. Отецъ съ трудомъ спасъ его отъ разъяренной толпы, и ужъ не знаю, какимъ образомъ удалось ему высвободить этого несчастнаго и запереть его у себя въ канцеляріи, приставивъ часовыхъ сторожить его. Толпу же онъ урезонилъ тѣмъ, что пошлетъ преступника въ Саратовъ, подъ судъ.

Отецъ мой пользовался большой популярностью среди мѣстнаго населенія, и его такъ и называли: „справедливый полковникъ". (Онъ командовалъ одной изъ кавказскихъ баттарей, стоявшей въ то время въ Дубовкѣ послѣ кавказскихъ походовъ.)

III.

Юродивый Филька.

Вотъ еще эпизодъ, относящійся ко времени пожаровъ. Помню, къ намъ во дворъ ходилъ какой-то странный человѣкъ, въ бѣлой длинной холстиновой рубахѣ, съ растрепанными длинными волосами и сѣдой бородой, съ большой палкой крюкомъ. Онъ останавливался посреди двора и иногда что-то пѣлъ нараспѣвъ или быстро-быстро болталъ что-то непонятное, размахивая палкой. Обыкновенно при этомъ на крылечкѣ отцовской канцеляріи (находившейся передъ окнами нянинной комнаты по другую сторону двора) появлялись солдаты-писаря, которые, очевидно, подсмѣивались надъ нимъ, вступая съ нимъ въ разговоръ и дразня его:

— Эй, Филька! Филька!

Должно быть, ему всегда выносили поѣсть чего-нибудь изъ нашей кухни; помню, какъ одинъ разъ няня, сунувъ мнѣ въ руку мѣдную монету, высунула меня изъ окна дѣтской и послала меня подать ему. Не помню, какъ я подходила къ нему и боялась ли, но кажется, что, просунувъ руку сквозь палисадную рѣшетку, у которой онъ сидѣлъ, опустила монетку на его колѣни. Въ моей памяти онъ представляется сидящимъ на землѣ, поджавши ноги, хлебая что-то изъ деревянной чашки и уставивъ тусклые глаза въ пространство, онъ медленно чавкаетъ и какъ бы даже, видно, не замѣчаетъ меня. Обыкновенно, онъ передъ уходомъ крестился и начиналъ, какъ мнѣ казалось, махать рукой, т.-е. крестить въ воздухѣ, поворачиваясь во всѣ стороны ко всѣмъ строеніямъ на нашемъ дворѣ. Очевидно, эта сцена повторялась въ то время довольно часто, потому что появленіе его у насъ на дворѣ не вызывало во мнѣ ни удивленія, ни страха. Помню хорошо, что няня и прислуга наша съ большимъ уваженіемъ относились къ нему, называя его „блаженнымъ" и „человѣкомъ Божьимъ". Вѣроятно, послѣ уже, когда я была постарше, я слышала разсказы о немъ и поняла, что няня не одобряла насмѣшекъ надъ этимъ человѣкомъ, считая, что это грѣхъ, и что Богъ за это накажетъ. И помню, какъ какая-то другая женщина, должно быть, наша прачка, говорила:

— Ужъ если, бывало, онъ какой-нибудь домъ благословитъ, то ужъ это вѣрнѣе вѣрнаго отъ огня убережетъ...

И такъ у насъ сложилось такое мнѣніе, что огонь оттого и пощадилъ нашъ домъ, что къ намъ часто ходилъ юродивый Филька.

Говорили также, что во время этихъ пожаровъ онъ ходилъ по улицамъ и, проходя мимо воротъ нѣкоторыхъ домовъ богатыхъ купцовъ, плевалъ въ ихъ сторону, и что послѣ этого обязательно въ этомъ домѣ вспыхивалъ пожаръ.

Помню также, какъ разсказывали про такіе случаи, что нѣкоторые купцы и купчихи выходили за ворота съ хлѣбомъ-солью, поджидали юродиваго, низко кланяясь ему и прося его удостоить ихъ домъ своимъ посѣщеніемъ. Помнится, ему почему-то еще подносили сотовый медъ (вѣрно, онъ былъ охотникъ до него). И считалось большимъ счастьемъ, если онъ удостаивалъ принять что-нибудь отъ нихъ, и, наоборотъ, дурнымъ предзнаменованіемъ или какъ бы проклятіемъ Божьимъ, если онъ, проходя мимо, отворачивался отъ подносимаго ему угощенья. Мнѣ кажется, что эти подробности о немъ я слышала уже послѣ того, какъ онъ пересталъ появляться у насъ въ домѣ и какъ будто исчезъ куда-то, — быть-можетъ, умеръ, — потому что говорили объ этомъ какъ о прошломъ. Думаю также, что именно по поводу этого юродиваго няня разсказывала намъ о жизни Василія Блаженнаго, очевидно, стараясь внушить намъ уваженіе къ этому роду людей.

IV.

Изъ самыхъ раннихъ воспоминаній объ отцѣ и матери.

Помню вечеръ. На кругломъ столѣ въ гостиной горитъ лампа. Я сижу на рукахъ у мамы, сидящей на низенькомъ креслѣ у стола. Странно, что я не помню ея лица, но помню ея фигуру въ капотѣ. Даже цвѣтъ и рисунокъ капота запечатлѣлись въ моей памяти (можетъ-быть, оттого, что лоскуты его надолго сохранились у матери въ сундукѣ и служили намъ потомъ для краски яицъ): онъ былъ изъ мягкаго персидскаго шелка, темно-синій съ яркими узорчатыми полосками, которыя я, сидя у матери на колѣняхъ, съ интересомъ разглядывала, водя по нимъ пальцемъ на ея груди.

Каждый разъ, когда я вспоминаю подобную сцену, въ воображеніи моемъ представляется ея фигура съ круглымъ большимъ животомъ, и я вижу себя, сующую ей руку за пазуху, какъ бы отыскивая, что у нея тамъ большое такое подъ капотомъ спрятано?

И вотъ мама посылаетъ меня побѣгать. Она, кажется, всегда заставляла меня бѣгать передъ сномъ. Я бѣгу изъ гостиной въ открытыя двери темной залы. Бѣгу до самыхъ оконъ противоположной стѣны, гдѣ стоитъ рядъ вѣнскихъ стульевъ, и, ударяясь руками объ нихъ, поворачиваюсь и бѣгу обратно. И такъ повторяю нѣсколько разъ.

Потомъ влѣзаю опять на колѣни матери и иногда тутъ же засыпаю. И мнѣ сквозь сонъ сладко и пріятно слышать ея мелодичный голосъ: она, очевидно, громко читаетъ отцу.

Вышеописанная сцена относится къ очень раннему возрасту, а именно къ полутора годамъ моей жизни. По словамъ матери, это относится къ тому времени, когда она ожидала рожденія брата Володи, который моложе меня ровно на полтора года.

Эти сцены очень ясно стоятъ у меня въ памяти, такъ какъ повторялись, вѣроятно, ежедневно въ ту зиму. Да и въ дальнѣйшіе періоды моей жизни, когда я была постарше, помню, какъ я любила по вечерамъ, уставши отъ бѣготни или отъ приготовленія уроковъ, залѣзать на диванъ за спину моей матери, въ то время, какъ она читала или что-нибудь работала, а отецъ большей частью ходилъ изъ угла въ уголъ по комнатѣ, куря папиросу, то слушая чтеніе, то что-нибудь разсказывая матери изъ своихъ дневныхъ впечатлѣній. А я, уютно устроившись за спиной матери, впадала въ сладкую дремоту, точно куда-то окунаясь и теряясь... и снова будто выныряя на поверхность.

Или вотъ, я бѣгу въ темную залу и вдругъ останавливаюсь, замѣтивъ необычный для меня свѣтъ изъ оконъ, очевидно, отъ луны, и вниманіе мое привлечено какими-то яркими большими бѣлыми пятнами на полу съ черными перекрестами. Я наклоняюсь и разсматриваю ихъ, и мнѣ кажется, что „окно упало на полъ", и вотъ я осторожно, бочкомъ-бочкомъ обхожу это свѣтлое мѣсто. Очевидно, и это воспоминаніе относится къ очень раннему дѣтству.

Другой разъ, помнится мнѣ, я бѣгу храбро до самыхъ оконъ и, намѣреваясь бѣжать обратно, вдругъ останавливаю взглядъ на еще болѣе темномъ пятнѣ—двери передней. И за дверью виднѣется мнѣ что-то огромное, черное, что меня пугаетъ, и я стремглавъ кидаюсь назадъ въ гостиную къ матери на колѣни, и, вѣроятно, разсказываю, какъ умѣю, про то, что напугало меня, и не хочу больше бѣжать. Тогда съ дивана изъ-за абажура лампы подымается кто-то, присутствіе котораго я какъ будто не замѣчала раньше, и, беря меня на руки, цѣлуетъ, при чемъ меня колютъ его колючіе черные усы. Это, конечно, папа. Онъ смѣется и несетъ меня туда въ темноту. Мы подходимъ къ этому страшному пугалу. Отецъ беретъ мою руку и водитъ ею по мягкому мохнатому предмету, говоря:

— Это не хамъ-хамъ. Это папина шуба. Шу-ба,—и заставляетъ меня повторить это слово.

Я повторяю за нимъ, но страхъ еще не совсѣмъ прошелъ. Помню, тутъ же или, быть-можетъ, въ другой разъ, отецъ одѣваетъ шубу и подзываетъ меня, чтобы я ощупала хорошенько этотъ предметъ, покрываетъ меня полой шубы съ головою. Мнѣ уже не страшно, но даже забавно. Убѣждаюсь, что и вправду „хамъ-хамъ не кусаетъ". Нѣсколько лѣтъ спустя, когда я напомнила отцу этотъ эпизодъ, онъ говорилъ, что это очень правдоподобно, такъ какъ совпадаетъ съ его „лошадиной педагогикой".

— Пугливую лошадь,—говорилъ онъ,—я всегда отучаю тѣмъ, что подвожу ее къ предмету, пугающему ее, и заставляю оглядѣть и обнюхать его, и такимъ образомъ всегда удается побѣдить всякій предвзятый страхъ.

То же обстоятельство, что я, очевидно, боялась звѣрей,

„хамъ-хамъ", какъ я называла, объясняется тѣмъ, что я не разъ видала, какъ во дворъ къ намъ приводили медвѣдей, которыхъ въ старину водили по Руси очень много и которые, вѣроятно, своимъ рычаніемъ напугали меня.

Братъ Леонидъ разсказывалъ мнѣ въ дѣтствѣ, что однажды медвѣдь у насъ на дворѣ разорвалъ нашу собачонку. Я лично этого факта не помню, но, вѣроятно, разсказы объ этомъ при мнѣ повліяли на мое воображеніе.

(Перебирая теперь въ памяти всѣ эти маленькіе эпизоды, меня удивило сначала то, что я не помню при этомъ присутствія старшаго брата. Однако, вникая больше въ прошлое, я соображаю, что такъ какъ Леонидъ отъ рожденія былъ хилый ребенокъ и, вѣроятно, въ то время былъ еще очень слабъ на ноги и врядъ ли еще ходилъ, то, повидимому, онъ оставался въ дѣтской съ няней, тогда какъ я проводила вечера съ матерью въ гостиной).

Но вотъ что еще сохранилось у меня самой въ памяти о медвѣдѣ; очевидно, изъ очень ранняго возраста. Мы стоимъ на дворѣ, гдѣ я вижу довольно много народу. Всѣ мы смотримъ на какое-то большое лохматое животное, рычащее, ползающее и прыгающее; всѣ смѣются, и потому мнѣ тоже не страшно, а весело. И вотъ помню, я роняю изъ рукъ что-то круглое, красное, вѣроятно, деревянное яичко, и оно катится нѣсколько шаговъ впередъ, прямо по направленію къ звѣрю, и я инстинктивно бѣгу, чтобы поднять этотъ предметъ. И вдругъ (совершенно не знаю, что раньше, что позже) я чувствую, какъ кто-то сзади высоко поднимаетъ меня надъ землей, и въ тотъ же моментъ вижу что-то большое, мохнатое, въ уровень съ моимъ лицомъ, съ растопыренными лапами и издающее оглушительный ревъ прямо надъ моимъ ухомъ. Больше ничего не помню. Была ли то няня или отецъ, которые меня схватили во-время на руки, я ужъ не знаю. Только у меня осталось въ памяти, какъ будто я взлетаю на воздухъ. И послѣ этого мнѣ часто въ дѣтствѣ, и даже теперь иногда снится сонъ, что я спасаюсь отъ медвѣдя и летаю вокругъ нашего двора въ Дубовкѣ, а огромный медвѣдь, стоя на заднихъ лапахъ, будто все растетъ и растетъ и вотъ-вотъ схватитъ меня. А я подымаюсь все выше и выше, и какъ-то жутко и вмѣстѣ сладко-пріятно замираетъ сердце отъ этого ощущенія полета.

V.
Какъ отецъ меня высѣкъ.

Въ своемъ дѣтствѣ, изъ трехъ старшихъ дѣтей — пока не явилась на свѣтъ сестра Нелли — я была въ нашей семьѣ любимицей отца. И онъ, который очень строго относился къ братьямъ (наказывалъ и даже сѣкъ ихъ), никогда пальцемъ не тронулъ ни меня, ни Нелли, и даже никогда, никакимъ образомъ не наказывалъ. А между тѣмъ, съ тѣхъ поръ, какъ я себя помню, и въ дѣтствѣ очень боялась отца, въ особенности, когда видѣла его идущимъ по двору съ плеткой въ рукѣ; я тогда сломя голову бѣжала прятаться, подъ лѣстницу ли, за дверь, или прямо подъ юбку няни, — куда попало. Можно было подумать, что страхъ этотъ былъ прямо врожденный. Но впослѣдствіи я поняла, что у меня остался этотъ страхъ послѣ того, какъ отецъ высѣкъ меня, когда мнѣ не было еще одного года. Самый фактъ этотъ, конечно, не удержался у меня въ памяти. Но съ дѣтства во мнѣ жила смутная увѣренность, что я знаю, т.-е. испытала, боль сѣченія. Отецъ самъ разсказывалъ мнѣ потомъ, много разъ вспоминая этотъ свой поступокъ, который онъ, какъ говорилъ, никогда не могъ себѣ простить. Вотъ какъ это было.

Я очень любила лошадей, и няня, должно быть, часто носила меня въ конюшню (а я тогда только начинала ходить), и вотъ однажды отецъ, подъѣзжая верхомъ къ конюшнѣ съ плеткой въ рукѣ, засталъ такую сцену: няня тащитъ меня изъ лошадинаго стойла, а я кричу неистово, извиваясь въ ея рукахъ, и тутъ же, брякнувшись на полъ, брыкаюсь ногами (что я имѣла обыкновеніе дѣлать, когда упрямилась). Няня объяснила отцу, что я лѣзла подъ лошадь, „прямо подъ самое брюхо", и она старалась меня унести, но я такъ извивалась и отбивалась, что „прямо сладу нѣтъ". Тогда отецъ, не говоря ни слова, схватываетъ меня на руки и, поднявъ платье, отшлепываетъ меня (не знаю ужъ, рукой или плеткой). „Но и самъ потомъ не радъ былъ, — разсказывалъ онъ мнѣ, — ты сразу же закатилась замертво, такъ что мы съ няней не знали, что дѣлать! Я было сначала не понялъ, что съ тобою сдѣлалось, и, отшлепавъ, кинулъ тебя на руки нянѣ. Вижу — няня подбѣжала къ бочкѣ и прыскаетъ на тебя водой... Ну, что я тогда пережилъ, сказать тебѣ не могу!.. Я такъ и рѣшилъ въ ту минуту, что если съ тобой случится несчастье, то я ужъ не покажусь твоей матери на глаза, а просто—пулю въ лобъ!"

И я, зная характеръ отца, увѣрена, что онъ такъ бы навѣрное и сдѣлалъ. (Няня дѣйствительно испугалась, ужъ не случился ли со мной припадокъ падучей.)

— Но съ тѣхъ поръ,—говорилъ мнѣ отецъ,—я ужъ себѣ далъ клятвенное обѣщаніе тебя пальцемъ не трогать. Ты же, бѣшка, такая злопамятная была: съ тѣхъ поръ стала меня бояться такъ, что пряталась подъ юбки мамы или няни, когда я входилъ.

И, разсказывая это, отецъ, бывало, прослезится и, взявъ меня за голову, крѣпко расцѣлуетъ въ обѣ щеки.

Почему-то онъ очень любилъ вспоминать этотъ эпизодъ и не разъ конфузилъ меня, разсказывая его часто при постороннихъ, даже когда я была уже взрослой.

Но иногда, когда онъ бывалъ не въ духѣ или когда я, уже подросшая, выговаривала ему за его жестокое обращеніе съ моими старшими братьями, онъ тогда какъ бы въ оправданіе свое говорилъ:

— Мальчиковъ нельзя не бить. Леонида я еще мало билъ. Вотъ оттого изъ него размазня и вышла. Маменькинъ баловень! Когда бьешь съ умомъ, за дѣло, всегда впрокъ идетъ. Вотъ ты,—какая упрямица была! Одинъ разъ только высѣкъ,—небось и не помнишь,—а зато какая шелковая стала съ тѣхъ поръ!..

Но я отлично помню, что вовсе не стала „шелковая" съ тѣхъ поръ, а что если не была капризна по характеру, то все же проявленій упрямства и своеволія у меня было въ достаточной мѣрѣ. Знаю, однако, и то,—да и мать мнѣ говорила,—что по отношенію къ ней я была очень послушна и единственно только потому, что она дѣйствовала всегда со мной одной только лаской и уговорами. Тогда какъ стоило, бывало, только гувернанткѣ или отцу прикрикнуть или строгимъ голосомъ приказать мнѣ что-нибудь, какъ на меня точно что найдетъ, и я съ мѣста не двинусь. Иногда я совершенно ясно сознавала справедливость приказанія или требованія, но одно то, что выражалось это въ сердитой формѣ и такъ выходило, будто меня заставляли исполнить насильно, внушало мнѣ желаніе упрямиться и противорѣчить. „Съ душкомъ тоже! Ишь ты—норовистая!"—говорилъ про меня отецъ не разъ какъ въ дѣтствѣ, такъ и потомъ, въ мои уже юношескіе годы.

Въ дѣтствѣ же, однако, онъ не разъ, вспыливъ, угрожалъ: „Смотри ты у меня! Отстегаю тебя еще разъ когда-нибудь!" И при этомъ въ моемъ дѣтскомъ воображеніи вставало воспоминаніе о томъ, какъ онъ на моихъ глазахъ отстегалъ вороного коня. Объ этомъ разскажу ниже.

VI.
Вороной и Тимошка.

Очень ярко запомнился одинъ эпизодъ, хотя мнѣ въ то время было (по словамъ матери) всего около полутора года.

Мы ѣдемъ въ саняхъ. Я на рукахъ у мамы, Ляля на рукахъ у няни. Ѣдемъ, должно быть, очень быстро. Что-то щиплетъ лицо, рѣжетъ глаза такъ, что хочется жмуриться. Вѣроятно, первый разъ испытываю ощущеніе сильнаго мороза на лицѣ и замѣчаю ярко-ослѣпительный блескъ снѣга. Я зажмуриваюсь и, должно быть, засыпаю, укрытая, кажется, мѣховымъ воротникомъ салопа матери. Мнѣ тепло и уютно... Вдругъ—что-то случилось! И вотъ мы ужъ не ѣдемъ, а лежимъ. Кругомъ все бѣло, но прямо около моей головы желтый контуръ извилистаго края—какъ оказалось—глубокаго оврага, который рѣзко отпечатался въ моей памяти. И вотъ я лежу на чемъ-то мягкомъ, черномъ: это, вѣроятно, мамина шуба. А Ляля рядомъ со мной, головой въ снѣгъ. Вотъ няня поднимаетъ насъ. Ляля очень плачетъ, но онъ вообще часто плачетъ, и это меня не тревожитъ; я не понимаю, что случилось: мнѣ не больно и, кажется, не страшно.

Затѣмъ, помню, мы въ какой-то избенкѣ. Я первый разъ увидала избу, и потому она осталась у меня въ памяти: низкая, съ закопченными, совсѣмъ черными, стѣнами. Няня возится съ Лялей, который сидитъ на скамьѣ рядомъ съ мамой. У него щека завязана платкомъ. Онъ все хнычетъ: „бо-бо..." и просится: „но-но!" т.-е. чтобы ѣхать домой. Я же брожу по избѣ и, должно быть, съ любопытствомъ разсматриваю новую обстановку. Запомнился мнѣ огонь въ печи и какая-то старуха, которая ухватомъ сажаетъ горшокъ въ печь... (кажется, не ошибаюсь, относя эту подробность къ этому случаю, потому что послѣ этого рѣшительно не помню, чтобы мы бывали въ какихъ-нибудь избахъ, пока жили въ Дубовкѣ).

Вернулись мы домой уже не на нашемъ Ворономъ, а на крестьянскихъ дровняхъ. Я ужъ этого не помню, но такъ мнѣ разсказывали. Помню еще, какъ отецъ сердился на кучера, и вмѣстѣ съ этимъ ярко запечатлѣлась во мнѣ слѣдующая сцена.

Мы сидимъ съ няней въ стеклянной галлерейкѣ и смотримъ въ окошко. Около дверей конюшни привязанъ нашъ Вороной, большой, красивый конь. Отецъ длиннымъ хлыстомъ стегаетъ его по всѣмъ бокамъ, такъ что свистъ стоитъ въ воздухѣ. Лошадь бьется изъ стороны въ сторону такъ сильно, что, кажется, вотъ-вотъ сорвется. Пѣна валитъ у нея изо рта. А отецъ все бьетъ и бьетъ. Мнѣ казалось, что это продолжается ужасно долго, и что онъ никогда не перестанетъ его бить. Няня что-то взволнованно шепчетъ,—вѣроятно, читаетъ молитву...

Я знаю, что Вороного бьютъ „за дѣло" (оказалось, онъ понесъ и вывалилъ насъ на косогорѣ, разбивъ сани), но все же мнѣ страшно видѣть отца такого сердитаго, какимъ я его еще никогда не видала. Должно быть, я стала плакать, потому что няня меня уноситъ прочь... Предполагаю, что послѣ этого-то я особенно стала бояться отца.

Вороного же мы больше не видали. Отецъ его продалъ за безцѣнокъ, какъ онъ говорилъ, только бы съ глазъ долой. Это было совершенно въ характерѣ отца, несмотря на то, что онъ самъ былъ виноватъ въ этомъ, такъ какъ Вороной, котораго онъ недавно самъ же объѣздилъ, и который былъ очень горячей лошадью, внушалъ большой страхъ моей матери, и она долго не рѣшалась на него садиться. Отецъ же настаивалъ, называя ее трусихой; но, когда наконецъ она согласилась и стала употреблять его, кажется, въ одну же изъ первыхъ ея поѣздокъ случилось это приключеніе, окончившееся, однако, благополучно для насъ всѣхъ.

Второй подобный же случай, въ которомъ проявился горячій, необузданный нравъ отца, доводящій его до жестокой мстительности по отношенію не только къ людямъ, но даже къ животнымъ, былъ опять-таки съ другой его лошадью, верховой, которую звали у насъ „Тимошка". (Мнѣ въ то время было уже лѣтъ 5—6.) Не помню уже, въ чемъ провинился бѣдный „Тимошка", но знаю только, что отецъ, жестоко избивъ его (чего я, впрочемъ, сама не видала, а только слышала объ этомъ разговоръ), поставилъ его въ холодный денникъ и не велѣлъ его ни кормить, ни поить,—„пусть сдыхаетъ". Такъ прошелъ цѣлый день, а можетъ-быть и два. Отецъ, сердитый, не выходил изъ кабинета. Всѣ въ домѣ ходили на цыпочкахъ, шептались, плакали и вздыхали, при чемъ няня, помнится, качая головой, приговаривала: „Азiатъ, какъ есть азiатъ!"

Тетя Люша разсказывала мнѣ потомъ, что мама нѣсколько разъ ходила къ отцу вымаливать прощенiе „Тимошкѣ".

— Костенька, прости „Тимошку",—умоляетъ она жалобнымъ голосомъ.

Отецъ срывался съ мѣста и кричалъ, топая ногами!

— Не прощу, не прощу! Пусть околѣваетъ, негодный!

Кончилось тѣмъ, кажется, что съ матерью сдѣлалась истерика съ обморокомъ. И тогда отецъ, испугавшись за ея здоровье, „простилъ Тимошку", т.-е. велѣлъ его опять кормить и поить. Но все-таки съ тѣхъ поръ никогда уже не сѣлъ на него верхомъ и, кажется, вскорѣ послѣ того сбылъ его съ рукъ.

Отецъ былъ безстрашный и прекрасный наѣздникъ и никакую горячность не ставилъ лошади въ вину. Но не любилъ лошадей „норовистыхъ" и „невѣрныхъ", какъ онъ говорилъ.

— Лошади тоже бываютъ благородныя и подлыя, какъ и люди,—говаривалъ онъ. — А я подлецамъ никогда не спускаю,—говаривалъ онъ угрюмо, когда кто-нибудь невзначай упоминалъ про „Тимошку", о которомъ онъ даже много лѣтъ спустя не любилъ вспоминать.

VII.

Какою я себя помню въ раннемъ дѣтствѣ.

Я вхожу въ дѣтскую и вижу не совсѣмъ обычное зрѣлище: у няни гостья. Она сидитъ за столикомъ, который обыкновенно стоитъ въ простѣнкѣ между двумя окнами подъ зеркаломъ. Теперь онъ выдвинутъ къ серединѣ комнаты, и на немъ стоятъ самоваръ и чайный приборъ. Няня сидитъ направо, спиной къ свѣту. Гостья сидитъ напротивъ нея. Лицо ея освѣщено: она пожилая женщина съ строгими чертами лица, въ черной косыночкѣ и въ темномъ платьѣ.

Я стою у порога и нѣкоторое время разсматриваю ее, стѣсняясь войти въ комнату. Я вообще очень дичилась постороннихъ лицъ, вѣроятно, оттого, что очень рѣдко видѣла ихъ у насъ въ домѣ. Но вотъ няня подзываетъ меня къ себѣ. Я подхожу къ ней и, опираясь локтями на ея колѣни, оглядываю то гостью, то приборъ, разставленный на столѣ. Мое вниманіе привлечено хрустальной вазочкой съ ярко-краснымъ ягоднымъ вареньемъ и притомъ, кажется, съ моимъ любимымъ — кизилевымъ. Вазочка эта приходится какъ разъ въ уровень съ моимъ носомъ, когда я стою у стола. (Думаю, что въ то время мнѣ было не болѣе 3-хъ лѣтъ, а можетъ-быть и меньше).

Мнѣ очень хочется варенья, но я стѣсняюсь просить при постороннихъ. (Впрочемъ, намъ вообще внушалось—не просить). Но няня, очевидно, понимаетъ мое скрытое желаніе и подноситъ къ моему рту ложечку съ вареньемъ.

Онѣ говорятъ что-то про меня.

И вотъ гостья окликаетъ меня:

— А ну-ка, Галенька, погляди на меня.

Я скашиваю глаза въ ея сторону.

— Ой! что это у тебя глазки больно черные? Ты, вѣрно, забыла помыть ихъ сегодня?—говоритъ она совершенно серьезнымъ голосомъ, и я въ смущеніи вопросительно смотрю на няню.

Няня улыбается, но молчитъ.

— Нѣтъ, мыла... Правда, няня?—говорю я робко.

— Ну, вѣрно, уголькомъ запачкала. Пойди, пойди, помой хорошенько!—говоритъ опять гостья.

Я ухожу за дверь другой комнаты и, почему-то спрятавшись за нее, слюнявя кончикъ фартука, начинаю тереть себѣ глаза.

Няня опять вызываетъ меня. Я прохожу мимо гостьи, уже не рѣшаясь на нее взглянуть. Подойдя къ нянѣ, я смотрю на нее, ожидая, что она скажетъ.

Няня смѣется и поворачиваетъ меня лицомъ къ гостьѣ.

Та неодобрительно качаетъ головой и все такъ же серьезно замѣчаетъ:

— Нѣтъ, видно, ты плохо моешь. Все такіе же черные-пречерные...

Я сконфуженно прячу лицо въ колѣни няни и больше не хочу смотрѣть на строгую женщину...

Изъ болѣе ранняго возраста запомнилось мнѣ еще, какъ няня подымаетъ меня къ зеркалу и, показывая мнѣ на него, говоритъ:

— Вонъ няня, а вонъ Галя.

И я съ недоумѣніемъ разсматриваю маленькую фигурку на рукахъ у няни — у другой такой же няни, какъ эта, вотъ здѣсь. Запомнилось мнѣ, что я вижу тамъ круглое краснощекое лицо съ широко-раскрытыми, изумленными глазами, въ клѣтчатомъ шотландскомъ платьицѣ. Эту фигурку тоже называютъ „Галей". Я не то что не вѣрю, но какъ-то не понимаю этого, и мнѣ это непріятно, и я отворачиваюсь отъ зеркала и отпихиваю няню прочь отъ него. Навѣрное, нѣчто подобное повторялось не разъ, потому что я хорошо помню въ дѣтствѣ это странное чувство — почти боязни, которое я испытывала, смотрясь въ зеркало, вѣроятно, вслѣдствіе непониманія этого явленія. Помню, что въ дѣтствѣ я, бывало, боялась даже оставаться одна въ комнатѣ, гдѣ было большое зеркало, въ которомъ я видала свое отраженіе. Мнѣ казалось, что тамъ, за зеркаломъ, какая-то таинственная комната, гдѣ кто-то двигается и все время слѣдитъ за мной.

И помню, какъ я обрадовалась, когда мнѣ, уже 9-тилѣтней дѣвочкѣ, объяснили „секретъ" зеркала, хотя антипатія къ зеркаламъ осталась во мнѣ на всю жизнь.

По этому поводу должна признаться, что, вообще, въ дѣтствѣ и юности я не любила, боялась всего таинственнаго, непонятнаго для меня. Оно пугало, безпокоило мое воображеніе, и я только тогда успокаивалась и мирилась съ непонятнымъ явленіемъ, когда узнавала или находила ему какое-нибудь, казавшееся мнѣ правдоподобнымъ, разумное объясненіе.

VIII.

Братъ Ляля.

Мой старшій братъ Леонидъ былъ очень слабый ребенокъ. При прорѣзываніи зубовъ съ нимъ сдѣлался какой-то припадокъ, какъ у насъ называли, „родимчикъ", повлекшій за собою временный параличъ правой руки и ноги.

Стараясь вспомнить, когда я впервые помню брата, и забирая въ своей памяти все назадъ, я дохожу до слѣдующей сцены. Въ большой дѣтской, въ глубинѣ около стѣны, стоитъ кроватка, затянутая съ боковъ тикомъ. Я знаю, что это Лялина кроватка. Я вхожу въ дѣтскую, въ которой какъ будто давно не была. Меня кто-то ведетъ за руку и подводитъ къ кроваткѣ. Но заглянуть въ нее я не могу, — мнѣ слишкомъ высоко. Меня подымаютъ на руки, и чей-то мягкій женскій голосъ говоритъ:

— Пожалѣй Лялю! (Или „приласкай").

Я перевѣшиваюсь черезъ кровать и вижу блѣдно-зеленоватое личико Ляли. Онъ лежитъ тихо, какъ будто спитъ. Мнѣ хочется его приласкать, и я начинаю гладить рукой по его лицу:

— Пай! Пай!

Но Лялѣ это не нравится. Онъ морщится и нетерпѣливо отмахивается рукой. Мнѣ говорятъ, или я понимаю сама, что Ляля хочетъ „бай-бай" (т.-е. спать).

Вѣроятно, сцена эта относится къ тому времени, когда Ляля болѣлъ почти безпрерывно во все время прорѣзыванія зубовъ, такъ что нѣсколько разъ въ годъ, говорила мать, съ нимъ дѣлались жаръ и мозговыя судороги.

Вслѣдствіе этого онъ почти до трехъ лѣтъ не могъ ходить и вообще очень поздно развивался. И я, будучи моложе его года на полтора, догнала его и въ своемъ развитіи и, какъ мнѣ разсказывали, даже раньше его начала ходить и говорить. Отецъ любилъ разсказывать, какъ онъ иногда даже поручалъ мнѣ учить Лялю произносить слова, которыя ему трудно давались. И я сама, хотя и смутно, вспоминаю, какъ веду его, для этого обученія, плачущаго и ковыляющаго своей косолапой ножкой, изъ столовой въ дѣтскую. Вспоминаю, какъ при этомъ, подойдя къ двери дѣтской, мы застрѣвали у ея порога. Лялѣ было трудно переступить его своей больной ножкой, и онъ начиналъ безпомощно озираться и хныкать, прося чьей-нибудь помощи. И мнѣ иногда самой приходилось руками подымать его правую ногу и переставлять ее на другую сторону порога.

И вотъ, приведя Лялю въ дѣтскую, я усаживалась съ нимъ на низенькій деревянный выступъ, или ларь, у большого платянаго шкапа, и очень серьезно начинала ему твердить трудныя для него слова:

— Бу-о-ка! (т.-е. булка!) Пу-по-ка!

И Ляля сквозь слезы послушно повторяетъ за мной:

— Бультя!.. Пупотя!.. (Онъ долго картавилъ и говорилъ т вмѣсто к, а я долго не выговаривала твердое л: вмѣсто „ложка" говорила „уожка", что выходило въ родѣ — „вошка". Въ дѣтствѣ меня часто дразнили за это).

Запомнились мнѣ именно эти слова, такъ какъ мой отецъ часто о нихъ вспоминалъ и разсказывалъ, что Леонидъ въ дѣтствѣ обыкновенно просилъ за обѣдомъ дать ему изъ супа куриныхъ потроховъ, такъ называемыхъ „пупочковъ“, и не любилъ чернаго хлѣба, а всегда просилъ булки. Но раньше чѣмъ ему это дать, отецъ добивался, чтобы онъ правильно произнесъ эти слова. И потому за обѣдомъ всегда повторялись сцены обученія этихъ „мудреныхъ“ словъ, кончавшіяся неизбѣжно слезами бѣднаго Ляли.

У меня, вообще, въ памяти осталось, что за обѣдомъ отецъ постоянно бранилъ Лялю, то заставляя его правильно произносить слова, то дѣлая ему выговоры, что онъ плохо ѣстъ или сидитъ надутый, выпячивая губы, которыя отецъ, стуча ножомъ по столу, грозилъ отрѣзать.

— Отрѣжу, если не спрячешь! — кричалъ, бывало, онъ.

А когда Ляля разражался слезами, то отецъ называлъ его хныкалкой и бабой.

Эти сцены повторялись очень часто какъ въ раннемъ дѣтствѣ, такъ и позднѣе, когда мы уже подросли и начали учиться.

Несмотря, однако, на свое позднее развитіе, у Ляли уже съ пятилѣтняго возраста проявились двѣ способности: память и способность къ рисованію.

Память у него была, главнымъ образомъ, и пожалуй, даже исключительно, механическая. Онъ очень легко и быстро заучивалъ на память стихи и прозу, межъ тѣмъ какъ мнѣ проза совсѣмъ плохо давалась. Помню, что Лялѣ гораздо легче было заучить кусокъ прозы на память, нежели передать ее своими словами. Бывало достаточно подсказать ему первыя слова, какъ онъ продолжалъ „катать“ на память подъ рядъ нѣсколько строкъ. Эта его способность запоминанія удивляла всѣхъ насъ, и отецъ часто потѣшался этимъ, не то подсмѣиваясь, не то похваливая его.

Вторая Лялина способность, несмотря на его больную дрожащую руку, была рано проявившаяся любовь къ рисованію, при чемъ всѣхъ поражалъ его карандашный штрихъ, который былъ „совсѣмъ не дѣтскій“, по выраженію отца.

Способность эта, очевидно, перешла ему по наслѣдству, такъ какъ отецъ хорошо рисовалъ, въ особенности лошадей, а также обладалъ склонностью къ каррикатурамъ. У Леонида было тоже пристрастіе къ лошадямъ, и я помню, какъ отецъ съ гордостью носилъ всѣмъ въ домѣ показывать Лялинъ рисунокъ лошади. Отецъ, какъ видно, радовался этому проявившемуся дарованію своего сына, видя въ немъ будущее для него. „Ни въ военные, ни въ ремесленники онъ не годится, а для ученаго — смекалки не хватитъ, ну, по крайней мѣрѣ, Богъ дастъ, изъ него живописецъ выйдетъ". (Онъ именно выражался по-старинному: не „художникъ", а „живописецъ").

Къ великому его прискорбію, эта надежда не осуществилась.

Какъ образецъ отсутствія воли и способности сосредоточивать свои мысли на какомъ-нибудь начатомъ дѣлѣ въ дѣтствѣ — вспоминаю одинъ маленькій случай, который отецъ часто приводилъ для характеристики Леонида.

Когда мы научились писать настолько, что могли складывать сами слова, мама однажды заставила насъ писать самостоятельно письмо нашей бабушкѣ. Кажется, я писала о томъ, что посылаю ей связанныя мною подвязки, а дѣдушкѣ вышитую закладку въ книгу, — больше, вѣроятно, ничего не было въ этомъ письмѣ, и мнѣ помнится, я была смущена, что писала такъ долго, а написала такъ мало.

А Ляля, помню, возбужденный, съ восторгомъ собирался писать свое письмо, очевидно, радуясь, что, наконецъ, можетъ самъ писать.

— Ужъ я такое хорошее письмо напишу бабушкѣ! — приговаривалъ онъ, усаживаясь. — Вотъ увидишь!

Но, написавъ первую фразу, онъ застрялъ на ней. Помню, какъ онъ повторяетъ нѣсколько разъ написанное:

— Какъ я ра́дъı ер, а, дз — радъ.

И въ концѣ концовъ ему просто надоѣло сидѣть надъ письмомъ, и когда я кончила свое, онъ тоже чѣмъ-то развлекся постороннимъ.

Помню, какъ мать и гувернантка понукаютъ его писать, а онъ жалуется, что ничего не можетъ придумать, и какъ, наконецъ, отецъ, войдя въ комнату, спрашиваетъ:

— Ну, а ты что написалъ?

— Какъ я р-а-дъ, — читаетъ Ляля.

— Ну, а дальше что?

— Какъ я р-а-дъ, — тянетъ уже плаксивымъ голосомъ Ляля.

— Ха-ха-ха! — смѣется отецъ. — „Какъ я радъ, ер, а, дз, радъ!" и больше ничего?!

И взявъ бумажку, отецъ идетъ къ матери, говоря что-то въ родѣ:

— Полюбуйся на сочиненіе твоего первенца. Ха-ха-ха!

Онъ всегда такъ заразительно смѣялся, что за нимъ всѣ начинали смѣяться.

И тутъ тоже всѣ, и даже самъ Ляля, и я за всѣми смѣемся, хотя я и не совсѣмъ понимаю, въ чемъ дѣло. И послѣ этого отецъ еще долго подтрунивалъ надъ нимъ; а нѣсколько лѣтъ спустя онъ любилъ разсказывать,—не знаю ужъ—правду или для краснаго словца, — что у Ляли всѣ письма къ бабушкѣ начинались и кончались словами: „Какъ я радъ!"

— Изобрѣтательности и настойчивости ни на грошъ!—бывало, съ горечью говорилъ про него отецъ.

Такіе случаи, конечно, повторялись много разъ, но этотъ запомнился мнѣ лучше другихъ, вѣроятно, потому, что отецъ часто вспоминалъ его, когда хотѣлъ, то добродушно-шутливо, то насмѣшливо, съ досадой, подтрунить надъ бѣднымъ Леонидомъ, который, дѣйствительно, страдалъ полнымъ отсутствіемъ выдержки и настойчивости въ характерѣ.

IX.

Моментальные снимки.

1. Бѣлянка.

Среди моментальныхъ снимковъ моихъ воспоминаній находятся нѣсколько маленькихъ эпизодовъ, такъ сказать, волнительнаго характера, которые сами по себѣ мало содержательны и мало интересны, но произведшіе на мой дѣтскій мозгъ рѣзкое впечатлѣніе—испуга и оттого, вѣроятно, сохранившіеся навсегда. Мнѣ же лично доставляетъ удовольствіе самый процессъ, работа памяти даже надъ самыми маленькими незначительными случаями, къ которымъ, въ сущности, принадлежитъ большинство моихъ дѣтскихъ воспоминаній.

Вотъ одинъ изъ такихъ моментальныхъ снимковъ моей памяти...

Я знаю, что няня несетъ меня на рукахъ. Вдругъ впереди, далеко отъ насъ, мелькнуло большое, бѣлое, живое пятно; я знаю, что это: му-му, „Бѣлянка"; головой она упирается во что-то пестрое, красное и желтое, около самаго плетня. Одновременно съ этимъ въ ушахъ стоитъ дикій, ужасный — не то крикъ, не то ревъ. Все это продолжается одно мгновеніе и что потомъ было — я не помню. Объясненіе этого факта, которое, вѣроятно, я узнала уже впослѣдствіи по разсказамъ другихъ близкихъ людей, было такое.

Наша бѣлая корова, которую няня, со мной на рукахъ, ходила часто кормить хлѣбомъ, и которую я безстрашно, бывало, ласкала, — на смерть забодала нашу коровницу, не узнавъ ее въ яркомъ праздничномъ нарядѣ. Коровница умерла, а корову сейчасъ же продали. Послѣ нея у насъ была корова, уже не бѣлая, а рыжая, „Холмогорка", которая, однако, по старой памяти, продолжала долго быть для меня „Бѣлянкой". Въ то время, какъ говорили, мнѣ было немного больше года. Но несмотря на то, что я была мала и врядъ ли поняла, что произошло на моихъ глазахъ, — тѣмъ не менѣе во мнѣ вселился страхъ къ коровамъ, вообще, и я помню, что ужъ нашу „Холмогорку" я до конца очень боялась и никакъ не рѣшалась ласкать или кормить изъ своихъ рукъ. Страхъ этотъ къ рогатымъ животнымъ, къ стыду моему, остался во мнѣ и до сихъ поръ.

2. Монахъ.

Кажется, мнѣ было года два, судя по тому, что старшій братъ, Ляля, болѣвшій хронически первые годы своего дѣтства, былъ уже здоровъ, такъ какъ былъ со мною: помню его сидящимъ на красномъ коврикѣ на крыльцѣ. Помнится, ему кто-то подарилъ забавлявшую насъ маленькую деревянную пушку съ золоченымъ дуломъ и пружинкой. Съ этой-то пушечкой мы, кажется, и играли въ тотъ день. Я вкладывала въ дуло горошинку, Ляля дергалъ за пружинку, и горошинка вылетала, а я слѣзала со ступенекъ крыльца и подбирала ихъ. Вѣроятно, мы были очень увлечены нашей игрой, ничего не замѣчая вокругъ. И вотъ, вдругъ, почти надъ самымъ моимъ ухомъ, раздался чей-то грубый, страшный голосъ, и одновременно съ этимъ, около крыльца, прямо надо мной, мелькнула въ глазахъ огромная черная фигура. Въ ушахъ раздался пронзительный крикъ, — кричу не то я, не то Ляля, — и въ тотъ же моментъ я куда-то падаю и все исчезаетъ... Вѣроятно, я упала съ крыльца, откинувшись назадъ съ испуга, и, ударившись затылкомъ о ступеньки, потеряла сознаніе.

Мать, вспоминая объ этомъ, говорила, что боялась воспаленія мозга отъ сотрясенія, но все обошлось благополучно. Отъ матери же я узнала, что напугавшая меня фигура—былъ монахъ, одинъ изъ тѣхъ, которые ходятъ и собираютъ пожертвованія на монастырь. Странно, что послѣ этого я, проживъ въ Дубовкѣ еще пять лѣтъ, уже ни разу не видала больше монаховъ. И, вѣроятно, вовсе забыла о напугавшемъ меня случаѣ, такъ какъ мнѣ никогда о немъ не напоминали. Но 7-ми лѣтъ, пріѣхавши въ Кіевъ и увидавъ монаховъ, я вдругъ вспомнила, что будто когда-то видала уже подобную фигуру въ высокомъ черномъ клобукѣ, и въ памяти вдругъ возстала эта картина, отчасти дополненная разсказами матери. И видъ монаховъ мнѣ былъ долгое время непріятенъ, хотя у насъ въ Кіевѣ, въ домѣ бабушки, они были частыми и почетными гостями.

X.

Желаніе быть мальчикомъ и отношеніе къ нарядамъ.

Мать моя разсказывала, что когда я была маленькая, я очень не любила обуваться и каждый день упорно сбрасывала съ себя чулки и башмаки, предпочитая шлепать босикомъ. Однажды, когда я начала ходить, я подобралась на дворѣ къ кадкѣ съ водой и потопила въ ней мою обувь. Этого я, конечно, сама не помню, но помню хорошо, что съ самыхъ раннихъ лѣтъ я всегда испытывала отвращеніе къ процессу одѣванія и въ особенности къ одѣванію чего-нибудь новаго, непривычнаго. И какъ это ни странно—съ самаго дѣтства меня непріятно раздражали яркіе цвѣта въ платьяхъ. Эта антипатія къ яркимъ цвѣтамъ у меня осталась на всю жизнь. Мать разсказывала, что стоило меня въ раннемъ дѣтствѣ съ утра заставить надѣть новое и притомъ яркое платье, чтобы я на весь день была не въ духѣ.

У меня самой остались въ воспоминаніи слѣдующіе случаи:

Я вижу себя на кроваткѣ въ большой дѣтской. Мнѣ было, вѣроятно, не болѣе двухъ лѣтъ. Меня одѣваютъ. Подходитъ мама съ розовымъ, очевидно, новымъ капотикомъ въ рукахъ. Это первый разъ, что я помню розовый цвѣтъ. Я отбиваюсь, барахтаюсь, ни за что не хочу одѣть и кричу: „Не мое, не мое!" ища глазами то платьице, къ которому я привыкла, и, наконецъ, замѣчаю въ простѣнкѣ между шкапомъ и дверью высоко на гвоздикѣ висящій мой капотикъ. Помнится, онъ былъ бѣленькій, кисейный или батистовый съ лиловыми, довольно большими изогнутыми листиками, которые мнѣ очень нравились и которые я, вѣроятно, запомнила еще потому, что любила ихъ считать: по крайней мѣрѣ, первое воспоминаніе о счетѣ связано съ этими листочками. Къ этому капотику я такъ привыкла, что мнѣ въ то время казалось, что я его всегда носила. Я тянусь къ нему и требую, чтобы мнѣ одѣли его опять. Няня и мама меня урезониваютъ, говоря, кажется, что я изъ него уже выросла, что онъ уже старый, что теперь уже не лѣто, что холодно въ немъ и прочее. Кончилось тѣмъ, что его должны были унести прочь съ моихъ глазъ, чтобы я о немъ забыла.

Мой отецъ часто при мнѣ говорилъ про брата Лялю, когда тотъ хныкалъ и трусилъ:

— Ты не мальчикъ, а баба. Хуже всякой дѣвчонки,—и прибавлялъ:—Вотъ, если бы Галя была мальчикомъ, у меня былъ бы славный старшій сынъ.

Вѣроятно, это и было причиной того, что я съ раннихъ лѣтъ помню въ себѣ желаніе „стать мальчикомъ". Я прямо сердилась, когда мнѣ говорили, что я дѣвочка. И помню, первый и едва ли не единственный ропотъ въ моей душѣ противъ судьбы былъ тотъ: „Зачѣмъ я не мальчикъ".

Я съ завистью смотрѣла на одежду моихъ братьевъ, и въ особенности мнѣ нравилась Лялина голубая рубашка, обшитая серебрянымъ позументомъ, бархатная черная поддевка-безрукавка съ золочеными бубенчиками, такія же шаровары и сапожки съ красными отворотами. Костюмъ этотъ казался мнѣ красивѣе всего на свѣтѣ. Наконецъ, я помню, что мнѣ удалось выпросить у Ляли его хотя бы старую малиновую канаусовую рубашку и всѣ остальныя принадлежности. Вѣроятно, и мама дала на это разрѣшеніе, потому что я помню себя довольно долгое время (какъ мнѣ говорили потомъ, нѣсколько недѣль) одѣтой постоянно мальчикомъ.

Но вотъ 17 апрѣля наступилъ день моего рожденія: мнѣ минуло 5 лѣтъ. Въ то время я спала уже въ угловой комнатѣ (маминой уборной). Очень хорошо помню, что утромъ, проснувшись, я съ изумленіемъ вижу на своемъ стульчикѣ, куда я обыкновенно, раздѣваясь, очень аккуратно складывала свою одежду,—теперь вижу разложенное новое пышное розовое платье съ оборками, обшитыми узкими черными бархотками. Помню, какъ я, страшно разсердившись, съ негодованіемъ сбрасываю его на полъ, а за нимъ и накрахмаленную съ кружевами бѣлую юбку и противный кринолинъ, въ который меня не такъ давно облекли и который я искренно всегда ненавидѣла. Вскочивъ съ постели, я ищу по комнатѣ мой любимый костюмъ мальчика, но нигдѣ не найдя его, съ ожесточеніемъ топчу ногами платье и юбки и потомъ, забравъ все это въ кучу и открывъ дверь въ столовую, гдѣ уже сидѣли и пили чай взрослые, бросаю весь этотъ комъ къ нимъ, молча захлебываясь отъ слезъ и жгучей обиды. И потомъ сейчасъ же, кинувшись назадъ и прыгнувъ въ постель, закутываюсь и закрываюсь съ головой одѣяломъ, чтобы не показывать своихъ слезъ.

Поступокъ мой приводитъ всѣхъ въ негодованіе. Вотъ мама и обѣ тетки стоятъ надо мной, ахаютъ и приговариваютъ на разные лады:

— Какъ тебѣ не стыдно! Такая большая дѣвочка! Тебѣ сегодня уже пять лѣтъ... Вотъ такъ подарокъ мамѣ!

Послѣдній упрекъ меня особенно возмущаетъ. Я не могла понять, какую связь все это имѣетъ съ „подаркомъ мамѣ".

— Вотъ такъ характеръ... Ну, и капризница... Папина баловница!—приговариваютъ тетки.

На послѣднее замѣчаніе я не выдерживаю, чтобы не возразить:

— Да, если бъ папа былъ дома...—сквозь слезы говорю я (не совсѣмъ припоминаю, что именно, но хотѣла сослаться, вѣроятно, на то, что онъ навѣрное не позволилъ бы такъ поступить со мной. Онъ былъ въ то время въ отсутствіи).

Послѣ тщетныхъ попытокъ меня насильно поднять и одѣть, мама, почти въ слезахъ, съ раздраженіемъ говоритъ:

— Ну, и бросьте ее. Пусть лежитъ хоть цѣлый день. Не будетъ ей никакихъ подарковъ, ни угощеній.

— И не нужно мнѣ ничего,—мысленно говорю я, а можетъ быть и высказываю это вслухъ, рѣшивъ про себя: „ну и буду лежать".

Оставшись одна и наплакавшись вволю, я крѣпко засыпаю и просыпаюсь, уже испытывая сильное чувство голода, когда всѣ отобѣдали.

Помню въ себѣ борьбу двухъ чувствъ: самолюбія, не позволявшаго мнѣ покориться, и не то совѣсти, не то желанія примириться съ мамой, чтобы какъ-нибудь уладить это дѣло.

Къ голоду прибавилась еще сильная головная боль, до тѣхъ поръ мнѣ совершенно незнакомая.

Помню себя сидящей на постели и тихо плачущей, не зная, что предпринять, и вотъ входитъ тетя Варя и подаетъ мнѣ мое самое старенькое, песочнаго цвѣта, платьице, о существованіи котораго я за это время уже забыла. Тетка, прочитавъ мнѣ суровымъ, ворчливымъ голосомъ краткое нравоученіе, оставляетъ его мнѣ и уходитъ.

Я очень рада такому разрѣшенію вопроса и поспѣшно одѣваюсь, напяливая ставшій уже слишкомъ короткимъ и узкимъ капотикъ съ рукавами по локоть и подоломъ выше колѣнъ. — „Ну, и пусть, не бѣда! — утѣшаю я себя: — мнѣ все равно".

Мать-таки выдержала характеръ и, дѣйствительно, лишила меня въ этотъ день и подарковъ и угощеній. Помню, какъ я обѣдаю одна, и тетя Варя, накладывая блинчиковъ мнѣ на тарелку, говоритъ: „А варенья мама не велѣла давать". Однако, я была этому даже рада, — мнѣ было бы еще болѣе совѣстно и неловко, если бы она была добра ко мнѣ въ этотъ день.

XI.

Какъ я боялась жениховъ.

Сколько я себя помню, я всегда боялась слова „женихъ". Откуда у меня пошла эта боязнь, не могу точно вспомнить, но кто-то, — кажется, тетки, — вѣроятно, подшучивали надо мной (не помню повода), что, когда я выросту большая, то придетъ какой-то „женихъ" и увезетъ меня отъ мамы.

При этомъ вспоминается, что за столомъ сидитъ тоже дядя Ваня; онъ ѣстъ гречневую кашу прямо изъ глинянаго горшечка, деревянной ложкой. (Онъ часто обѣдаетъ не во-время, а уже послѣ насъ.) Вѣроятно, на мой вопросъ: „зачѣмъ онъ, женихъ, меня возьметъ?" онъ своимъ густымъ голосомъ буркаетъ мнѣ въ отвѣтъ: „а вотъ, захочетъ — съ кашей тебя съѣстъ, захочетъ — въ лапшу искрошить". Я сержусь, стучу кулакомъ по столу и кричу: „А я не пойду! я не дамся!" очевидно, принимая всю эту шутку въ серьезъ. (Я, вообще, всегда была очень простодушна и плохо понимала шутки.) Вѣроятно, подобные разговоры повторялись не одинъ разъ, и они-то поселили во мнѣ страхъ, а впослѣдствіи прямо-таки отвращеніе къ понятію о женихѣ и замужествѣ. Съ этимъ у меня связано два воспоминанія.

1. Морякъ Эльснеръ.

Не помню ужъ, сколько лѣтъ мнѣ было,—четыре или пять,—когда у насъ въ домѣ появилось новое лицо—баронъ Эльснеръ, офицеръ морской службы. Почему морякъ очутился въ Дубовкѣ, на Волгѣ, я въ точности не могу вспомнить, но на наши разспросы по этому поводу много лѣтъ спустя отецъ и мать говорили, что онъ былъ сосланъ въ Дубовку въ наказаніе, но была ли это политическая исторія или какая-то дуэль, о которой ходили слухи, онъ объ этомъ избѣгалъ говорить. Мало-по-малу онъ очень подружился съ моими родителями и зачастилъ къ намъ ходить каждый день. Онъ былъ очень веселаго нрава и часто любилъ возиться съ нами, дѣтьми, играя и дурачась заодно съ нами, какъ мальчишка. Мы быстро привыкли къ нему и самымъ безцеремоннымъ образомъ злоупотребляли его добротой. Помню, какъ я считала какъ бы обязательнымъ, когда онъ приходилъ къ намъ, чтобы онъ сажалъ меня къ себѣ на плечи, при чемъ я обѣими руками держалась за его длинные рыжіе бакенбарды и управляла ими какъ вожжами, а онъ скакалъ со мной по всѣмъ комнатамъ и припѣвалъ: „Хопъ-хопъ-хопъ, мой конёкъ въ галопъ!"

Или же, одѣвая отцовскую шубу наизнанку, изображалъ медвѣдя, котораго Леонидъ и Володя водили по всѣмъ комнатамъ. И онъ добросовѣстно исполнялъ все то, что продѣлываютъ ученые медвѣди,—ползалъ на брюхѣ, изображая, какъ мальчишки горохъ воруютъ, или какъ ходитъ старуха съ костылемъ, какъ пляшетъ молодуха съ платочкомъ и прочее. Ляля и Володя влѣзали ему на спину, и онъ послушно лазилъ на четверенькахъ, рыча и пугая меня.

У него былъ, сколько мнѣ помнится, пріятный голосъ. И я очень любила его пѣсни, и помню, что онъ училъ насъ пѣть: „Внизъ по матушкѣ, по Волгѣ", при чемъ также усаживалъ насъ на полу гуськомъ, какъ въ лодкѣ, и училъ насъ изображать гребцовъ, а самъ становился рулевымъ и командовалъ: „право на бортъ!" и прочее, входя совершенно въ азартъ во время этой игры. Мы его почему-то звали атаманомъ, подразумѣвая подъ этимъ, вѣроятно, Стеньку Разина, о которомъ мы слышали уже въ раннемъ дѣтствѣ.

Посѣщенія его продолжались, я помню, довольно долго,— кажется, года два. И мы совсѣмъ сдружились съ нимъ. Въ то время онъ, кажется, былъ единственнымъ гостемъ, по крайней мѣрѣ такимъ, которымъ я интересовалась, и который остался у меня въ памяти.

И вотъ, вдругъ, наша дружба была разстроена неосторожнымъ словомъ, произнесеннымъ, какъ помнится, моимъ отцомъ.

Эльснеръ временами отсутствовалъ по нѣскольку дней или недѣль. И мы, дѣти, вѣроятно, скучали по немъ и спрашивали о немъ.

И вотъ однажды, послѣ нѣкотораго его отсутствія, въ столовую входитъ мой отецъ, а за нимъ онъ—Эльснеръ. Отецъ, смѣясь, подводитъ его ко мнѣ и говоритъ что-то въ родѣ:

— Ну, вотъ привезъ тебѣ назадъ твоего жениха.

Помню, какъ я, вдругъ, вмѣсто того, чтобы по обыкновенію лѣзть ему на руки, чего-то страшно испугалась, и съ крикомъ выбѣжала изъ комнаты въ мамину темную спальню, забилась тамъ куда-то въ уголъ и упорно не хотѣла выходить оттуда до тѣхъ поръ, пока онъ не ушелъ изъ дому. Съ тѣхъ поръ моя дружба съ нимъ кончилась. Я просто возненавидѣла его, и стоило ему только показаться въ нашемъ домѣ, какъ я пряталась куда-нибудь отъ него или убѣгала въ дальнія комнаты, и кричала просто до припадка, когда его подводили ко мнѣ или когда онъ, подкравшись потихоньку сзади, схватывалъ меня на руки.

Добрякъ, кажется, не на шутку огорчался и всячески старался задобрить меня, нося мнѣ конфеты, игрушки и прочее. Но я упорно ничего не хотѣла отъ него принимать, и когда онъ отдавалъ эти подарки маленькой Нелли, говоря, что теперь она будетъ его любимицей, я упрямо отворачивалась, дѣлая видъ, что не замѣчаю.

Никакія урезониванія и даже угрозы со стороны отца не дѣйствовали на меня. Я положительно не могла преодолѣть своего дурного отталкивающаго чувства къ нему, которое не могу иначе назвать, какъ ненавистью.

Странно, что послѣ этой размолвки я уже мало помню нашего друга моряка. И, кажется, онъ вскорѣ такъ же внезапно исчезъ изъ Дубовки, какъ неожиданно появился въ ней. По крайней мѣрѣ, много лѣтъ спустя, уже, будучи взрослой, по пріѣздѣ въ Петербургъ, разбирая мамины вещи, я среди старыхъ фотографій нашла маленькую карточку морского офицера съ большими бакенбардами и съ симпатичнымъ веселымъ лицомъ, которое мнѣ вдругъ напомнило далекое дѣтство, о чемъ я тутъ же сообщила матери, и она, назвавъ мнѣ барона Эльснера, сказала между прочимъ, что съ тѣхъ поръ, какъ онъ уѣхалъ изъ Дубовки, они о немъ больше ничего не слыхали.

2. Андрюша Барсовъ.

Мнѣ было уже шесть лѣтъ. Время было на Пасху. Намъ сказали, что къ намъ пріѣдетъ гость: мальчикъ восьми лѣтъ, сынъ товарища отца по кавказской службѣ—полковника Барсова, у котораго недавно умерла жена. Мы съ нетерпѣніемъ ждали его пріѣзда, тѣмъ болѣе, что у насъ совсѣмъ не было знакомыхъ дѣтей-товарищей. И вотъ однажды утромъ мы съ Лялей и съ двумя тетями разбирали крашеныя яйца въ столовой, когда кто-то, открывъ дверь изъ передней, воскликнулъ:

— Пріѣхали! Пріѣхали!

Ляля бросился навстрѣчу, а я что-то замѣшкалась, какъ вдругъ кто-то, кажется, тетя Люша, говоритъ мнѣ:

— Что жъ ты не идешь встрѣчать жениха своего?

Я тутъ же остолбенѣла, а она продолжаетъ что-то говорить не то въ шутку, не то въ серьезъ, расхваливая Андрюшу Барсова и приговаривая:

— Затѣмъ и пріѣхалъ, чтобы тебя сватать. Какъ разъ тебѣ женихъ...—и прочее въ этомъ родѣ.

Помню чувство растерянности и не то, чтобы негодованія, а какого-то паническаго страха и желанія куда-нибудь спрятаться. Сама не знаю, какъ, но я помню, что очутилась въ маминой спальнѣ, подъ кроватью.

Сидя тамъ въ темнотѣ, я слышу приближающіеся шаги и голоса:

— Гдѣ Галя? Гдѣ же Галя?

Я замерла подъ кроватью и, не знаю—почему, зажмурила глаза и заткнула себѣ уши, какъ вдругъ чувствую, какъ кто-то хватаетъ меня за ногу и, несмотря на все мое сопротивленіе, при чемъ я брыкаюсь и хватаюсь за ножку кровати, меня кто-то вытягиваетъ изъ-подъ кровати, и я слышу вокругъ громкій смѣхъ мальчиковъ. Повернувъ голову, я съ ужасомъ вижу, что тащитъ меня за ноги—онъ, „женихъ". Мнѣ бросается въ глаза его смѣющееся румяное лицо съ подстриженными на лбу въ скобку русыми волосами. Общими усиліями мальчики ставятъ меня на ноги и со смѣхомъ пристаютъ ко мнѣ:

— Ну, поздоровайся же! Ну, поцѣлуйся же!

Я закрываю лицо руками и чувствую, что мнѣ трудно дышать отъ сдерживаемыхъ слезъ, которыя мнѣ, какъ всегда, очень стыдно показывать.

Мальчикъ беретъ меня за обѣ руки и старается ихъ разжать, ласковымъ голосомъ уговаривая меня:

— Ну, посмотри же на меня. Я не странный. Право же, я не кусаюсь!

Но я упорно молчу, кряхчу отъ усилія и не поддаюсь его уговорамъ.

Тутъ еще братъ Ляля выводитъ меня изъ терпѣнія. Онъ измѣннически, какъ мнѣ представляется, беретъ сторону чужого мальчика и тоже помогаетъ ему разжать мнѣ руки, при чемъ какъ-то непріятно хихикаетъ и щиплетъ меня, чтобы заставить меня сдаться. Эта его манера меня всегда особенно раздражала. И я начинаю топать ногами и сердито кричать:

— Убирайся прочь! Не то побью!

И была уже готова пустить въ ходъ кулаки.

Въ концѣ концовъ, Андрюша оказался умнѣе насъ и, видя, что шутки эти могутъ кончиться плохо, взявъ Лялю за руку, началъ его убѣждать оставить меня въ покоѣ. И вотъ къ великому моему удовольствію, они оба, наконецъ, убѣжали. Я осталась одна, стоя посреди комнаты, чувствуя себя усталой, разстроенной и въ нерѣшимости, что мнѣ дѣлать? Мнѣ показалось, что я очень долго простояла такъ, скучая. Нашла досада и огорченіе отъ чувства разочарованія въ томъ, что я ожидала, что будетъ весело, а вышло такъ скучно. Потомъ, услыхавъ голоса дѣтей въ залѣ, я подошла къ дверямъ уборной, ведущимъ въ гостиную, и оттуда издали стала украдкой слѣдить, какъ въ залѣ устраивали катокъ для яицъ.

Должно быть, папа, выйдя изъ кабинета съ своимъ гостемъ, замѣтилъ мое отсутствіе, потому что подошелъ ко мнѣ изъ залы и сталъ меня ободрять и уговаривать пойти съ нимъ, и я, наконецъ, взявшись за его руку и прячась за его спину, вошла въ залу.

Къ моему удовольствію, мальчики, кажется, не обратили на мой приходъ никакого вниманія. Мало-по-малу я втянулась въ игру, и чувство страха у меня постепенно совершенно прошло. При этомъ помню, какъ отецъ училъ насъ правиламъ катанія яицъ. Какъ онъ, скатавъ коврики, устроилъ „конъ", какъ показывалъ намъ, что такое „кубарь" и куда надо поворачивать носкомъ яйцо и прочее.

Помню также, что отецъ пристрастно бралъ мою сторону, иногда пуская яйцо за меня, на что братъ Ляля обижался и кому-то жаловался, что это несправедливо:

— Папа помогаетъ Галѣ, чтобы она выигрывала.

Но Андрюша его утѣшалъ и говорилъ:

— Ничего, вѣдь она маленькая.

И это его словечко, что я „маленькая", меня совсѣмъ успокоило насчетъ его жениховства.

„Маленькія вѣдь не женятся", сообразила я, наконецъ, и совсѣмъ повеселѣла.

XII.
Дядя Ваня.

Иванъ Владиміровичъ Бахтеревъ былъ двоюродный братъ моей матери. Я помню его еще съ самаго ранняго дѣтства. Онъ то гостилъ у насъ, то куда-то уѣзжалъ. Позднѣе, когда мы были уже постарше и жили на Кавказѣ, онъ съ своей семьей жилъ тоже у насъ нѣсколько лѣтъ, и поэтому въ этотъ періодъ я его помню лучше и яснѣе, чѣмъ въ первый періодъ дѣтства.

Однако, внѣшній обликъ его запомнился мнѣ очень хорошо и въ раннемъ дѣтствѣ, вслѣдствіе своей оригинальности. Онъ былъ огромнаго роста, „какъ разъ въ мѣрку Петра Великаго", какъ онъ выражался, необычайной силы, а своимъ смуглымъ лицомъ съ рѣзкими, крупными чертами и глазами навыкатъ, съ огромной копной черныхъ волосъ на головѣ и косматой бородой онъ былъ похожъ на цыгана. Да и въ характерѣ у него было очень много цыганскаго. Онъ любилъ бродячую жизнь и съ раннихъ лѣтъ, еще почти мальчишкой, убѣгалъ изъ дома въ цыганскіе таборы и кочевалъ съ ними по ярмаркамъ, объѣзжая лошадей, работая въ кузницахъ, на мельницахъ и прочее. При чемъ вмѣстѣ съ необычайной силой удивлялъ всѣхъ прирожденными техническими способностями, главнымъ образомъ къ кузнечному и слесарному мастерствамъ.

Изъ его біографіи я знаю по разсказамъ моихъ близкихъ еще то, что онъ юношей былъ отданъ въ такъ называемый „Дворянскій полкъ" въ Петербургѣ, но, будучи очень свободолюбиваго характера, не могъ помириться съ казавшейся ему безсмысленной и оскорбительной казарменной дисциплиной и убѣжалъ изъ казармъ пѣшкомъ безъ копейки денегъ прямо на Кавказъ. Онъ случайно попалъ на „Царскіе колодцы", гдѣ стояла батарея моего отца. Въ дорогѣ въ продолженіе двухъ или трехъ мѣсяцевъ онъ питался, работая у крестьянъ, что попадется, и всѣ его принимали за цыгана-ковыля.

На Кавказѣ онъ поступилъ волонтеромъ-юнкеромъ въ отдѣльный отрядъ, которымъ командовалъ мой отецъ (тогда еще бывшій холостымъ). Тогда-то они, кажется, познакомились впервые. Несмотря на большую разницу характеровъ и привычекъ воспитанія, они скоро сошлись, и отецъ мой взялъ его къ себѣ въ палатку и хотя часто распекалъ его за его безпорядочность, нечистоплотность и непунктуальность по службѣ, тѣмъ не менѣе полюбилъ его за его честный, безкорыстный нравъ и безшабашную храбрость, такъ что, несмотря на частыя пререканія и крупныя ссоры, въ которыхъ оба кричали другъ на друга, они всѣ походы провели подъ одной палаткой.

Его родня безпокоилась объ его участи, боясь, что его изловятъ, какъ безпаспортнаго, и будутъ судить какъ дезертира, но онъ очень хладнокровно отвѣчалъ: „Будь, что будетъ, а назадъ не пойду". Не помню хорошо, какъ удалось замять дѣло его побѣга изъ „Дворянскаго полка". Вѣроятно, въ то время, въ особенности на Кавказѣ, легко было прожить долгое время безъ паспорта и безъ формулярнаго списка. Знаю только, что, много лѣтъ уже спустя, отцу удалось выхлопотать для него какой-то видъ и легализировать его положеніе. Однимъ словомъ, его оставили въ покоѣ, и съ тѣхъ поръ онъ, вернувшись въ имѣніе къ своимъ родителямъ, женился, увезя тайкомъ одну изъ дочерей тульскаго сосѣда, помѣщика Еропкина, но все-таки продолжалъ вести полубродячую, полуосѣдлую жизнь.

Въ послѣдующихъ своихъ воспоминаніяхъ я надѣюсь вернуться къ нему еще болѣе подробно. Здѣсь же припомню только тѣ отрывочныя сцены, въ которыхъ мнѣ особенно запомнилась личность дяди Вани, котораго по-настоящему цѣнить и любить я научилась только по мѣрѣ возрастанія.

Кажется, мое первое ясное воспоминаніе о немъ—это споръ его съ моимъ отцомъ.

Привлеченная доносящимися изъ гостиной непривычно-громкими и быстро перебивающими другъ друга голосами, я подхожу къ дверямъ и стараюсь понять, въ чемъ дѣло. Въ гостиной за круглымъ столомъ сидитъ на диванѣ мама, по эту сторону стола сидитъ дядя Ваня, а папа безпокойно ходитъ взадъ и впередъ по комнатѣ, о чемъ-то громко разсуждая и жестикулируя при этомъ.

Въ отвѣтъ ему, иногда перебивая его, бурчитъ басистый голосъ дяди Вани. Онъ, очевидно, противорѣчитъ отцу и, какъ мнѣ кажется, грубитъ ему. Папа мнѣ представляется очень сердитымъ и будто бы бранящимъ кого-то, но, насколько я понимаю, не самого дядю Ваню, а кого-то другого, о которомъ спорящіе выражаются въ третьемъ лицѣ, называя его то „онъ", то какимъ-то прозвищемъ, по которому человѣкъ этотъ мнѣ представляется „чернымъ". Прозвище это, мнѣ кажется, папа произноситъ какимъ-то насмѣшливымъ тономъ. А дядя Ваня, очевидно, заступается за „чернаго". Мать моя какъ будто не принимаетъ участія въ спорѣ. Она сидитъ, склонившись надъ работой. И мнѣ странно, что она такъ спокойна въ то время, когда, мнѣ кажется, что папа и дядя Ваня должны непремѣнно подраться. Мною овладѣваетъ чувство безпокойства и волненія: я ужасно не любила въ дѣтствѣ криковъ и споровъ. И я робко подхожу къ матери, кажется, съ желаніемъ узнать отъ нея, въ чемъ дѣло. Но, не получивъ отъ нея отвѣта, заинтересовываюсь ея работой. Мнѣ запомнилось, что она вырѣзывала тогда изъ желтой кожи дубовые листья, которые сплетала вѣнкомъ вокругъ подставки для лампы. Мнѣ очень нравилась эта работа, и я удивлялась искусству матери, и потому она ясно запечатлѣлась въ моей памяти въ связи съ часто повторявшейся, вѣроятно, сценой споровъ отца съ дядей. Впослѣдствіи уже я узнала, или сообразила, что споры эти возникали при чтеніи статей Чернышевскаго.

Впослѣдствіи, разспрашивая о причинахъ этого спора мою мать и тетю Люшу, я узнала, что дядя Ваня очень увлекался статьями Чернышевскаго, тогда какъ мой отецъ не могъ помириться со взглядами Чернышевскаго на свободный бракъ. Да и отецъ самъ не разъ, когда я была взрослая, вспоминая свои споры съ дядей Ваней объ этомъ вопросѣ, каждый разъ приходилъ при этомъ въ волненіе: „Понимаешь, я его спрашиваю: хотѣлъ бы я посмотрѣть, какъ бы ты поступилъ, если бы жена тебѣ измѣнила, или если бъ какой-нибудь негодяй сталъ ухаживать за ней? А онъ, представь себѣ, самымъ равнодушнымъ голосомъ отвѣчаетъ: „Ну, что жъ, это ея дѣло. Я бы ушелъ... Насильно милъ не будешь", и т. п. Ну, нѣтъ, братъ, говорю, я бы кости переломалъ мерзавцу, да и ей бы не сдобровать... За женой надо смотрѣть въ оба. У женщины волосъ дологъ, а умъ коротокъ, и очень падки онѣ къ разнымъ ферлакурствамъ" (отъ французскаго „faire la cour").

Тетя Люша, вспоминавшая подобнаго рода пререканія, прибавляла, что дядя Ваня въ отвѣтъ на это возражалъ, что папа, очевидно, недостаточно уважаетъ свою жену, если смотритъ на нее какъ на вещь, какъ на свою собственность, и называлъ эти взгляды „дикими, азіатскими", что выводило отца окончательно изъ себя, и онъ, топая ногами, кричалъ, что дядя Ваня имѣетъ пагубное вліяніе на нашу мать, внушая ей опасныя мысли. Однако, несмотря на такой свободный взглядъ на бракъ, дядя Ваня и тетя Люша остались вѣрными другъ другу до конца жизни. И не только вѣрными по чувству долга, но сумѣли на всю жизнь сохранить свѣжесть и нѣжность перваго чувства и самыя дружескія отношенія. Никогда онъ не обидѣлъ ее ни однимъ грубымъ словомъ, намекомъ или подозрѣніемъ, а она прямо обожала его при жизни, какъ потомъ обожала и память о немъ послѣ его смерти. Это была поистинѣ рѣдкая, счастливая пара.

Первое довольно яркое воспоминаніе о дядѣ Ванѣ слѣдующее:

Помню, онъ толкуетъ намъ что-то про солнечные лучи. Мнѣ было тогда лѣтъ шесть. Мы, то-есть Ляля, Володя и я, стоимъ въ залѣ около окна, а онъ наводитъ зеркало на солнечные лучи, и мы любуемся на бѣгающихъ по стѣнамъ залы „зайчиковъ". Потомъ дядя Ваня снимаетъ одну изъ хрустальныхъ трехугольныхъ подвѣсочекъ на стѣнномъ бра и, кажется, принеся увеличительное стекло, объясняетъ намъ что-то, поднося бѣлый листъ бумаги подъ хрустальную призму; и мы удивляемся, что дядя умѣетъ дѣлать радугу.

Но самаго объясненія его я не помню, да и врядъ ли я что поняла тогда. Но помню игру радужныхъ зайчиковъ на стѣнахъ и потолкѣ, а также и то, какъ дядя Ваня поднесъ потомъ спичку подъ свѣтовой фокусъ, и какъ спичка тутъ же загорѣлась. И все это мнѣ кажется какими-то „фокусами" или чудесами, которые никто, кромѣ дяди Вани, не сумѣетъ сдѣлать. Помню и то, какъ онъ предлагаетъ намъ поднести подъ выпуклое стекло руку, чтобы испытать обжогъ. Ляля боится и отнимаетъ руку, но Володя храбро подставляетъ, а за нимъ и я.

Вспоминаю, что вскорѣ послѣ этого, на этомъ же окнѣ, я застала моихъ братьевъ за этимъ же „фокусомъ". При чемъ Ляля только смотрѣлъ, а дѣйствовалъ, сколько помнится, одинъ Володя, подставляя спички подъ стекло, и когда онѣ загорались, тутъ же бросалъ ихъ на подоконникъ, отчего на бѣломъ подоконникѣ образовалось уже нѣсколько выжженныхъ пятенъ.

И тутъ же вижу, какъ изъ двери гостиной выходитъ мама и, дѣлая строгій выговоръ, отбираетъ спички и всѣ принадлежности, находя, что намъ „еще рано заниматься физикой" и говоря что-то нелестное по адресу дяди Вани, научившаго насъ такимъ опаснымъ забавамъ.

Съ тѣхъ поръ мнѣ запомнилось слово „физика", хотя истиннаго его значенія я долго не понимала, смѣшивая физику съ „магіей" и фокусничествомъ, благодаря тому, что когда-то раньше насъ возили въ пріѣзжій циркъ, отъ котораго у меня осталось, однако, мало воспоминаній (вѣроятно, потому, что они заслонились позднѣйшими, болѣе ясными воспоминаніями о циркѣ, который мы часто посѣщали на Кавказѣ). Запомнился мнѣ только какой-то „магъ-фокусникъ", черный „мавръ", показавшійся мнѣ очень страшнымъ своимъ безобразіемъ и напугавшій меня выстрѣлами изъ пистолета такъ, что я потомъ, какъ говорила мать, всю ночь бредила, и послѣ этого меня больше не возили на подобныя представленія.

Дядя Ваня въ моихъ глазахъ былъ не только фокусникъ-чародѣй, но и мастеръ, такъ какъ онъ „умѣлъ все, все дѣлать". Я знаю, что когда у насъ въ домѣ требовалась какая-нибудь починка по слесарной или плотницкой части, то все это дѣлалъ дядя Ваня.

Но запомнился мнѣ почему-то только одинъ эпизодъ: у насъ въ столовой висѣли старинные часы съ кукушкой, которая, какъ водится, каждый часъ выскакивала изъ дверокъ и, кивая головой, куковала положенное число часовъ. Такъ вотъ я помню, что застала дядю Ваню въ столовой, снимающаго эти часы со стѣны и что-то дѣлающаго съ ихъ механизмомъ; тутъ же вертятся мои братья. Кто-то изъ насъ спрашиваетъ его: „Ты хочешь починить?"

— Нѣтъ,—отвѣчаетъ онъ,—не починить хочу, а испортить.

Насъ это очень удивляетъ, и мы думаемъ, что онъ шутитъ. Однако, къ нашему огорченію, часы, дѣйствительно, оказались испорченными, такъ какъ съ тѣхъ поръ кукушка перестала выскакивать и куковать. Кажется, тетя Варя намъ объясняетъ, что сдѣлано это было нарочно, потому что кукованіе мѣшало моей матери спать, которая въ то время лежала больная въ сосѣдней комнатѣ.

Вотъ еще воспоминаніе о дядѣ Ванѣ изъ того же періода, и притомъ еще болѣе ясное:

Мы находимся въ стеклянной галлерейкѣ, выходящей на дворъ, въ которой съ двухъ сторонъ подъ окнами придѣланы длинныя, широкія скамьи. На одной изъ этихъ скамей лежитъ дядя Ваня, укутанный шубами. Голова его замотана мокрымъ полотенцемъ. Тутъ же я вижу тетю Люшу (его жену) и тетю Варю (его сестру). Тетя Люша мѣняетъ дядѣ Ванѣ компрессы на головѣ и, куря папиросы, что-то напѣваетъ. У нея былъ очень пріятный грудной голосъ.

Въ галлерейкѣ сильно пахнетъ яблоками, грибами и, кажется, угаромъ.

Тетя Варя что-то варитъ въ мѣдномъ тазу на круглой желѣзной печкѣ, которая, очевидно, служила и для нагрѣванія галлерейки и жаровней въ дурную погоду. Тутъ же по стѣнѣ на полкахъ разложены кучи нарѣзанныхъ яблокъ и грибовъ, наготовленныхъ, должно быть, для сушки и мариновки на зиму. Судя по этому, я теперь заключаю, что время было осенью, когда въ домѣ были заняты зимними заготовками. Помню, какъ и меня учатъ нанизывать иглой ломтики яблокъ на длинную нитку.

Дядя Ваня, кажется, страдалъ въ это время возвратными кавказскими лихорадками. Въ моемъ воспоминаніи онъ лежитъ неподвижно и молча и даже не куритъ, что доказываетъ, что онъ серьезно боленъ, такъ какъ я не могу его представить себѣ иначе, какъ съ толстымъ мундштукомъ въ зубахъ.

Я вглядываюсь въ его лицо съ закрытыми глазами и тутъ, какъ-будто въ первый разъ, замѣчаю на его поблѣднѣвшихъ отъ лихорадки щекахъ и лбу большія темно-коричневыя пятна, и сначала думаю, что это отъ болѣзни; вѣроятно, я спрашиваю объ этомъ, потому что помню, что тетя Люша мнѣ объясняетъ, что эти пятна у него уже давно.

— Развѣ ты не замѣчала ихъ раньше?—говоритъ она.

Мнѣ любопытно узнать, отъ чего у него это сдѣлалось, и она мнѣ разсказываетъ, что это у него обжоги, которые онъ получилъ во время пожара на одной мельницѣ, когда онъ съ опасностью жизни вытащилъ изъ огня бабу съ дѣтьми (кажется, три раза вскакивая въ огонь), и послѣ того, весь обожженный, въ безсознательномъ состояніи былъ доставленъ домой. Докторъ считалъ его положеніе безнадежнымъ, но тетя Варя выходила его какой-то особенной мазью домашняго изготовленія; остались вотъ только темныя пятна на всемъ тѣлѣ.

Этотъ поступокъ дяди Вани былъ первый самоотверженный подвигъ изъ дѣйствительной жизни, о которомъ мнѣ пришлось узнать въ дѣтствѣ.

Разсказъ о немъ произвелъ на меня глубокое впечатлѣніе и наполнилъ мое сердце совершенно еще незнакомымъ дотолѣ чувствомъ благоговѣнія и уваженія передъ человѣкомъ, совершившимъ такой подвигъ. Особенно поразило меня то, когда я узнала, что баба, которую спасъ дядя, была совсѣмъ чужая ему, и онъ «даже не знаетъ, какъ ее зовутъ».

Помню, что я нѣсколько разъ переспрашивала объ этомъ обѣихъ тетокъ, и онѣ смѣялись надъ моимъ любопытствомъ и удивлялись, на что мнѣ это знать.

— Да не все ли равно тебѣ, кто была эта баба? Просто баба, да и все. Ну, мельничиха, что ли... Экая ты любопытная!—говорила, смѣясь, тетя Люша, очевидно, не понимая, что, собственно, поражало меня въ данномъ случаѣ. Мнѣ кажется, я не ошибаюсь, утверждая, что это былъ первый моментъ пробужденія во мнѣ понятія объ альтруизмѣ и сознательной оцѣнки добра, такъ сказать, любви или желанія дѣлать добро, въ противоположность тому полному дѣтскому эгоизму, которымъ я жила въ теченіе первыхъ пяти лѣтъ.

XIII.

Тетя Варя и тетя Люша.

Тетя Варя, мамина двоюродная сестра, и тетя Люша, жена дяди Вани, пріѣхали къ намъ, когда мнѣ было четыре года. Смутно вспоминаю (отчасти дополняя разсказами тети Люши), какъ я сижу въ раннее весеннее утро на крыльцѣ и, кажется, забавляю погремушкой плачущаго ребенка—кого-то изъ младшихъ дѣтей, кажется, сестренку Нелли. И вотъ, вижу — въѣзжаетъ на дворъ наша линейка, и съ нея слѣзаютъ двѣ какія-то крупныя женскія фигуры, выгружая массу узловъ и картонокъ. Одна изъ нихъ, держа на рукахъ спящаго ребенка, ласково наклоняется ко мнѣ и спрашиваетъ: «А это, вѣрно, Галенька?»

Онѣ входятъ въ домъ, гдѣ встрѣтившая ихъ няня ведетъ черезъ столовую въ мамину уборную. Я плетусь за ними. Но, дичась войти, прячусь за дверь и разглядываю ихъ съ любопытствомъ въ щелку двери. Тетя Люша разсказывала мнѣ, что она долго уговаривала меня выйти изъ моего угла и подойти къ ней, то соблазняя тульскимъ пряникомъ, то расхваливая мое платьице, на что я, однако, неласково буркнула ей въ отвѣтъ: «А я не люблю его» (вѣрно потому, что оно было желтенькое, а у меня съ дѣтства антипатія къ этому цвѣту). И, наконецъ, она, поднявъ проснувшагося ребенка на руки, показала мнѣ его заспанное личико. Это меня заинтересовало, и я, сама уже не помню какъ, очутилась около ея колѣнъ, разглядывая и ощупывая ребенка. Меня болѣе всего поразило въ этой дѣвочкѣ, что она ведетъ себя такъ тихо и спокойно, совсѣмъ не плачетъ и не капризничаетъ, какъ наша Нелли. И этимъ она сразу завоевала мои симпатіи.

Въ моихъ воспоминаніяхъ обѣ тетки появляются рядомъ, при чемъ я невольно для себя сейчасъ же дѣлаю сравненія между ними. Тетя Варя, старообразная, съ длиннымъ носомъ на некрасивомъ угрюмомъ, смугломъ лицѣ, покрытомъ веснушками, какъ съ перваго раза, такъ и потомъ, казалась мнѣ всегда сердитой, скучной. И я помню, что мы часто дѣлились съ няней нашимъ мнѣніемъ насчетъ тети Вари, иной разъ жалуясь на ея строгость по отношенію къ намъ. Помню, я однажды слышала, какъ отецъ, разбранивъ кучера за его дурное обращеніе съ лошадьми, говорилъ про него матери:

— Этакій варваръ! Этакій варваръ!

И я, узнавъ отъ матери объясненіе новаго слова, говорю Лялѣ, что вѣрно потому тетю Варю и прозвали «Варварой», что она сердитая, грубая. И вотъ няня, услышавъ это отъ насъ, укоризненно качаетъ головой и, по этому случаю, разсказываетъ намъ вкратцѣ житіе великомученицы Варвары, въ честь которой дано имя тетѣ Варѣ, стараясь также внушить уваженіе къ тетенькѣ и жалость къ ней, — оставшейся круглой сиротой на свѣтѣ.

По поводу пріѣзда тети Вари запомнился мнѣ еще слѣдующій эпизодъ, о которомъ нерѣдко намъ разсказывалъ отецъ и сама тетя Варя.

Отецъ мой однажды, зимой, разъѣзжалъ по дѣламъ. Въ какомъ-то городкѣ онъ съѣхался съ тетей Варей и съ ней уже вмѣстѣ въ санной кибиткѣ поѣхалъ домой, въ Дубовку.

На дорогѣ ихъ застигла сильная вьюга, и они сбились съ пути. Послѣ тщетныхъ попытокъ найти дорогу ямщикъ отпрягъ пристяжную и уѣхалъ верхомъ искать жилья—и пропалъ безъ вѣсти. Отецъ же, прождавъ его долго, рѣшилъ, что ничего не остается больше дѣлать, какъ закопаться въ снѣгъ для того, чтобы не замерзнуть и не быть съѣденными волками. Пожалѣвъ лошадей, отецъ отпрягъ и пустилъ ихъ, надѣясь, что хоть онѣ выбьются на дорогу. Затѣмъ поднялъ оглобли кверху, чтобы ихъ не засыпало, и привязалъ къ нимъ значокъ, а самъ онъ съ теткой забрался подъ опрокинутую кибитку. И такимъ образомъ, не помню въ точности подробностей, просидѣли они тамъ около трехъ сутокъ. У отца было немного провизіи, но большую часть времени они спали. Они слышали, какъ волки выли надъ ними, и даже казалось, что они начинали раскапывать надъ ними снѣгъ.

Тетя Варя, бывало, вспоминая разные эпизоды изъ этого происшествія, разсказывала намъ, между прочимъ, какъ она, слыша вой волковъ надъ ними, отъ страха впадала въ обморочное состояніе и какъ отецъ приводилъ ее въ чувство, вливая въ ротъ ромъ изъ дорожной фляжки. „А я,—говорила она,—молила Бога о смерти: чтобы мнѣ умереть раньше, чѣмъ волки насъ растерзаютъ. А Константинъ Александровичъ, насмѣшникъ, меня еще маслинами все угощалъ, подъ самый носъ коробочку подсовываетъ... Мнѣ и такъ тошно, а онъ пристаетъ, чтобы я ѣла". (Маслины, или оливки, въ прованскомъ маслѣ были любимой закуской моего отца). Жуетъ себѣ преспокойно или пистолетъ осматриваетъ и приговариваетъ еще: „Сунься только хоть одна морда,—пятерыхъ одного за другимъ уложу, да и живой не сдамся!"

Кто и какъ ихъ нашелъ, ужъ я не помню. Кажется, что отпряженныя лошади прибились къ какому-то хутору, откуда добрые люди отправились разыскивать заблудившихся и нашли ихъ въ степи, благодаря значку, привязанному къ оглоблямъ.

Случилось это уже не въ первый пріѣздъ тети Вари къ намъ, а позднѣе, когда она на время уѣзжала гостить къ родственникамъ, Аксаковымъ, въ Москву, но когда именно, хорошо не помню.

Тетя Люша была полная противоположность угрюмой тетѣ Варѣ. Она была молодая, румяная и очень пріятнаго, веселаго характера. Всегда я помню ее то смѣющейся, то поющей цыганскія пѣсни или сантиментальные старинные романсы, то разсказывающей разныя приключенія, при чемъ разсказывала она всегда очень картинно и съ большимъ юморомъ эпизоды изъ жизни своей или близкихъ ей людей. Пѣсни свои она нерѣдко вдругъ обрывала и, не доканчивая ихъ, заливалась слезами. Это мнѣ казалось въ ней очень страннымъ, и я, пока была мала и не понимала трогательности ея пѣсенъ, удивлялась, что «такая большая, а плачетъ», и притомъ, что она плачетъ открыто, при всѣхъ, и ей какъ будто не стыдно. Но чаще я ее помню все-таки веселой, смѣющейся, и думаю, что не ошибаюсь, говоря, что присутствіе ея внесло много веселаго оживленія въ нашу однообразную жизнь. Она была очень безпечнаго, порывистаго характера, и съ нею часто случались комичныя происшествія, заставлявшія моего отца хохотать до слезъ и вызывавшія надъ нею веселое подтруниваніе всѣхъ въ домѣ, за что она, однако, ничуть не обижалась и, напротивъ того, сама любила разсказывать про свои приключенія, изображая себя въ самомъ смѣшномъ свѣтѣ и даже, какъ говорилъ мой отецъ, частенько прибавляя «ради краснаго словца». Въ моей памяти сохранился изъ этого періода одинъ изъ этихъ комичныхъ эпизодовъ, конечно, отчасти дополненный разсказами взрослыхъ.

У насъ подъ домомъ были большіе погреба. Домъ этотъ принадлежалъ раньше какому-то купцу, который занимался, кажется, соленіемъ рыбы и для этого устроилъ въ погребахъ подъ домомъ огромныя кадки, болѣе сажени глубиной,—настолько глубокія, что внутри этихъ кадокъ были устроены ступеньки, сходы, чтобы спускаться въ нихъ. У насъ же эти кадки употреблялись для зимнихъ заготовокъ: соленыхъ огурцовъ, дынь, арбузовъ, моченыхъ яблокъ и прочаго. И вотъ однажды, уже весной (кажется, въ день крестинъ кого-то изъ дѣтей), у насъ ожидали къ обѣду гостей, семью Горьевыхъ. Зимніе запасы уже истощились. Но тетя Люша, какъ она разсказывала, придумала попытаться, не найдетъ ли она въ этихъ кадкахъ еще хоть одной соленой дыни, чтобъ поднести ее сюрпризомъ гостямъ и похвалиться передъ ними, что „вотъ-де у насъ, какъ долго дыни сохранились!"

Въ то время, судя по ея разсказамъ, домашній интересъ заключался весь въ кулинарномъ искусствѣ, и хозяйки другъ передъ дружкой старались удивить своихъ мужей и гостей разными вкусными изготовленіями.

Преподнести гостямъ соленую дыню не въ сезонъ казалось тетѣ Люшѣ очень заманчивымъ сюрпризомъ. И вотъ она спустилась одна въ погребъ и, вооружась огромнымъ багромъ, съ клюкой на концѣ, начала шарить въ кадкахъ, взбалтывая разсолъ. Провозясь очень долго безуспѣшно, она, наконецъ, багромъ нащупала лежащую на днѣ огромную дыню. Кое-какъ уцѣпивъ ее крюкомъ, она стала тащить ее наверхъ. Вѣроятно, боясь, что добыча выскользнетъ, она ступила на склизкую ступеньку и хотѣла руками подхватить дыню, но сама поскользнулась, со всего размаху кувырнулась головою внизъ въ разсолъ и погрузилась на самое дно.

Чуть не утонувъ и совсѣмъ было захлебнувшись разсоломъ до тошноты, она, однако, не забыла про дыню. И одною рукою прижимая ее къ груди, другою цѣплялась за ступеньки, стараясь выкарабкаться наверхъ, крича и зовя на помощь благимъ матомъ. Къ счастью, дверь въ погребъ была открыта, и мимо проходящій кучеръ Иванъ, услышавъ ея вопли, кинулся къ ней на помощь и помогъ ей вылѣзти изъ кадки; но и тутъ она все-таки, захлебываясь, задыхаясь и плача, умоляла его: «Дыню-то, дыню, голубчикъ, не упусти!»

Сначала,—разсказывала тетя Люша,—когда она, промокшая, дрожащая и напуганная, но все же не разставаясь съ своей добычей, появилась передъ моей матерью, то съ матерью сдѣлалась «хохотушка». А тетя Люша, чуть не обидѣвшись, всхлипывая, приговаривала:

— Хорошо тебѣ смѣяться, а вѣдь она мнѣ чуть жизни не стоила!

До сихъ поръ помню гомерическій хохотъ въ нашемъ домѣ, за обѣдомъ, когда внесли эту знаменитую дыню, и когда тетя Люша сама съ жестами стала изображать, какъ она добывала дыню съ опасностью для жизни.

Подобнаго рода комическіе эпизоды случались съ нею очень часто, и когда она возвращалась изъ какой-нибудь поѣздки или хотя бы просто изъ города, то мы непремѣнно ожидали, что она разскажетъ что-нибудь забавное и смѣшное. Отецъ такъ, бывало, и встрѣчалъ ее этими словами:

— Ну, разсказывай, Людмила, разсказывай, что видала или что ты тамъ еще накуралесила?..

— Э, полноте, К. А.! Вамъ все смѣхи да смѣхи... И вовсе даже ничего смѣшного нѣтъ. А очень даже драматично!—И она сначала отнѣкивается, но потомъ не выдержитъ и разскажетъ, изображая въ лицахъ, что-нибудь траги-комическое.

Ея дочка, Олечка, которой было около двухъ лѣтъ, когда ее привезли, была почти на три года моложе меня, но я не чувствовала между нами такой большой разницы въ развитіи, какую чувствовала между собою и сестрой Нелли, хотя онѣ были почти ровесницы, и потому мы съ ней сразу подружились.

Олечка была удивительная дѣвочка, совершенно особеннаго отъ насъ характера, лицомъ больше похожая на своего отца (дядю Ваню), чѣмъ на мать. Съ большой не по росту головой, не по-дѣтски носастая, сутуловатая фигуркой, она казалась старше своихъ лѣтъ. Къ тому же она была серьезной не по годамъ, очень послушная и кроткая нравомъ и притомъ замѣчательно способная дѣвочка; ужъ и тогда она поражала насъ тѣмъ, какъ легко заучивала пѣсни и стишки на память, при чемъ декламировала ихъ съ очень трогательной интонаціей. Помню, когда насъ учили танцовать «русскую» и «казачка», я не любила продѣлывать всѣ эти фигуры, а Ляля съ своей кривой ножкой былъ крайне неловокъ; но Олечка, а также братъ Володя быстро выучились танцовать, при чемъ Володя очень ловко отплясывалъ въ присядку, а Олечка, подъ пѣніе матери: «По улицѣ мостовой», съ уморительнымъ серьезнымъ лицомъ добросовѣстно выдѣлывала всѣ фигуры, туго свернувъ калачикомъ одну ручку надъ головой.

Когда ей минуло всего три года, она очень легко выучилась читать, и потомъ въ занятіяхъ шла почти наравнѣ со мною и Лялей, далеко опередивъ Володю, который въ раннемъ дѣтствѣ былъ тугъ на ученіе.

Олечка обожала свою мать, хотя и—странно—не заражалась ея веселымъ характеромъ; и большею частью я ее помню дѣловито-серьезной. Когда мать ея пѣла, она садилась противъ нея и пристально смотрѣла ей прямо въ ротъ, и если видѣла слезы на глазахъ матери, что бывало часто, то и сама начинала плакать и лѣзла утѣшать мать. Вообще, отношенія у нихъ были самыя трогательныя, почти товарищескія.

Къ нимъ я надѣюсь еще вернуться въ болѣе позднихъ воспоминаніяхъ.

XIV.

Дѣтскій балъ.

Очень ясно помню сцену одѣванія насъ на какой-то общественный, дѣтскій дневной балъ, устраиваемый въ залѣ купеческаго собранія или клуба. Мнѣ было тогда пять лѣтъ.

Я никогда не любила примѣрять или одѣвать новыя платья и вообще долгаго процесса одѣванія, а такъ какъ на этотъ разъ сборы были очень долгіе, и я помню, какъ съ меня нѣсколько разъ платье то снимали, то одѣвали,—кажется, что-то исправляя и передѣлывая, то, вѣроятно, это вывело меня изъ терпѣнія; но въ особенности раздражали меня новыя золотистаго цвѣта туфельки съ розовыми привязками, которыя жали мнѣ ноги. Помню себя стоящей въ столовой на стулѣ въ бѣломъ платьѣ съ широкимъ розовымъ кушакомъ, топающей ногами и упрямо сбрасывающей туфли съ ногъ, требуя одѣть старыя. Меня усовѣщиваютъ, называютъ капризницей и совѣтуютъ брать примѣръ съ Олечки. И тутъ же мнѣ ясно вспоминается Олечка въ бѣломъ платьѣ съ голубыми бантами на голенькихъ плечахъ, и голова ея вся въ бѣлыхъ бумажныхъ завиткахъ, значеніе которыхъ мнѣ непонятно. Помню, какъ тетя Люша прижимаетъ ей эти папильотки горячими щипцами, при чемъ волосы тлѣютъ, шипятъ и дымятся, и мать моя ахаетъ и упрекаетъ тетю Люшу за неосторожность. И мнѣ страшно, глядя на эту процедуру, и удивительно, что Олечка выноситъ все это терпѣливо и покорно.

Вѣроятно, и у меня волосы были въ папильоткахъ, потому что вотъ вижу, какъ тетя Варя подходитъ ко мнѣ тоже съ большими раскаленными щипцами. Но я подымаю крикъ и, закрывая голову руками, ни за что не соглашаюсь подпустить ее къ моей головѣ. Должно быть, меня очень долго и безуспѣшно уговаривали, потому что затѣмъ, помню, какъ тетя Варя, бросивъ щипцы, сердито ворча и дергая мои волосы, распутываетъ ихъ и уже не пристаетъ ко мнѣ съ большими щипцами, но держитъ въ рукахъ свѣчку. Убѣдившись, что свѣчка не зажженная, я допускаю тетю Варю къ своей головѣ, и тогда она начинаетъ накручивать мои волосы на эту свѣчку. Хотя это мнѣ и не больно, но я очень недовольна, такъ какъ рѣшительно не понимаю, зачѣмъ надо мной все это продѣлываютъ. Мнѣ представляется все это совершенно безсмысленнымъ, ненужнымъ и скучнымъ. Вѣроятно, я ворчу что-нибудь по этому поводу, такъ какъ ко мнѣ подводятъ уже совершенно одѣтую и причесанную Олечку и говорятъ что-то въ родѣ: «Вотъ посмотри, какія у нея красивыя кудряшки!»

Я смотрю на большую голову Олечки, всю въ бараньихъ крутыхъ завиткахъ темныхъ волосъ, кажущуюся мнѣ огромной и дѣлавшую ее непохожей на прежнюю Олечку, и нахожу, что это совсѣмъ некрасиво.

Тетя Люша, смѣясь, а тетя Варя сердито называютъ меня привередницей.

Мама тутъ же; она молчитъ, но я чувствую, что она тоже недовольна мной.

Наконецъ, меня подводятъ къ зеркалу въ маминой уборной, вѣроятно, ожидая, что, увидѣвъ себя нарядной, я смягчусь и повеселѣю. Однако изъ этого выходитъ совсѣмъ обратное. Помню, какъ передо мною на маминомъ туалетѣ наклоняютъ большое зеркало, и я вдругъ вижу въ немъ сердитое, заплаканное лицо (которое я сразу не узнаю даже), окруженное черными гладкими, наподобіе короткихъ сосисекъ, локонами, и на вискахъ надъ ушами связанными розовыми бантами.

Помню приливъ въ себѣ внезапнаго гнѣва, который я почувствовала въ ту минуту. Схватившись за банты, я затопала ногами и стала кричать:

— Не я, не я — чужая!

Кажется, я даже бросилась при этомъ, по своей старой привычкѣ, на полъ и рвала свои локоны, продолжая отчаянно кричать.

Все это продолжалось такъ долго, что меня въ концѣ концовъ рѣшили оставить въ покоѣ одну. Не знаю ужъ, долго ли и такъ пробыла одна, но вотъ, вѣроятно, замѣтивъ необычную тишину, я отворяю дверь въ столовую и нахожу тамъ маму одну, сидящую, отвернувшись отъ меня, и грустно смотрящую въ окно. Робко подойдя къ ней, я замѣчаю у нея заплаканные глаза. Я ласкаюсь къ ней, кажется, прося прощенія, но она, мнѣ показалось, долго остается холодна и не отвѣчаетъ мнѣ. Наконецъ, она мнѣ сообщила, что обѣ тетки съ другими дѣтьми уже уѣхали на собраніе, и, кажется, дала мнѣ понять, что она изъ-за меня осталась дома.

Помню въ себѣ два смѣшанныхъ чувства: съ одной стороны — стыда, а съ другой — чувство почти радости, что мы остались. Но тутъ вдругъ входитъ отецъ, который, кажется, былъ однимъ изъ распорядителей клуба и ждалъ насъ уже тамъ. Вѣроятно, узнавъ отъ тетокъ про все случившееся, онъ пріѣхалъ за нами въ каретѣ. Долгихъ сборовъ онъ не любилъ, и, помню, мы очень быстро очутились въ многолюдной залѣ, въ которой я совершенно растерялась и въ смущеніи жалась все къ маминой юбкѣ. Помню залу, полную народу, звуки духовой музыки (игралъ военный оркестръ, должно быть, изъ батареи отца), но не могу вспомнить ни танцевъ, ни никакихъ лицъ въ отдѣльности,—вѣроятно, я этимъ еще не интересовалась.

Первое, что я помню ясно на этомъ праздникѣ, это то, какъ моихъ братьевъ, Лялю и Володю, заставили танцовать „казачка".

Посреди разступившейся толпы образовалась площадка, въ одномъ концѣ которой поставили Лялю въ голубой съ серебряными позументами рубашкѣ, напротивъ него, съ другого конца, Володю въ ярко-желтой шелковой рубашкѣ, съ черной атласной зубчатой каймой (это ярко запечатлѣлось въ моей памяти). Ляля танцовалъ очень вяло, шаркая неуклюже ногами и слабо держа себя руками съ растопыренными, дрожащими пальцами у пояса; мнѣ было за него какъ-то стыдно, и я боялась, что надъ нимъ будутъ смѣяться. Зато 3-хлѣтній Володя привелъ всѣхъ въ восторгъ, откалывая въ присядку и отбивая въ тактъ каблуками. Помню смѣхъ и одобрительные возгласы: „Молодецъ, молодецъ!"

Потомъ слышу, играютъ лезгинку, ту самую, которую всегда играла мама и которую отецъ насъ училъ танцовать. И вотъ, какіе-то люди окружили и стали о чемъ-то просить моего отца. Помню, какъ онъ, держа одну руку надъ глазами, а другую закинувъ назадъ, пройдя кругъ лезгинки (онъ очень ловко танцовалъ ее), вдругъ подходитъ ко мнѣ и тянетъ за руку, приказывая мнѣ танцовать съ нимъ. Но я вырываюсь отъ него и протискиваюсь куда-то черезъ толпу. Однако папа, какъ видно, приставалъ неотступно, потому что помню, какъ уже въ смежной комнатѣ, въ гостиной, я, наконецъ, рѣшилась присоединиться къ нему, такъ какъ здѣсь, кромѣ матери, народу почти не было.

Помню, какъ онъ подбодряетъ меня возгласами: «Шибче, шибче!»

И потомъ, вдругъ, онъ внезапно вылетаетъ изъ гостиной въ залу, приговаривая:

— За мной, за мной!

И я, совсѣмъ увлеченная танцемъ, сама не замѣтила, какъ очутилась въ большой залѣ, среди стоявшей кругомъ публики, хлопающей въ тактъ въ ладоши. Не знаю, сразу ли я замѣтила это или послѣ, когда закончила танецъ, но помню, какъ меня подхватываютъ на руки и, подбрасывая кверху, что-то кричатъ и какіе-то усатые и бородатые люди цѣлуютъ меня, а я барахтаюсь и отбиваюсь отъ нихъ. Затѣмъ я очутилась опять на колѣняхъ матери въ гостиной и, сконфуженная, взволнованная, прячу мое лицо въ ея кружевную мантилью. Тутъ же сидитъ какая-то важная, пожилая дама и предлагаетъ мнѣ конфетъ, насыпанныхъ горой на поставленномъ передъ нами подносѣ. Я подымаю голову и вижу, что около стола, гдѣ мы сидимъ, стоятъ и мои братья, Ляля и Володя, у самаго подноса съ конфетами и сосредоточенно-дѣловито жуютъ, словно поставили себѣ задачу съѣсть все, что было на подносѣ. Я засмотрѣлась на нихъ, удивляясь, какъ они много ѣдятъ, какъ никогда дома имъ не позволяютъ. И я тоже соблазняюсь и беру въ ротъ конфету; но оттого ли, что она мнѣ не по вкусу, или потому, что я вообще была не охотница до сладкаго,—я жую лѣниво и, кажется, бросаю непонравившуюся мнѣ конфету. Тогда какая-то дама мнѣ даетъ коробочку, какъ сейчасъ помню, голубую съ стеклянной крышечкой, въ которую мнѣ предлагаютъ набрать конфетъ, чтобы взять домой. Я начинаю отбирать тѣ, которыя мнѣ кажутся самыми красивыми, въ серебряныхъ и золоченыхъ бумажкахъ съ картинками. Но мнѣ говорятъ:

— Бери лучше эти, а тѣ невкусныя!

На это я отвѣчаю:

— Ничего. Это на поглядѣнье.

Дамы, бывшія тутъ, смѣются и повторяютъ: «на поглядѣнье», что снова конфузитъ меня, и оттого, должно быть, я и запомнила это словечко.

Затѣмъ, помню, мы возвращаемся въ крытомъ возкѣ домой, и тутъ же, не доѣзжая до дому, Лялю стало тошнить и рвать, отъ чего сильно пострадало мамино сиреневое платье. Володя тоже всю дорогу кряхтѣлъ и, потирая себѣ животикъ, выговаривалъ лишь одно выразительное словечко: «а-а». Я же дразнила ихъ «обжорами». Леонидъ, кажется, послѣ этого серьезно-таки прохворалъ нѣсколько дней.

XV.

Изъ отрывочныхъ воспоминаній.

1. Тараканъ и фельдшеръ.

Однажды, рано утромъ, мы были разбужены неистовыми криками, исходившими изъ сѣней, куда изъ верхняго мезанина перешла на ночь отъ духоты наша горничная. Оказалось, что ей въ ухо залѣзъ тараканъ. Она кричала ужасно, и отецъ мой старательно пытался вытащить щипцами чернаго таракана, но безуспѣшно (помню — и я вертѣлась тутъ же). Тогда онъ послалъ за батарейнымъ фельдшеромъ. И пока тотъ не пріѣхалъ, дѣвушка все время, не переводя голоса, кричала. Мнѣ казалось, что она кричала ужасно долго, и крикъ ея такъ напугалъ меня, что я тоже стала плакать; меня увели къ матери въ спальню, и я, должно быть, заснула. Думаю, что слѣдующее есть продолженіе этого же эпизода.

Помню, что лежу у матери на постели и рядомъ, въ столовой, черезъ запертыя двери, слышу звонъ посуды и какой-то незнакомый мужской голосъ. Соскочивъ съ постели, я подошла къ двери и, отворивъ ее, остановилась, увидѣвъ совсѣмъ необычное для меня зрѣлище. За столомъ сидѣлъ какой-то человѣкъ въ военной формѣ и ѣлъ. Какъ сейчасъ помню, передъ нимъ стояла сковородка съ яичницей. Должно быть, я тоже была голодна, а потому запомнила это. Тутъ же стоялъ кто-то изъ нашихъ домашнихъ, разговаривая съ нимъ.

Изъ разговора ли или я сама догадалась, но я поняла, что это тотъ самый фельдшеръ, который долженъ былъ вытащить таракана у нашей Анисьи. И мнѣ было очень любопытно узнать, вылѣчилъ онъ ее или нѣтъ. Я стараюсь понять что-нибудь изъ ихъ словъ, но ничего не могу разобрать: какъ будто говорятъ о совсѣмъ постороннихъ вещахъ.

Фельдшеръ что-то разсказывалъ, громко смѣясь, курилъ и вообще держалъ себя, какъ видно, очень непринужденно. Въ комнату то приходили, то уходили вѣстовой, няня, еще кто-то. Вдругъ отворяется противоположная дверь, и изъ угловой комнаты появляется мой отецъ. Я съ удивленіемъ вижу, какъ франтоватый фельдшеръ внезапно вскакиваетъ съ мѣста, вытягиваетъ руки по швамъ и застываетъ неподвижно. Отецъ что-то спрашиваетъ его и отдаетъ ему какія-то распоряженія. А онъ кратко отвѣчаетъ и ужъ далеко не тѣмъ голосомъ, какимъ только-что передъ этимъ разговаривалъ. Однимъ словомъ, „важный", какъ мнѣ казалось, фельдшеръ превратился въ простого солдата, какихъ я привыкла видѣть и раньше у отца въ канцеляріи. Еще больше было мое удивленіе, когда я изъ разговора и дальнѣйшихъ моихъ разспросовъ у няни узнала, что онъ такъ и не могъ вылѣчить Анисьи, и что отецъ ему приказалъ везти ее въ больницу,—кажется, въ г. Царицынъ. И помню мое чувство недоумѣнія и даже негодованія, какое я испытала при этомъ, не будучи въ состояніи понять, „почему же онъ былъ такой веселый? какъ будто было чему радоваться, или ему совсѣмъ не жаль бѣдной нашей Анисьи?" Она-таки серьезно заболѣла отъ таракана и потомъ, выйдя изъ больницы, кажется, уѣхала къ себѣ въ деревню. Къ стыду моему, должна сознаться, что, уже будучи взрослой, я малодушно боялась лечь спать въ комнатѣ, гдѣ былъ хоть одинъ тараканъ.

2. Котъ.

Въ дѣтствѣ я отличалась наивной довѣрчивостью къ словамъ другихъ и такъ какъ сама была не хитроумна, то мнѣ въ голову не приходило заподозрить кого-нибудь во лжи или выдумкѣ, и даже самое понятіе о лжи было для меня въ первые годы совершенно незнакомо. По этому поводу вспоминается мнѣ такой эпизодъ, относящійся, вѣроятно, къ моему 3-хъ или 4-хлѣтнему возрасту, когда мы были еще подъ наблюденіемъ няни. Сужу такъ потому, что вижу все происходящее въ дѣтской. У няни былъ большой, старый, сѣрый, пушистый котъ, казавшійся намъ очень умнымъ и важнымъ. Изъ няниныхъ сказокъ или присказокъ одно выраженіе, помнится, очень занимало насъ, а именно—про кота, который когда „направо ляжетъ—пѣсенку поетъ, налѣво — сказку говоритъ". И я помню, какъ братъ Ляля однажды держитъ на рукахъ нянинаго кота и, прислушиваясь къ нему ухомъ, говоритъ:

— Вотъ онъ пѣсенку поетъ...

А потомъ перекладываетъ его на лѣвую руку, долго прислушивается и говоритъ, какъ будто поддразнивая меня:

— Вотъ онъ сказку мнѣ разсказалъ... и какую хорошую!

Я по его примѣру беру кота тоже себѣ на колѣни и сначала также кладу его на правую руку и тоже прикладываюсь ухомъ къ его мордочкѣ.

Котъ мурлычитъ: мурррр-мурррр...

И я рѣшаю, что это, пожалуй, похоже на пѣсню.

Потомъ я переворачиваю его на лѣвую руку и долго, напряженно опять прислушиваюсь.

Мнѣ кажется, что онъ мурлычитъ уже не совсѣмъ такъ, какъ когда онъ лежитъ на правомъ боку, а выходитъ что-то въ родѣ: „хурръ-хурррръ"—но и больше ничего.

Я съ огорченіемъ заявлю объ этомъ брату. Онъ смѣется опять и поддразнивающимъ голосомъ говоритъ:

— Ага! небось онъ тебѣ не хочетъ разсказывать. Это онъ только мнѣ разсказываетъ...

И убѣгаетъ прочь изъ комнаты. Я остаюсь сидѣть на полу съ котомъ на рукахъ и чуть не со слезами, лаская его, упрашиваю, чтобы онъ мнѣ тоже разсказалъ сказку.

И мнѣ и въ голову не приходитъ, что Ляля просто подсмѣялся и обманулъ меня. И даже когда кто-то изъ взрослыхъ, утѣшая меня въ этомъ, старается меня убѣдить, что этого быть не можетъ, мнѣ думается, что „большіе только такъ говорятъ, потому что имъ не интересно", и мнѣ скорѣе все-таки вѣрилось сказкѣ и тому, что сказалъ Ляля (извѣстно, что дѣти больше вѣрятъ дѣтямъ), и, вѣроятно, не разъ послѣ этого я все еще пробовала прислушиваться къ мурлыканью кота.

Не помню ужъ, когда во мнѣ, наконецъ, совершенно разрушилась эта иллюзія. Но вспоминаю, что, уже будучи на Кавказѣ, то-есть, когда мнѣ было около 9-ти лѣтъ, я въ первый разъ прочла прологъ Пушкина къ „Руслану и Людмилѣ":

> У лукоморья дубъ зеленый,
> Златая цѣпь на дубѣ томъ...
> И днемъ и ночью котъ ученый
> Все ходитъ по цѣпи кругомъ,
> Идетъ направо—пѣснь заводитъ,
> Налѣво—сказку говоритъ...

— меня снова охватило прежнее дѣтское желаніе провѣрить это на опытѣ. И вотъ я, изловивъ кошку, опять прислушиваюсь и страстно желаю понять, что она поетъ и говоритъ. Послѣ этого помню то чувство досады и стыда за свою глупость, которое я испытала и въ которомъ, конечно, въ то время мнѣ было совѣстно кому-нибудь признаться.

3. Поѣздка въ яблочный садъ.

Такъ какъ мы ѣздили очень рѣдко куда-нибудь далеко отъ дома или съ опредѣленной цѣлью, то я почти увѣренно могу сказать, что наперечетъ помню каждую такую поѣздку, которыхъ я въ моей памяти и пяти не насчитываю за всѣ годы жизни въ Дубовкѣ.

Изъ нихъ довольно ясно помню поѣздку въ большой фруктовый садъ, который у насъ назывался "Винограднымъ садомъ"; тамъ, дѣйствительно, нѣмцы-колонисты разводили виноградники, хотя я сама никакого винограда не помню, но помню цѣлый лѣсъ фруктовыхъ деревьевъ, казавшійся мнѣ огромнымъ, послѣ немногихъ молоденькихъ деревцевъ, росшихъ вокругъ нашего дома и единственнаго сада городничаго, который мы видѣли. Но я мало помню его, такъ какъ обыкновенно въ новыхъ мѣстахъ я всегда терялась и плохо разбиралась въ первыхъ впечатлѣніяхъ.

Помню жаркій, удушливый (августовскій) день, мнѣ все время хочется спать. И, кажется, мы, дѣти, дѣйствительно, спали гдѣ-то подъ деревьями. Потомъ помню, кто-то изъ взрослыхъ, кажется, няня или тетя Люша, взявъ меня за руку, спустились вмѣстѣ съ какимъ-то человѣкомъ по лѣсенкѣ внизъ, въ глубокій полутемный подвалъ. Помню ощущеніе пріятной прохлады послѣ зноя, стоящаго тамъ, наверху, чему я сначала очень радуюсь. Затѣмъ я вижу цѣлыя горы яблокъ, насыпанныхъ прямо на полъ подвала, отдѣльными большими кучами разныхъ величинъ и сортовъ. Бывшая со мной няня или тетя Люша, а, можетъ-быть, и обѣ вмѣстѣ, ахаютъ и удивляются не то огромному урожаю яблокъ, не то необычайной величинѣ нѣкоторыхъ сортовъ. Должно быть, садовникъ говоритъ что-нибудь о разсылкѣ яблокъ въ разныя мѣста, потому что у меня складывается такое убѣжденіе, что всѣ яблоки растутъ здѣсь, въ этомъ саду, и отсюда уже разсылаются по "всей землѣ". И вотъ помню ясно одинъ моментъ. Кажется, тетя Люша беретъ изъ кучи, у которой мы стоимъ, одно огромное яблоко и, прикладывая его къ моей головѣ, говоритъ что-то въ родѣ:

— Вы посмотрите: прямо съ дѣтскую голову!

Эти два послѣднихъ слова вдругъ меня пугаютъ.

Мнѣ почему-то показалось, что она называетъ яблоки дѣтскими головами и, помню, какъ мнѣ вдругъ стало страшно при мысли: „А вдругъ какъ это не яблоки, а дѣтскія головы".

Одну минуту мнѣ даже показалось, что въ полутемномъ подвалѣ въ яблочныхъ кучахъ мелькнули передо мной дѣтскія лица съ розовыми щеками и раскрытыми ртами. Въ испугѣ я зажмурила глаза и уткнулась въ чью-то юбку.

— Пойдемъ, пойдемъ отсюда!—тереблю я тетю за платье и помню желаніе убѣжать.

Но на меня не обращаютъ вниманія, будучи заняты своими разговорами. Прислушиваясь къ голосу садовника, я заглядываю на него изъ-за чьей-то спины сзади и, пользуясь тѣмъ, что онъ меня не видитъ, пристально разглядываю его лицо, которое поэтому мнѣ хорошо запомнилось. Это былъ, вѣроятно, нѣмецъ-колонистъ. Онъ былъ безъ усовъ, а борода росла изъ подбородка жесткой сѣроватой щетиной. Разглядывала я его внимательно для того, чтобы убѣдиться, похожъ ли онъ на людоѣда, сказку про котораго недавно передъ тѣмъ намъ разсказывала тетя Люша. Не помню ужъ какъ, но, кажется, добродушный голосъ его меня успокоилъ, и страхъ у меня въ концѣ концовъ совсѣмъ прошелъ; и вотъ я заставляю себя разглядывать эти яблоки и, успокаивая самое себя, что это „просто яблоки, и мнѣ просто показалось", я тутъ же, какъ всегда, стыжусь своей трусости.

Затѣмъ помню, какъ мы возвращаемся уже домой, и я, сидя на длинной линейкѣ, держу у себя на колѣняхъ огромное яблоко, обхвативъ и прижавъ его къ себѣ обѣими руками, боясь, какъ бы оно отъ тряски не выскочило у меня на дорогу.

Помню опять томящую жару. И опять хочу спать и клюю носомъ, а можетъ-быть, такъ и засыпаю.

4. „Разбойникъ".

Мнѣ было уже лѣтъ пять или шесть. Я спала одна въ угловой комнатѣ. Однажды ночью я проснулась отъ какихъ-то голосовъ, хлопанья дверей и ходьбы. Сквозь щели столовой мелькалъ свѣтъ свѣчи, съ которой проходилъ кто-то. Напуганная еще съ раннихъ лѣтъ пожарами, я стала прислушиваться, не слышно ли набата, но колокола не было слышно. Однако, среди общаго шума я услыхала отчаянный лай собаки и еще какіе-то голоса, доносившіеся со двора. Я вскочила съ кровати, перебѣжала столовую и, открывъ дверь въ буфетъ, сразу услыхала черезъ окно въ буфетѣ женскій визгливый плачъ, доносившійся издалека. Въ буфетѣ никого не было, и я, воспользовавшись этимъ, влѣзла на столъ и, открывъ форточку, высунулась въ нее. Помню, уже разсвѣтало. Крики ясно неслись съ горы, со двора купцовъ Мартыновыхъ. И взглянувъ наверхъ, я вдругъ замѣтила, какъ какая-то фигура поднялась съ той стороны забора, быстро очутилась верхомъ на заборѣ и, соскочивъ на землю, побѣжала подъ заборомъ и скрылась гдѣ-то подъ горой, за нашей конюшней. Было уже настолько свѣтло, что я ясно разобрала фигуру. Это былъ человѣкъ, одѣтый въ темный длинный сюртукъ, въ родѣ того, какіе носятъ мѣщане. Лицо было молодое, безъ бороды, и густые, длинные черные волосы. Въ одной рукѣ его, я помню ясно, сверкнуло что-то блестящее, какъ мнѣ показалось, ножъ.

На дворѣ у насъ я замѣтила нѣсколько человѣкъ изъ нашихъ дворовыхъ. Кто-то побѣжалъ, какъ мнѣ показалось, вдогонку за этимъ человѣкомъ. Кто-то кричалъ: „Ахъ, разбойникъ! ахъ, разбойникъ!" Не помню ужъ, какъ и кто меня замѣтилъ,—кажется, няня, бывшая тоже на дворѣ. Меня съ трудомъ убѣдили опять лечь въ постель. Отъ испуга и ранняго утренняго холода я такъ дрожала, что зубы стучали. Я боялась одна оставаться, и меня увели къ матери въ спальню, гдѣ она уложила меня къ себѣ подъ одѣяло.

Послѣ этого меня удивило то, что хотя у насъ много говорили объ этомъ ночномъ эпизодѣ, но всѣ вспоминали о немъ не только не со страхомъ, но даже со смѣхомъ, какъ о чемъ-то забавномъ. И я такъ и не могла понять, въ чемъ дѣло. И только много лѣтъ спустя, возстановляя въ памяти этотъ случай, сообразила, что исторія эта была романическаго характера, и, очевидно, при мнѣ говорили обиняками. Помню, говорили что-то про нѣкую „Сашу"; я знала, что Саша была молоденькая, красивая горничная у купца Мартынова, которая иногда ходила къ нянѣ въ гости. Она хорошо пѣла, и мы часто слушали ея пѣніе, которое доносилось къ намъ съ ихъ двора. Говорили тоже про какого-то „длинноволосаго семинариста", который чуть не зарѣзалъ кого-то.

Помню, няня выражала свое соболѣзнованіе о Сашѣ, которую жестоко избилъ „хозяинъ".

Съ тѣхъ поръ веселая Саша исчезла со двора Мартынова.

Всѣ эти слухи и толки меня повергали въ недоумѣніе. Мнѣ казалось страннымъ, что „большіе", то-есть взрослые, находятъ веселымъ то, что мнѣ было страшно.

После этого происшествія очень часто, какъ въ дѣтствѣ, такъ и потомъ, когда я была уже взрослая, подъ впечатлѣніемъ какого-нибудь испуга или нервнаго потрясенія у меня въ моментъ засыпанія въ глазахъ мелькала крошечная фигурка, перепрыгивающая черезъ заборъ (словно я видѣла это въ уменьшительное стеклышко). И при томъ повторно, по нѣсколько разъ: мелькнетъ и скроется, мелькнетъ и скроется. И я до сихъ поръ испытываю изрѣдка это самое, и хотя явленіе это уже не пугаетъ меня, но оно всегда служитъ показателемъ потери нервнаго равновѣсія или переутомленія.

Для полной правдивости я должна упомянуть, что какъ пожары, такъ и случай съ „разбойникомъ" произвели на меня такое сильное впечатлѣніе, что несомнѣнно оставили слѣдъ, какъ на физическомъ, такъ и на душевномъ моемъ развитіи. И я думаю, что не ошибаюсь, предполагая, что признаки моихъ сердечныхъ заболѣваній имѣли свое начало еще съ ранняго дѣтства. Этому же я приписываю и ту непобѣдимую нервную боязнь, прямо даже трусость, которая развилась во мнѣ съ годами и отъ которой я очень страдала и страдаю, несмотря на то, что всегда стыдилась этой слабости, временами, просто, презирая себя за нее, считая ее, искренно, самымъ большимъ своимъ недостаткомъ, очень мѣшающимъ мнѣ въ жизни. Съ дѣтства уже я пріучала себя пересиливать всякіе страхи, а потомъ, будучи взрослой, сознательно боролась съ этой слабостью, но временами то я преодолѣвала ее, то она меня — смотря по степени духовной бодрости въ ту или другую минуту.

XVI.
Встрѣча съ сумасшедшей.

Однажды зимою мы шли изъ церкви, послѣ обѣдни, по соборной площади, слегка запорошенной снѣгомъ. (Мнѣ, должно быть, было уже около 5 лѣтъ).

Съ нами, тремя дѣтьми, была тетя Варя.

Вдругъ мы услышали сзади насъ какіе-то дикіе крики и чей-то грубый женскій голосъ, выкрикивающій какія-то ругательства, въ родѣ: „У, проклятые!" и т. п. Обернувшись, мы увидѣли женщину въ одной лишь рубахѣ, съ длинными распущенными косматыми волосами, бѣжавшую за нами. Взглядъ ея показался мнѣ страшнымъ, безумно-дикимъ и злобнымъ. Выкрикивая намъ вслѣдъ какую-то брань, она нагнулась къ мостовой и, схвативъ камень, пустила его въ насъ. Мы бросились черезъ площадь, къ торговымъ рядамъ, но и она за нами. Мы были уже совсѣмъ близко отъ рядовъ, какъ вдругъ Ляля, вскрикнувъ, упалъ. Оказалось, что одинъ изъ камней попалъ ему въ спину; камень былъ настолько великъ, что если бы попалъ въ голову, то для Ляли это кончилось бы, вѣроятно, очень плохо. Онъ лежалъ, уткнувшись лицомъ въ землю, и я помню, что изъ-подъ его носа текла кровь на снѣгъ. Какіе-то люди выскочили изъ рядовъ и помогли теткѣ внести его въ одну изъ лавокъ. И тамъ, какъ мнѣ показалось, съ нимъ очень долго возились, растирая ему спину и обмывая кровь съ лица. Вѣроятно, тетка посылала домой за экипажемъ, не рѣшаясь возвращаться пѣшкомъ.

Что касается встрѣчи съ юродивой, то мы такъ были напуганы ею, что потомъ прямо-таки избѣгали ходить по городу, боясь встрѣтиться съ нею, и помню, меня долго занималъ вопросъ: „почему юродивый Филька былъ добрый, а эта юродивая—злая?"—Очень вѣроятно, что именно по этому поводу у насъ въ домѣ стали вспоминать юродиваго Фильку и сравнивали его съ этой женщиной, при чемъ о ней отзывались такъ: „Какая она юродивая: просто сумасшедшая — полуумная!" А отецъ при этомъ добавлялъ: „Нѣтъ ничего хуже старой и притомъ злой бабы!" И нельзя было понять, шутитъ ли онъ или говоритъ серьезно. Но судя по его отношеніямъ къ женщинамъ вообще, думаю, что онъ и на самомъ дѣлѣ держался такого мнѣнія. Впрочемъ, можетъ-быть, это отчасти и справедливо.

Мнѣ казалось очень естественно, что всѣ бранятъ эту „злую бабу", и только отношеніе няни казалось мнѣ страннымъ и непонятнымъ. Я не помню ясно, что она говорила, но помню, какъ она покачиваетъ головой и грустно вздыхаетъ; по ея словамъ я, не столько понимаю, сколько чувствую, что она жалѣетъ эту женщину и говоритъ про какое-то несчастье въ ея жизни. Каюсь, мнѣ было немножко непріятно сознавать, что няня какъ будто заступается за нее, и я, всегда внимательно и довѣрчиво относясь къ словамъ няни, въ данномъ случаѣ, должно быть, избѣгала ее даже разспрашивать о томъ, что мнѣ казалось непонятнымъ и страннымъ въ ея словахъ. Помнится даже что-то въ родѣ чувства обиды, хотя и безсознательной, на то, что няня, какъ мнѣ казалось, больше жалѣла ее, юродивую, чѣмъ насъ, напуганныхъ ею.

Эта встрѣча съ сумасшедшей особенно ясно осталась у меня въ памяти не только потому, что она относится къ разряду страшныхъ и сенсаціонныхъ случаевъ моей дѣтской жизни (оставлявшихъ вообще самые рѣзкіе отпечатки въ моей памяти), но еще и потому, что послѣ этого, нѣсколько лѣтъ подъ рядъ, воспоминаніе объ этой сценѣ давало мнѣ пищу для размышленія и возбуждало мою фантазію. И вотъ какая странная вещь случилась со мной въ связи съ этимъ, напугавшимъ меня случаемъ.

Когда мы переѣхали на Кавказъ, то подъ вліяніемъ продолжавшихся все лѣто сплошныхъ пожаровъ (когда мнѣ было уже лѣтъ девять), — мы стали, по ассоціаціи, вспоминать пожары въ Дубовкѣ и другіе случаи изъ тамошней жизни. Тамъ-то, подъ впечатлѣніемъ ли разговоровъ или воспоминаній также и объ этой юродивой, однажды мнѣ приснился сонъ, оставшійся у меня въ памяти на всю жизнь.

Я вижу себя опять въ Дубовкѣ, опять такой же маленькой, какъ была тогда. Я бѣгу по улицѣ, а за мной гонится эта самая сумасшедшая. Я вижу, въ концѣ улицы появляется мама и по сторонамъ ея обѣ тетки. Я бѣгу къ нимъ, а она, безумная женщина, за мной, и мнѣ страшно, что она вотъ-вотъ схватитъ меня за плечи. И вотъ я, наконецъ, добѣгаю до моей матери и кидаюсь къ ней, пряча лицо въ складки ея широкой юбки, умоляя моихъ тетокъ, чтобы онѣ меня загородили отъ юродивой. (Въ своей памяти я всегда называла ее въ дѣтствѣ юродивой). Онѣ загораживаютъ меня какъ-то странно съ трехъ сторонъ, растягивая свои широкія юбки, какъ дѣлаютъ это въ игрѣ „Коршунъ и насѣдка", но съ четвертой стороны остается пространство, и эта ужасная женщина, съ страшно вытаращенными глазами и оскаленными зубами, проскальзываетъ между ними, вытягивая костлявыя руки, съ страшнымъ воемъ кидается на меня и хватаетъ меня за горло. Съ дикимъ крикомъ я просыпаюсь и, дрожа отъ страху, вскакиваю съ постели и бѣгу къ матери, которая долго не можетъ меня успокоить. Послѣ этого сонъ этотъ то и дѣло сталъ возвращаться ко мнѣ, повторяясь по нѣскольку разъ въ годъ. И я уже такъ и выражалась, сообщая о немъ матери, что меня опять мучила ночью юродивая, но, конечно, уже пугалась я не такъ сильно, какъ въ первый разъ, хотя и просыпалась всегда съ крикомъ, обливаясь холоднымъ пóтомъ. И вотъ, я опять помню, какъ однажды, проснувшись отъ такого сна, я стараюсь успокоить сама себя, браня себя мысленно глупой трусихой, и, потерявъ сонъ, лежу и фантазирую. Мнѣ вдругъ вспомнились слова няня Дарьи Кузьминишны, сказанныя ею по поводу этой юродивой: „Несчастная она, просто несчастная: кто знаетъ, отчего она ума рѣшилась?" Говорила ли няня именно эти самыя слова, теперь ужъ я утверждать не могу, но знаю только, что подъ влiянiемъ воспоминанiя о нянѣ и ея состраданiя ко всѣмъ подобнымъ людямъ, которыхъ другiе осмѣивали и бранили, я стала придумывать причины, которыя могли бы довести эту женщину до сумасшествiя. Быть-можетъ, разсказъ объ ея прошломъ создался въ моемъ воображенiи, вслѣдствiе подобныхъ же случаевъ, слышанныхъ отъ взрослыхъ и вѣроятнѣе всего отъ дяди Вани, но вотъ въ какой формѣ онъ у меня сложился въ то время въ головѣ.

Жила-была женщина. У нея былъ мужъ въ солдатахъ. Онъ ушелъ въ Крымскую кампанiю, и его убили подъ Севастополемъ. У нея былъ одинъ сынъ и, скажемъ, двѣ-три дочери, еще дѣвочки. Женщина эта была крѣпостная у одного помѣщика. Вотъ, когда сынъ ея подросъ, помѣщикъ взялъ его къ себѣ въ работники. Одинъ разъ этотъ парень поссорился за что-то съ барскимъ сыномъ, своимъ ровесникомъ. Барченокъ обидѣлся и пожаловался отцу, а помѣщикъ былъ гордый и недобрый человѣкъ и велѣлъ высѣчь этого парня, а парень обозлился и поджегъ ночью усадьбу. Его изловили, посадили въ тюрьму и сослали въ Сибирь. Тогда мать его пошла къ помѣщику и говоритъ: „Куда ты дѣвалъ моего сына? Онъ былъ у меня одинъ работникъ-кормилецъ. Бери теперь и корми моихъ дѣтей!" А онъ ее обругалъ и прогналъ. И она ушла, проклиная его и дѣтей его. Это было тогда, когда крестьянамъ вышла воля. Мужикамъ дали землю, а бабѣ этой ничего не дали. И она пошла съ дѣтьми, какъ нищая, и побиралась, и дѣвочки ея заболѣли отъ голодухи и померли. И тутъ ужъ она съ горя совсѣмъ съ ума сошла...

И вотъ съ тѣхъ поръ она все ходитъ изъ города въ городъ, собираетъ на мостовой камни, и какъ увидитъ барскихъ дѣтей, бросаетъ въ нихъ камнями, выкрикивая страшнымъ голосомъ: „У... у... проклятое барское отродье"... [1]).

---

[1]) При этомъ мнѣ не казалось страннымъ, что эту сумасшедшую допускали ходить по городу, а не прятали ее въ домъ умалишенныхъ, вѣ-

Помню, что, фантазируя на эту тему, я захлебывалась отъ волненія и слезъ, и, много разъ мысленно возвращаясь къ этому разсказу, мнѣ въ концѣ концовъ могло казаться, что это навѣрное все такъ и было. И даже теперь я не могу себѣ отдать яснаго отчета въ томъ, слышала ли я на самомъ дѣлѣ что-нибудь подобное или этотъ разсказъ есть плодъ моего воображенія...

Помню, какъ однажды, когда мать разсказывала пріѣхавшей къ намъ бабушкѣ о моихъ ночныхъ страхахъ, я говорю: „А ты знаешь, мама, я теперь уже помирилась съ юродивой", и сконфуженно замолчавъ, убѣжала, почему-то не рѣшаясь разсказывать всего того, что передумала по этому поводу. Удивительнымъ и чудеснымъ казалось для меня то, что послѣ этого юродивая совершенно перестала мнѣ являться и пугать меня во снѣ, хотя я, даже будучи уже взрослой, любила возвращаться въ своихъ воспоминаніяхъ, какъ къ этому давнишнему случаю, такъ и ко всему пережитому мною въ связи съ нимъ во снѣ и на-яву.

XVII.
Природа и я.

Когда я прочла въ воспоминаніяхъ дѣтства Л. Н. Толстого, что онъ совершенно не помнитъ природы въ первыя пять лѣтъ его жизни, меня это очень поразило.

Привожу это мѣсто цѣликомъ:

„*Природа до пяти лѣтъ не существуетъ для меня*. Все, что я помню, все происходитъ въ постелькѣ, горницѣ. Ни травы, ни листьевъ, ни неба, ни солнца не существуетъ для меня. Не можетъ быть, чтобы не давали мнѣ играть цвѣтами, листьями, чтобъ я не видалъ травы, чтобъ не защищали меня отъ солнца, но лѣтъ до пяти, до шести нѣтъ ни одного воспоминанія изъ того, что мы называемъ природой. *Вѣроятно, надо уйти отъ нея, чтобы видѣть ее, а я былъ природа*" (Л. Н.

роятно, потому, что въ то доброе старое время на улицахъ нашего городка или посада (какимъ онъ числился) я никогда не видала ни одного, такъ называемаго, блюстителя порядка. Кромѣ того, въ то время юродивые и „блаженные" были въ большомъ почетѣ въ народѣ, и считалось большимъ грѣхомъ обижать ихъ или препятствовать ихъ свободнымъ дѣйствіямъ.

Толстой „Первыя воспоминанія". Изъ неизд. автобіограф. записокъ).

Признаюсь, я усомнилась въ вѣрности этого объясненія. Но теперь, работая сама надъ своими воспоминаніями дѣтства и доведя свои воспоминанія до конца семилѣтняго періода жизни, я теперь только замѣтила, что въ моихъ раннихъ воспоминаніяхъ, по крайней мѣрѣ до 4-хлѣтняго возраста, огромный пробѣлъ именно въ этой области. Я не могу, однако, утверждать, чтобы природа для меня не существовала, но не могу возстановить въ памяти впечатлѣній отъ нея съ самаго ранняго дѣтства, то-есть того, какъ вліяли на меня явленія природы? И любила или не любила я природу? И вотъ оказывается, что, кромѣ двухъ маленькихъ, записанныхъ мною еще раньше, случайныхъ воспоминаній, я почти ничего болѣе не могу вспомнить,—если не считать впечатлѣнія, которое производилъ на меня видъ самой Волги (о чемъ скажу отдѣльно),—и то, вѣроятно, уже послѣ 5 лѣтъ.

Правда, природа, насъ окружающая, была скудная, неинтересная, но, несомнѣнно, будь я постарше и развитѣе, я могла бы и въ ней найти достаточно матеріала для своихъ наблюденій. У насъ былъ палисадникъ. Помню, въ немъ росли цвѣты, кусты и какія-то молоденькія деревья, изъ которыхъ, однако, ясно запомнилась только довольно большая елка. Но не могу сказать, съ какого возраста я ихъ помню, и рѣшительно не знаю, любила ли я ихъ, нравились ли они мнѣ, интересовалась ли я узнать, какъ они называются, какъ растутъ и прочее. Остались у меня въ памяти цвѣты сирени, и я думаю, это потому, что ими украшали иногда у насъ залу на Пасху и на крестинахъ младшаго брата.

Какихъ-либо птицъ или насѣкомыхъ въ нашемъ палисадникѣ я совершенно не помню, хотя не сомнѣваюсь, что онѣ, какъ и вездѣ, были у насъ. Помню только воробьевъ во дворѣ, въ которыхъ Ляля стрѣлялъ горошинками изъ своей пушечки, и позднѣе голубей на крышѣ, въ которыхъ онъ (когда былъ уже постарше) стрѣлялъ изъ своего самострѣла, что очень мнѣ не нравилось, такъ что я нарочно старалась спугнуть голубей, чтобы онъ не попалъ въ нихъ. Изъ насѣкомыхъ, кромѣ, такъ сказать, домашнихъ, какъ таракановъ, которыхъ я смертельно боялась, я совсѣмъ не помню, если не считать одного тарантула, который напугалъ насъ, забравшись къ намъ въ дѣтскую: я вижу, какъ отецъ со стаканомъ въ рукахъ бѣгаетъ за нимъ по комнатѣ, стараясь поймать его, накрывъ стаканомъ, а мы съ Лялей, спрятавшись за дверь, выглядываемъ въ щелку и со страхомъ слѣдимъ за быстрой бѣготней страшнаго паука. Но мнѣ и въ голову не пришло тогда полюбопытствовать, поближе разсмотрѣть это маленькое страшное животное, такъ же какъ никому изъ взрослыхъ ни въ этомъ, ни въ другихъ случаяхъ не приходило въ голову предложить мнѣ познакомиться съ строеніемъ ихъ тѣла или съ образомъ жизни какихъ-нибудь насѣкомыхъ или другихъ животныхъ. Впрочемъ, какъ мои родители, такъ и тетушки были вполнѣ невѣжественны въ этой области и даже, сколько мнѣ помнится, брезгали брать въ руки „противныхъ козявокъ". Знаю еще, что лѣтомъ наше мѣсто изобиловало тучами комаровъ, отъ которыхъ мы страдали очень сильно и вслѣдствіе которыхъ невозможно было выбѣгать на дворъ раздѣтыми. Комарами этими, какъ извѣстно, славится берегъ Волги, и они водятся тамъ въ такомъ огромномъ количествѣ, что нападаютъ тучами на сонныхъ людей и иногда закусываютъ ихъ до смерти. По крайней мѣрѣ, я помню въ дѣтствѣ чей-то разсказъ о пьяномъ бурлакѣ, изъѣденномъ комарами. Помню также хорошо, какъ, выпуская насъ гулять на дворъ, намъ одѣваютъ на голову черныя шелковыя сѣтки, собранныя костянымъ колечкомъ на макушкѣ и обмоченныя въ скипидаръ или очищенную нефть, а на руки надѣваютъ такія же митэнки. Для этой цѣли у насъ около буфетнаго крыльца стоялъ маленькій боченокъ, въ который мы сами обмакивали эти сѣтки. Рабочіе же люди, насколько я помню, должны были обмазываться сплошь дегтемъ, чтобы уберечься отъ этихъ насѣкомыхъ.

Еще меня удивляетъ—это отсутствіе воспоминаній о грозѣ въ эти первые годы, то-есть ни грома, ни молніи вплоть до 7 лѣтъ. Вѣроятно, я не боялась грозы, и потому она не производила на меня того потрясающаго впечатлѣнія, какъ въ позднѣйшіе годы, хотя помню, какъ намъ, дѣтямъ, кто-то во дворѣ (кажется, водовозъ) говорилъ, что „это Илья пророкъ катается на небѣ". Однако, ясно помню снѣжныя бури съ завываніями вѣтра, наводившія на меня тоскливый страхъ и пробуждавшія мои фантазіи. Какъ видно, память лучше сохранила мнѣ все то, что рѣзко или непріятно поражало меня въ явленіяхъ природы, такъ же какъ и въ общихъ воспоминаніяхъ о моей дѣтской жизни, что, вѣроятно, составляетъ несчастливую сторону моего характера (а быть-можетъ, и съ другими дѣтьми это такъ же).

Я даже не знаю, была ли я любознательна первые семь лѣтъ жизни такъ, какъ была въ слѣдующій, отроческій періодъ. Я помню, что я не любила и какъ бы стѣснялась спрашивать о непонятныхъ мнѣ явленіяхъ. Быть-можетъ, оттого, что взрослые, окружавшіе меня, были мало свѣдущи въ познаніяхъ природы, а можетъ-быть, тутъ было и то, что, часто получая отвѣты въ родѣ того, что „дѣти этого не могутъ понять", или „много будешь знать, скоро состаришься",—меня отпугивало отъ желанія продолжать разспрашивать и въ значительной степени заглушало природную любознательность. Поэтому, если и возникали въ головѣ какіе-либо вопросы и сомнѣнія, то я предпочитала ихъ разрѣшать сама себѣ, изобрѣтая фантастическія объясненія.

Теперь, вспоминая объ этомъ и наблюдая дѣтей, растущихъ около меня и такъ живо интересующихся жизнью окружающихъ ихъ животныхъ и растеній, мнѣ кажется это не только страннымъ, но и большимъ пробѣломъ въ моемъ воспитаніи въ раннемъ возрастѣ.

Привожу здѣсь цѣликомъ тѣ два эпизода, которые я записала гораздо раньше, и въ которыхъ проявляются черты любви или интереса къ природѣ въ очень раннемъ дѣтствѣ и притомъ единственные, которые сохранила мнѣ моя память вполнѣ отчетливо.

XVIII.
Изъ отрывочныхъ воспоминаній.

1. Облако.

Я была еще очень маленькая, но уже начинала говорить, когда у меня почему-то вдругъ разболѣлись глаза, и, какъ говорила мнѣ потомъ мать, я чуть не ослѣпла на нѣсколько дней. Было это какое-то острое воспаленіе, которымъ, какъ она думала, я заразилась, кажется, отъ нашей прачки.

Самую болѣзнь я не помню, мнѣ она представляется долгимъ сномъ. Но вотъ яркая картина въ моей памяти уже въ день выздоровленія.

Я лежу на чьихъ-то рукахъ. Я знаю, что это мама. Чѣмъ-то мягкимъ, тепловатымъ, съ знакомымъ мнѣ запахомъ чего-то, она промываетъ мнѣ вѣки. Наконецъ, я открываю глаза, и сначала, точно сквозь туманъ, а потомъ все яснѣе выступаетъ передо мной склоненное ко мнѣ лицо матери, а за нею няня, держащая въ рукахъ блюдечко (очевидно, съ чаемъ изъ ромашки); онѣ чему-то радуются и ласково говорятъ со мной. Я оглядываюсь кругомъ, точно послѣ долгаго сна; мы сидимъ на стульяхъ подъ окномъ, въ столовой. Вѣроятно, взглянувъ въ окно, я вдругъ вижу, какъ по голубому фону быстро двигается, какъ будто вылѣзаетъ изъ-за угла крыши (крыла дома) что-то большое, бѣлое и, какъ мнѣ кажется, направляется въ окно къ намъ. Я не могу оторвать глазъ отъ этого предмета и, вѣроятно, чѣмъ-нибудь выражаю свой испугъ или недоумѣніе, потому что слышу, какъ сейчасъ, успокоительный голосъ матери, говорящій:

— Это ничего. Это облако. Просто облако.

И теперь мнѣ какъ будто слышится, какъ я начинаю повторять за ней это слово: „облако", „облако". И потомъ вспоминается мнѣ еще, какъ я ввожу за руку брата Лялю въ столовую и, подводя его къ тому самому окну, понукаю его влѣзть на стулъ и твержу, указывая на окно: „о-буа-ко, о-буа-ко". (Въ дѣтствѣ мнѣ было трудно произносить твердое „л").

И теперь забавно вспоминать, какъ послѣ этого я, да, кажется, и Ляля тоже, когда намъ хотѣлось видѣть облака, мы, бывало, просили посадить насъ на это самое окошко въ столовой. Вѣроятно, намъ казалось, что облака видны только изъ этого окна. Мать не разъ говорила, что мнѣ, очевидно, по наслѣдству отъ нея передалась любовь къ небу и облакамъ, и что ее удивляло то, какъ я подолгу могла сидѣть на окошкѣ, слѣдя за движеніемъ облаковъ.

И потомъ, не только въ дѣтствѣ, но и въ позднѣйшіе годы, видъ неба и облаковъ, въ особенности на закатѣ, дѣйствовали всегда умиротворяюще на мою душу,—когда я чувствовала себя чѣмъ-нибудь разстроенной или нервно-переутомленной.

2. Павитель.

Вспоминаю, какъ мы съ няней (тутъ же Ляля и, кажется, уже маленькій Володя: слѣдовательно, мнѣ уже болѣе 4-хъ лѣтъ) сѣемъ сѣмена павители. Няня дѣлаетъ маленькія луночки вдоль всей длинной рѣшетчатой ограды палисадника и раздаетъ намъ горсточки крупныхъ зеренъ, которыя мы закапываемъ въ эти луночки. Помню потомъ, какъ я усердно, вѣроятно, передъ закатомъ солнца, хожу поливать ихъ съ няней. Думаю, что поэтому-то въ дѣтствѣ павитель была моимъ любимымъ цвѣткомъ. Помню, какъ я въ восхищеніи любуюсь массою крупныхъ разнообразныхъ цвѣтовъ — пестрыхъ, но вмѣстѣ съ тѣмъ мягкихъ, нѣжныхъ тоновъ — синихъ и фіолетовыхъ, свѣтло-голубыхъ и блѣдно-розовыхъ, сплошь покрывавшихъ всю рѣшетку палисадника. И теперь мнѣ кажется, что я нигдѣ больше не видѣла такой роскошной павители, какъ была та, наша павитель. Помню, какъ мнѣ хочется, чтобъ мама видѣла ее, а она, я знаю, лежитъ больная. Я срываю шелковистый синій цвѣтокъ съ бѣлой серёдкой и бѣгу съ нимъ въ домъ. Мнѣ приходится сдѣлать большой кругъ, такъ какъ со стороны сада нѣтъ входа въ домъ. И пока я бѣгу по жаркому солнцу черезъ палисадникъ и весь дворъ и черезъ нѣсколько комнатъ до маминой спальни, я съ огорченіемъ замѣчаю, что цвѣтокъ завялъ и сморщился. Я пробую расправить его пальцами, но порчу его окончательно. Тогда я бросаюсь опять назадъ и рву второй цвѣтокъ, рву еще нѣсколько и, забравъ ихъ въ фартукъ, бѣгу стремглавъ, чтобы они не успѣли завять. И вотъ, вбѣжавъ къ мамѣ въ спальню, выкладываю ихъ ей на подушку, но съ досадой вижу, что они все-таки уже помяты и ужъ совсѣмъ не такъ хороши, какъ тамъ, на заборѣ. Съ тѣхъ поръ, кажется, у меня осталось какое-то чувство жалости къ сорваннымъ цвѣткамъ вообще, и какъ въ дѣтствѣ, такъ и потомъ, до старости, я не любила рвать цвѣты для букетовъ, хоть и знала, что другіе цвѣты лучше и дольше выдерживаютъ, чѣмъ моя любимая, нѣжная павитель.

И вотъ, несмотря на вышеописанные случаи, чѣмъ больше я думаю, тѣмъ болѣе мнѣ кажется, что Л. Н. Толстой правъ, говоря, что у совсѣмъ маленькихъ дѣтей не можетъ быть воспоминаній о природѣ,— потому что для этого нужно уже болѣе сознавать свою отдѣленность отъ окружающей природы и хотя бы нѣкоторое умѣнье созерцать и любоваться чѣмъ-нибудь внѣ себя, не говоря уже о томъ, что сантиментальнаго любованія природой, которому такъ часто предаются взрослые, у дѣтей, въ особенности у мальчиковъ, не можетъ быть, именно вслѣдствіе ихъ безыскусственности и простоты. Несомнѣнно, что они радуются и наслаждаются тепломъ и свѣтомъ, не зная и даже не интересуясь узнать источника этого; такъ же радуются яркимъ краскамъ цвѣтовъ и листьевъ и проч.

Но по всей вѣроятности, это ими принимается, какъ нѣчто *должное* — въ порядкѣ вещей. Дѣти болѣе всего ощущаютъ всѣмъ своимъ существомъ, что *жизнь есть благо*, хотя и не сознаютъ этого, и потому-то ежедневныя привычныя впечатлѣнія не оставляютъ въ нихъ воспоминаній. Потому-то, вѣроятно, и мать свою мы не помнимъ и какъ будто даже не замѣчаемъ въ раннемъ дѣтствѣ, а только тогда чувствуемъ ея отсутствіе, когда она нужна намъ.

Замѣчаемъ же мы и запоминаемъ, вѣроятно, прежде всего то, что поражаетъ насъ или раздражаетъ наше чувство,— однимъ словомъ, что выходитъ изъ ряда обыкновенной окружающей насъ среды.

Въ моемъ случаѣ,— то, что я такъ рано запомнила облако, я объясняю тѣмъ, что видъ облака было первое, что поразило мой взглядъ, какъ разъ въ моментъ прозрѣванія послѣ той темноты, которая окружала меня въ теченіе продолжительнаго времени, какъ мнѣ тогда могло показаться, но, очевидно, раньше этого я не замѣчала ни неба, ни облаковъ.

Второе же, болѣе позднее (думаю, что мнѣ было уже болѣе 4-хъ лѣтъ) — цвѣты павители, которые я и раньше видѣла, запомнились и полюбились, именно полюбились потому, во-первыхъ, что я знала уже, что мы сами ихъ сажали, и мнѣ радостно и удивительно, вмѣстѣ съ тѣмъ, было это рожденіе цвѣтовъ изъ какихъ-то сѣмянъ, которыя мы *сами* сажали, какъ будто я была участница этого чуда. И, во-вторыхъ, потому, что въ тотъ годъ павитель, очевидно, родилась особенно роскошная и какъ будто вся сразу распустилась, что также особенно поразило меня и, повидимому, впервые пробудило во мнѣ эстетическій вкусъ.

Однако, уже съ 4-хъ лѣтъ я все яснѣе и яснѣе начинаю сознавать свою отдѣленность отъ внѣшняго міра, и потому большинство воспоминаній вообще и въ частности природы начинается именно съ этого возраста. Размышляя объ этомъ, мнѣ приходитъ на мысль слѣдующее заключеніе: чѣмъ однообразнѣе, ровнѣе и чѣмъ беззаботнѣе проходила жизнь въ раннемъ дѣтствѣ, тѣмъ, вѣроятно, меньше удерживается въ памяти ребенка изъ раннихъ воспоминаній, но, разумѣется, природныя наклонности ребенка (одного болѣе наблюдательнаго или съ пессимистической складкой души,— другого болѣе беззаботнаго или легкомысленнаго по характеру) усиливаютъ или уменьшаютъ дѣтскую памятливость.

Вѣрно или невѣрно я разсуждаю,—одно знаю несомнѣнно, что если бъ меня спросили въ дѣтствѣ, что я особенно люблю или что мнѣ больше нравится, то я затруднилась бы отвѣтить. Тогда какъ я опредѣленно знала, чего я *не* люблю и что мнѣ *не* пріятно. И потому думаю, что всѣ рѣзкія, непріятно-раздражающія впечатлѣнія запомнились мнѣ гораздо болѣе отчетливо и опредѣленно, чѣмъ тѣ, которыя мнѣ были пріятны и милы: эти послѣднія мнѣ представляются въ моемъ воображеніи мягкими расплывчатыми контурами и какъ бы повторными снимками, одинъ на другомъ, такъ какъ, въ сущности, пріятныхъ, радостныхъ дней и похожихъ одинъ на другой было больше, и они какъ бы сливаются и составляютъ фонъ и вмѣстѣ съ тѣмъ главное содержаніе моей счастливой дѣтской жизни.

XIX.

Лѣтнее утро съ няней.

Вотъ я сплю въ большой дѣтской. Сквозь сонъ я слышу гудокъ, который тянется протяжно и долго. Я еще не совсѣмъ проснулась, но уже сознаю, что это пароходъ. „Эй ты, берегись!"—кажется мнѣ, что онъ гудитъ. И въ отвѣтъ ему откуда-то издалека доносится отвѣтный низкій гудокъ другого парохода: „Слышу, слышу, проходи..." Это мы такъ кричимъ другъ другу, когда играемъ въ пароходы, и мнѣ и на самомъ дѣлѣ кажется, что они это выговариваютъ. Сонъ совсѣмъ отскочилъ, и я, открывъ глаза, вижу сквозь зеленоватыя сторы косые лучи восходящаго солнца. Должно быть, еще рано, потому что все кругомъ еще тихо. Но мнѣ больше не спится, и я отъ нечего дѣлать разсматриваю рисунокъ сторъ. Помнится, на немъ былъ узоръ, представлявшійся мнѣ всегда огромнымъ паукомъ съ длинными лапами. Но вотъ я слышу въ сосѣдней комнатѣ нянины осторожные шаги. Я наскоро обуваюсь, бѣгу къ ней и застаю ее на колѣняхъ передъ кіотомъ; она что-то шепчетъ и кладетъ поклоны. Иногда со стороны я наблюдаю няню молящуюся, и меня очень занимаетъ вопросъ: о чемъ она такъ усердно молится и отчего она такъ часто плачетъ, когда молится? Но почему-то никогда не рѣшаюсь спрашивать ее объ этомъ. (Быть-можетъ, врожденное чувство деликатности тогда останавливало мое любопытство.) Вотъ няня, замѣтивъ меня, привлекаетъ меня къ себѣ и, вѣрно, чтобы не разбудить дѣтей, говоритъ мнѣ шопотомъ:

— Ну, помолись, Галенька.

И я начинаю повторять за ней слова молитвы. Не помню, въ какомъ порядкѣ и какія именно молитвы я читала въ то время, до пятилѣтняго возраста, помню только, что подъ конецъ произносились слова: „И меня, младенца Анну, сохрани и помилуй". Я уже знаю, что это тоже мое имя, которое, однако, употребляется только, когда я стою передъ Боженькой. И мнѣ приходитъ въ голову вопросъ, который я задаю нянѣ:

— А Боженька знаетъ, что меня зовутъ Галей?

— Знаетъ, знаетъ, дѣточка! Онъ все знаетъ,—говоритъ няня.

— Зачѣмъ же надо говорить „Анна"? Я не люблю такъ (мнѣ это имя казалось чужимъ, холоднымъ, какъ бы оффиціальнымъ). Пускай лучше „Галя".

Няня, одѣвая меня, толкуетъ мнѣ что-то про старичковъ Іоакима и Анну, которые изображены на эмалевомъ образкѣ, висящемъ надъ моей кроваткой... Затѣмъ вижу, какъ мы съ няней проходимъ черезъ буфетъ, гдѣ вставшій уже деньщикъ чиститъ сапоги. Около печки шипитъ уже самоваръ съ трубою, вставленной въ отдушину: это означаетъ, что папа уже встаетъ.

Затѣмъ на черной галлерейкѣ няня умываетъ меня изъ мѣднаго „людского" умывальника, который мы называли „толкушка". Меня забавляютъ струи, бьющія фонтаномъ, и я съ удовольствіемъ плескаюсь въ водѣ. Потомъ, нагнувъ меня надъ умывальникомъ, няня изъ ковшика поливаетъ мнѣ шею и голову. Я фыркаю и захлебываюсь отъ холодной воды, а она приговариваетъ:

— Ничего, это здорово.

Вспоминая теперь, почему она меня умываетъ иногда здѣсь, а не въ дѣтской,—соображаю, что дѣлала она это, вѣроятно, для того, чтобы не будить другихъ спящихъ дѣтей.

Послѣ умыванія мы выходимъ на дворъ. Няня несетъ въ тарелкѣ какіе-то куски, вѣроятно, объѣдки ужина. Мы переходимъ черезъ дворъ къ будкѣ цѣпной собаки, Мурзика. (Это еще молодая собака, почти щенокъ, но уже очень большой, съ черной волнистой шерстью и съ бѣлыми подпалинами. Не знаю, какой она была породы). Я знаю, что его недавно привезли откуда-то и посадили на цѣпь, и мнѣ его не то жалко, не то страшновато каждый разъ, когда я подхожу къ нему: онъ такъ свирѣпо лаетъ на всѣхъ проходящихъ мимо. Но няню онъ знаетъ и ласково виляетъ хвостомъ, пока она его кормитъ. Я же опасливо держусь за нянину юбку. Знаю также, что этого Мурзика на ночь привязывали цѣпью къ длинной веревкѣ, протянутой черезъ весь дворъ отъ канцеляріи до конюшни, чтобъ онъ могъ бѣгать вдоль ея по всему двору, очевидно, для того, чтобы сторожить лошадей и казенныя бумаги, а можетъ-быть, и деньги въ канцеляріи. Въ то время говорили о частыхъ грабежахъ въ окрестности и о конокрадахъ. Когда же мы спрашивали отца, почему же Мурзикъ не около дома, то онъ отвѣчалъ: „Я самъ въ домѣ Мурзикъ. Со мной вамъ нечего бояться".

Черезъ дворъ, обогнувъ домъ, мы проходимъ съ няней весь палисадникъ и заходимъ за уголъ дома на маленькій огородикъ, расположенный въ угловой площадкѣ подъ окнами столовой и дѣтской, въ уровень съ кухонными окнами. Здѣсь только по утрамъ ярко свѣтитъ солнце (няня, бывало, жаловалась на недостатокъ солнца для овощей, но, очевидно, негдѣ было больше устроить огорода).

И вотъ, няня начинаетъ полоть грядки съ редиской и лукомъ и учитъ меня дѣлать то же. Я вытаскиваю круглую красную редиску; а няня, подойдя къ кухонному окну, проситъ дать кусочекъ чернаго хлѣба съ солью. Поваръ въ это время рубитъ котлеты, четко отбивая на столѣ: „тра-та-та, тра-та-та"...

Вспоминаю также, что иногда по утрамъ меня будилъ именно этотъ стукъ поварского ножа, раздававшійся подъ поломъ дѣтской. И тогда я уже навѣрно знала, что пора вставать.

И вотъ я сижу на грядкѣ и завтракаю чернымъ хлѣбомъ съ редиской, а иногда тутъ же пью парное молоко. И мнѣ все это кажется такимъ вкуснымъ, какъ никакая другая ѣда на свѣтѣ.

А потомъ, какъ пріятно, бывало, откинувшись навзничь, на мягкую траву, лежать такъ, глядя на небо и на плывущія по немъ облачка, къ которымъ у меня особая, нѣжная симпатія. Вонъ бѣгутъ мелкіе, пушистые „барашки", словно огромное стадо, которое разбрелось по голубому полю. Я гляжу на нихъ и фантазирую: вонъ нѣсколько барашковъ отдѣлились отъ большого стада и бѣгутъ будто въ сторону...

— Няня,—спрашиваю я вдругъ,—а у нихъ тоже есть пастухъ?.. Гдѣ же онъ?

Няня, взглянувъ вверхъ, догадывается, о чемъ я спрашиваю.

— Пастухъ ихъ—самъ Боженька,—отвѣчаетъ она ласково

и, снова склонившись надъ грядкой, прибавляетъ какъ бы про себя:—„пастырь добрый".

„Пастырь добрый"—повторяю я нѣсколько разъ эти слова, не сводя глазъ съ „барашковъ".

— А у него тоже палка съ крючкомъ?—продолжаю я спрашивать.

— Нѣтъ, милая. Ему палки не нужно. Ему и безъ палки всѣ твари повинуются, и солнце, и вѣтеръ, и тучи, и все на свѣтѣ.

Насколько я помню, мнѣ въ раннемъ дѣтствѣ не приходилось видѣть живого стада овецъ, но ясно помню бывшую у насъ гравюру съ прекрасной картины Айвазовскаго „Стадо въ бурю", гдѣ пастухи съ длинными посохами тщетно стараются удержать обезумѣвшее стадо барановъ, тонущее въ морѣ; и картина эта, очевидно, произвела на меня сильное впечатлѣніе.

Въ связи же съ тѣмъ,—что „Богу и безъ палки всѣ твари повинуются", я вспоминаю, что няня, вообще, постоянно внушала мнѣ, что надо слушаться безъ наказанія и надо быть добрымъ, не ожидая награды, похвалы; помню, что еще съ дѣтства я усвоила себѣ это пониманіе.

Ничего особенно интереснаго, ни значительнаго, что запечатлѣлось бы въ моей памяти, не случалось въ эти раннія утра, а между тѣмъ это были самые пріятные, самые радостные часы въ моей дѣтской жизни. Вспоминаю, что когда мы, сидя на огородѣ, вдругъ услышимъ надъ нашими головами стукъ въ окошкѣ дѣтской, то я, съ неудовольствіемъ взглядывая въ окно и видя изъ-за сторы сонное лицо старшаго брата, говорю съ искреннимъ огорченіемъ: „Уже проснулись!" Я знала, что няня должна теперь итти къ нимъ въ дѣтскую, и, вѣроятно, безсознательно ревновала любимую няню, которая въ теченіе дня принуждена была отдавать больше своего вниманія то хворому Лялѣ, то другимъ меньшимъ дѣтямъ, нуждавшимся больше въ заботахъ и уходѣ, чѣмъ я, всегда здоровая и болѣе самостоятельная въ своихъ играхъ и занятіяхъ. И только въ эти раннія и утреннія часы няня была со мной одной,—нераздѣльно моя. Впрочемъ, я, быть-можетъ, напрасно приписываю себѣ чувство ревности, такъ какъ совершенно не помню изъ моей дѣтской жизни ни одного факта, въ которомъ бы опредѣленно выражалось это чувство, но допускаю, что оно могло быть во мнѣ, хотя и вполнѣ безотчетно.

Очень возможно, что и позднѣе, когда я была уже подъ

присмотромъ гувернантки, вставая, сколько помнится, всегда рано, я пользовалась этими ранними утрами, чтобы проводить ихъ вмѣстѣ съ няней, а въ памяти эти отрывочныя утреннія впечатлѣнія слились въ одну послѣдовательную картину.

XX.
Зимній вечеръ.

Мы, дѣти, сидимъ за столомъ въ столовой и пьемъ наше вечернее молоко. Въ комнатѣ уже полумракъ, но свѣчи еще не зажжены (я не помню лампъ въ то время, кромѣ какъ въ гостиной). Няня тутъ же съ нами за столомъ пьетъ чай. Потомъ она уводитъ спать Лялю и Володю, а меня почему-то оставляетъ.

Быть-можетъ, она взяла ихъ купать или же, вообще, она укладывала насъ по очереди; но я, очевидно, знаю, что это въ порядкѣ вещей. Я остаюсь одна и невольно прислушиваюсь къ странной для меня тишинѣ въ домѣ и вмѣстѣ съ тѣмъ къ бурѣ, шумящей на дворѣ: снѣжные хлопья то и дѣло ударяютъ о стекло. (Столовая окнами обращена на сѣверъ). Отецъ и мать, вѣроятно, въ отсутствіи, гдѣ-нибудь въ гостяхъ (что бывало, вообще, очень рѣдко), и отъ этого въ домѣ необычно тихо. И тишина эта немного смущаетъ меня. Я разсѣянно пью молоко, поглядывая въ окно на все сгущающіяся сумерки. Мнѣ кажется, что я очень долго такъ сижу одна. Самоваръ на столѣ насвистываетъ тоненькимъ голоскомъ свою однообразную пѣсенку, будто выговаривая: „Спи, усни... спи, усни..."— повторяя все одно и то же. И я, должно быть, и въ самомъ дѣлѣ начинаю дремать, склонившись головой на столъ... Какъ вдругъ сильный порывъ вѣтра ударяетъ въ окно и выводитъ меня изъ моего оцѣпенѣнія. Надъ головой, на крышѣ слышенъ страшный стукъ и грохотъ. И мнѣ вдругъ представляется, что какой-то великанъ топаетъ тамъ на крышѣ огромными сапожищами. Онъ стучитъ по крышѣ громче, чѣмъ нашъ дворникъ, когда сваливаетъ снѣгъ съ крыши, и у него, должно быть, огромная метла: вонъ онъ какъ ударилъ ею въ окно! А вонъ, въ трубѣ что-то завыло, заклокотало: это онъ, должно быть, нагнулся въ трубу и кричитъ что-то сюда къ намъ своимъ страшнымъ голосомъ: у-у-уооооо!.. За что онъ сердится на насъ? Что мы ему сдѣлали? И страхъ овладѣваетъ мной, и я хочу бѣжать, но боюсь пошевельнуться и не спускаю глазъ съ открытаго отверстія печки. Она представляется мнѣ раскрытой пастью какого-то ревущаго чудовища. Но вотъ среди этого шума слухъ мой различаетъ гдѣ-то близко у печки тихое прерывистое потрескиванье: трр-тррр... трр-тррр!.. и потомъ переходитъ въ безпрерывную трель.

Я невольно прислушиваюсь къ мирному стрекотанію сверчка, и мнѣ кажется, что вотъ онъ, сверчокъ, ничего не боится... И его спокойное, ровное потрескиванье успокоительно дѣйствуетъ на мое возбужденное воображеніе. Я чувствую, что я уже не одна въ этой темной комнатѣ и, вѣроятно, чтобы окончательно прогнать страхъ, начинаю вслухъ нараспѣвъ говорить себѣ стихи:

> Буря мглою небо кроетъ,
> Вихри снѣжные крутя,
> То какъ звѣрь она завоетъ,
> То заплачетъ, какъ дитя...

(Помню, я долго говорила „воетъ", вмѣсто „мглою", такъ какъ, вѣроятно, не понимала этого слова). Слова „какъ дитя" всегда очень трогали меня, и мнѣ представлялась при этомъ какая-то сиротка, покинутая на улицѣ.

Слова же: „то по кровлѣ обветшалой вдругъ соломой зашумитъ..." были тоже не совсѣмъ мнѣ понятны (хотя не сомнѣваюсь, что мать объясняла ихъ намъ, но, вѣроятно, я не сразу усвоила это понятіе), и потому они всегда останавливали мое вниманіе.

Представляется мнѣ, какъ я затѣмъ, пройдя буфетъ и темныя сѣни, подхожу къ дѣтской двери и, нащупавъ въ ней щеколду, не безъ труда отворяю тяжелую, обитую клеенкой дверь. И продолжая громко тянуть нараспѣвъ:

> То какъ путникъ запоздалый
> Къ намъ въ окошко застучитъ...

я вхожу въ дѣтскую.

Няня, выглянувъ въ дверь изъ своей комнаты, шикаетъ на меня, боясь, что я разбужу кого-то изъ дѣтей (должно быть, безпокойную Нелли). Потомъ я ложусь спать и, раздѣваясь, полушопотомъ задаю нянѣ вопросы:

— Что такое кровля „обветшалая"? А какая у насъ крыша? А какъ шумитъ солома? А къ намъ придетъ когда-нибудь „путникъ запоздалый"? И гдѣ его положатъ спать?.. и т. д. въ этомъ родѣ.

Въ дѣтской тихо и не слышно страшнаго воя въ трубѣ, какъ въ столовой. И вотъ я сладко засыпаю въ то время, какъ няня, тихонько мурлыкая про себя пѣсенку, неслышными шагами ходитъ изъ комнаты въ комнату и прибираетъ дѣтскія вещи: „Приди, котикъ, ночевать, мою дѣточку качать"... Мотивъ этой колыбельной остался у меня въ памяти на всю жизнь.

Увы!.. Это было, вѣроятно, послѣднее счастливое зимнее время моей тѣсной жизни съ няней, отъ которой весною съ пріѣздомъ гувернантки я была оторвана — и навсегда... (Думаю такъ потому, что я знала въ то время такія стихотворенія, какъ „Буря", которое, помню, мы учили еще не по книгѣ, а со словъ матери, — слѣдовательно, мнѣ было тогда около 5-ти лѣтъ).

... Я только-что кончила записывать эту сцену, какъ вдругъ откуда-то изъ глубины вынырнуло другое воспоминаніе, словно видѣнное мною когда-то во снѣ:

Вечеръ. Въ неосвѣщенной няниной комнатѣ я вижу себя стоящей на подоконникѣ. Держа въ рукѣ большой клубокъ нитокъ, я стараюсь открыть форточку, — несомнѣнно для того, чтобы выбросить клубокъ за окно. Вспоминаю, что уже и раньше, каждый разъ, какъ мнѣ попадалось стихотвореніе „Буря мглою"..., мнѣ почему-то вдругъ вспоминался этотъ клубокъ нитокъ, который я хочу бросить за окно. Раньше мнѣ казалось, что это какая-то странная, случайная ассоціація, и я никогда не старалась возстановить связи между этими двумя, на видъ столь разнородными, сюжетами. Знаю, однако, что желаніе выбросить клубокъ за окно было у меня не шалостью, а какимъ-то серьезнымъ, дѣловитымъ намѣреніемъ, казавшимся мнѣ очень важнымъ и нужнымъ. И теперь, благодаря вышеописанной сценѣ, возстановившей во мнѣ настроеніе прошлаго, во мнѣ мало-по-малу воскресаютъ мотивы и подробности этого маленькаго случая. Вотъ какъ, представляется мнѣ, это бы должно было быть.

Мы трое, — я, Ляля и Володя, играемъ вечеромъ въ большой дѣтской, играемъ во что-то за низенькимъ, широкимъ дѣтскимъ столомъ. Большая комната плохо освѣщается сальной свѣчкой. (Въ то время стеариновыя свѣчи были еще дороги и въ дѣтской у насъ горѣли всегда сальныя). Кстати вспоминаю, какое мнѣ доставляло удовольствіе, когда няня позволяла мнѣ срѣзывать нагорѣвшій фитиль толстыми однощекими щипцами, всегда для этой цѣли лежавшими на подсвѣчникѣ; я, кажется, гордилась тѣмъ, что умѣла это дѣлать и что няня поручаетъ это мнѣ, тогда какъ бѣдный Ляля съ своей трясущейся ручкой былъ очень неловокъ во всѣхъ такихъ случаяхъ.

И вотъ няня зачѣмъ-то вышла въ буфетъ. Въ случайно наступившей тишинѣ вдругъ намъ слышится легкій стукъ, точно по стеклу. Мы рѣшаемъ, что это—у няни въ комнатѣ, дверь въ которую стоитъ открытой. Но тамъ темно, и Ляля боязливо останавливается у порога. А я, прислушавшись, рѣшаю, что стучатъ въ окно, и, подойдя къ нему, прислоняюсь лицомъ къ замерзшему стеклу и стараюсь разглядѣть, кто тамъ стучитъ. Ставни еще не закрыты, но сквозь замерзшее двойное окно плохо видно во дворъ, хотя онъ по временамъ и освѣщается луной, которую то закрываютъ, то открываютъ быстро бѣгущія облака. Глядя въ окно, мнѣ чудится, что кто-то то заглянетъ въ окно, то опять никого нѣтъ. И мнѣ вдругъ приходитъ въ голову, что это, вѣрно, какой-нибудь „путникъ" заблудился и стучитъ къ намъ въ окошко. Въ дѣтскую входитъ няня, и я подзываю ее. Но она увѣряетъ меня, что намъ, вѣрно, почудилось и что тамъ никого нѣтъ и не было. И снова выходитъ изъ дѣтской. Но меня это не убѣждаетъ, и мнѣ опять слышится, что кто-то стучится въ окошко. И вотъ я, вѣроятно, вспомнивъ сказку про то, какъ кто-то получаетъ отъ какой-то старухи-вѣдуньи клубокъ нитокъ, по которому онъ всегда найдетъ дорогу, куда слѣдуетъ,—я, не долго думая, открываю ящикъ нянинаго стола, стоявшаго между окнами, гдѣ лежатъ нѣсколько клубковъ, и, выбравъ самый большой, лѣзу на стулъ и стараюсь раскрыть форточку. Но не умѣю этого сдѣлать. Няня, должно быть, замѣтивъ меня, стоящею на подоконникѣ, снимаетъ меня съ окна и прячетъ клубокъ, немного журя и допытываясь, зачѣмъ мнѣ это надо было сдѣлать. Я почти со слезами объясняю ей мой остроумный планъ и удивляюсь и немного обижаюсь, что нянѣ онъ не нравится. Я стараюсь объяснить ей, что я очень хорошо придумала, что если какой-нибудь „путникъ" подниметъ этотъ клубокъ, то онъ ему въ дорогѣ очень пригодится: онъ будетъ его разматывать, разматывать, а потомъ, если заблудится, то по ниточкѣ онъ найдетъ обратную дорогу. Впрочемъ, теперь ужъ не знаю, какъ все это я представляла себѣ тогда.

Помню, какъ Ляля на мои объясненія покатывается со смѣху и дразнитъ меня глупышкой и дурындой, что очень меня обижаетъ...

Въ концѣ концовъ оказывается, что кто-то все-таки есть за окномъ. Въ этомъ и няня убѣждается. Она открываетъ форточку, и вдругъ въ нее вскакиваетъ нашъ старый котъ Васька. Это онъ, очевидно, загулявъ поздно, царапался лапками о стекло, просясь, чтобъ его впустили.

— Вотъ тебѣ и „путникъ запоздалый", — говоритъ няня, ласково улыбаясь, передавая мнѣ кота на руки. И у меня сразу проходитъ обида и огорченіе, и дѣлается тоже смѣшно и снова весело.

XXI.

Волга.

Изъ всей окружающей меня природы я все-таки думаю, что лучше, глубже всего запомнилась мнѣ въ дѣтствѣ Волга, протекавшая у насъ подъ горой, мимо нашего дома. Помню, что съ раннихъ лѣтъ я знала слово „Волга", которая, вѣроятно, для меня была синонимъ рѣки (такъ какъ этого послѣдняго слова я положительно не помню въ дѣтствѣ), и олицетвореніемъ большого пространства воды, т.-е. вообще чего-то огромнаго, движущагося и переливающагося разными цвѣтами. Для меня также она была въ дѣтствѣ какъ бы границею земли, дальше которой уже нельзя было итти: „тамъ глубоко, — водяной утащитъ", — представлялось мнѣ, какъ въ сказкѣ. Разумѣется, любоваться ею я могла только тогда, когда стала уже постарше. Несомнѣнно, что и въ этомъ случаѣ вліяніе няни отразилось на мнѣ.

Бывало, весной, глядя на Волгу изъ оконъ дома, няня говорила:

— Красавица-то наша, матушка, какъ разлилась! Краю не видно.

И голосъ ея при этомъ, какъ мнѣ теперь вспоминается, выражалъ поистинѣ благоговѣйный восторгъ передъ этой картиной.

И, дѣйствительно, противоположный низкій лѣсистый берегъ совсѣмъ исчезалъ подъ водою, и казалось, — вода сливалась съ небомъ.

Помню, однажды, когда я стала постарше и насъ зимою стали больше выпускать на воздухъ, меня вдругъ поразило то, чего я раньше, вѣрно, не замѣчала,—что вмѣсто привычныхъ для взгляда пароходовъ, барокъ и лодокъ, пестрѣвшихъ по Волгѣ, я увидала теперь однообразную бѣлую пелену, и по ней тянулся длинный обозъ—цѣлый рядъ одна за другой плетущихся маленькихъ лошадокъ, запряженныхъ въ сани. Обозы ѣдутъ посрединѣ рѣки, далеко, такъ что кажутся маленькими, какъ игрушки. Вѣроятно, я чѣмъ-нибудь выражаю свое изумленіе въ разговорѣ съ няней, такъ какъ, помню, какъ няня высказывается по этому поводу:

— Спитъ наша кормилица-матушка подъ пуховымъ одѣяльцемъ. Наработалась за лѣтушко, а теперь, значитъ, отдыхаетъ.

И говоритъ это она такъ любовно, какъ бы о родной матери.

Какой-либо пристани вблизи я не помню. Но знаю, что пароходы и барки останавливались далеко правѣе, ниже нашего дома. Домъ нашъ стоялъ въ самомъ началѣ посада, и здѣсь было гораздо чище и тише, чѣмъ дальше, внизъ по теченію. Но помню, какъ иногда появлялись какіе-то люди, которые копошились на берегу, складывая большія бревна и доски у насъ подъ горой. Иногда же сидѣли на берегу около костра и варили себѣ пищу. Жалѣю, что я была тогда слишкомъ мала, чтобы обратить вниманіе на жизнь рабочаго народа вокругъ насъ и, въ особенности, на работу бурлаковъ, тянувшихъ лямку съ баркой,—картина, которую я несомнѣнно видѣла много разъ въ дѣтствѣ, и которая даже настолько была обыденна, что потому-то, вѣроятно, и не поражала меня и мало вызывала мое любопытство. Вспоминаю только, что уже, должно быть, близко передъ выѣздомъ изъ Дубовки я стала больше приглядываться ко всему окружающему меня. Помню это потому, что я уже знала, что мы скоро должны уѣхать, и намъ кто-то говорилъ, что тамъ, въ Кіевѣ, не будетъ Волги... и помнится мнѣ, что я смотрю на Волгу съ чувствомъ не то сожалѣнія, не то недовѣрія къ тому, чтобы тамъ, гдѣ-то, не было больше Волги...

И вотъ, теперь мнѣ представляется, какъ я, стоя на горѣ, вижу приближающуюся издалека вверхъ по теченію барку, которую тянутъ бурлаки по берегу. Я слышу привычное моему слуху не то, что напѣвъ, а какое-то уханье, похожее скорѣе на стонъ... И я какъ будто въ первый разъ замѣчаю, что они дѣлаютъ трудную работу, что имъ тяжело тащить эту „упрямую" барку. Помню, что барка мнѣ всегда именно казалась неуклюжей и упрямой, которую надо куда-то насильно тащить. Вотъ она медленно приближается, какъ бы вся вздрагивая и покачиваясь изъ стороны въ сторону, какъ будто горделиво потряхивая своей головой, т.-е. маленькимъ флажкомъ, привѣшеннымъ наверху мачты: и какая она некрасивая, грязная, лѣнивая! То ли дѣло пароходъ,—думаю я, глядя на рѣку.

— Ты что больше любишь, пароходъ или барку?—спрашиваю я Лялю.

— Ну, конечно, пароходъ!

И мы обсуждаемъ преимущества парохода передъ баркой: тотъ самъ бѣжитъ, такъ скоро и весело, а эту лѣнивицу тащатъ тащатъ...

— А зачѣмъ они тащатъ? Я бы ни за что не тащила. Пусть бы себѣ стояла.

Должно быть, трудъ бурлаковъ представлялся мнѣ безсмысленнымъ, ненужнымъ, потому что я совершенно не помню, интересовалась ли я, и говорили ли мнѣ, что такое нужда и голодъ, которые гонятъ людей тянуть эту тяжелую лямку.

Впослѣдствіи, когда я увидала знаменитую картину Рѣпина „Бурлаки на Волгѣ" (помню, я дѣвочкой-подросткомъ была съ матерью на передвижной выставкѣ въ Кіевѣ), на меня вдругъ такъ сильно нахлынули воспоминанія дѣтства, что я чуть не расплакалась, и мама принуждена была увести меня съ выставки, не досмотрѣвъ ее въ этотъ день; но потомъ я каждый день обязательно заходила на выставку и подолгу простаивала передъ этой картиной, которая воскресила во мнѣ, казавшееся тогда уже далекимъ, милое дѣтство и Волгу, и волжскія пѣсни, и вмѣстѣ съ тѣмъ, кажется, впервые пробудило во мнѣ сознательное пониманіе тяжелой доли бурлака и трудового народа вообще. Поистинѣ, эта картина имѣла огромное вліяніе на меня, на поворотъ моихъ мыслей и симпатій въ извѣстномъ направленіи.

XXII.

Вліяніе пѣсни и волжскія пѣсни.

Съ самаго ранняго дѣтства я любила пѣніе, и съ самаго ранняго дѣтства у меня остались воспоминанія о народныхъ пѣсняхъ, слышанныхъ то отъ отца, то отъ няни, то отъ другихъ близкихъ лицъ, а также много пришлось слышать ихъ прямо на берегу Волги отъ бурлаковъ и лодочниковъ. И я не могу представить себѣ ни одного дня изъ моей ранней жизни безъ пѣнія.

Мнѣ кажется, я не ошибаюсь, если скажу, что первую пѣсню я выучилась пѣть, когда мнѣ было всего полтора года.

Это было такъ. (Личныя воспоминанія дополняю разсказами отца.)

Однажды отецъ, должно быть, изъ окна своего кабинета услышалъ мой крикъ или увидалъ, что насъ съ няней засталъ дождь на дворѣ, а я, по обыкновенію, заартачилась и не хочу итти домой. Онъ вышелъ къ намъ на встрѣчу, и, вѣроятно, не желая примѣнять сильныхъ средствъ, придумалъ новый способъ убѣжденія. Подойдя къ намъ, онъ, притопывая ногами и прихлопывая въ ладоши, запѣлъ:

„И гудэ, и шумэ,
Дрібенъ дождикъ идэ,
А кто жъ меня, молодэньку,
Тай до дому доведэ..."

И, взявъ меня за руку, отецъ, припѣвая и притоптывая, побѣжалъ по двору къ крыльцу.

Этотъ маневръ мнѣ, должно быть, очень понравился, и я, увлеченная пѣсней, сама не замѣтила, какъ очутилась въ дѣтской.

И потомъ, говорилъ онъ, я цѣлый день приставала къ нему, чтобы онъ мнѣ еще спѣлъ „про дождикъ", и старалась, сама пѣть за нимъ.

А ночью проснулась отъ своего собственнаго голоса, громко распѣвая „и шумэ, и гудэ". Помню, что, проснувшись (въ большой дѣтской), я слышу шлепанье по полу чьихъ-то босыхъ ногъ. И къ моему удивленію, я вижу входящую ко мнѣ изъ дверей сосѣдней няниной комнаты не няню, а маму. Почему она ночью оказалась въ няниной комнатѣ, когда ея спальня была въ другой части дома, я не могу теперь этого возстановить въ памяти. (Очень можетъ быть, что Ляля былъ боленъ, и мама спала при немъ въ маленькой дѣтской). Ясно запомнилась мнѣ эта ночная сцена. Мама подбѣгаетъ къ моей кроваткѣ и шикаетъ мнѣ, говоря что-то въ родѣ: „Что это ты ночью распѣлась?!"

При свѣтѣ лампады я ясно вижу ея фигуру, въ рубашкѣ, съ разстегнутымъ воротомъ. Я рада этому неожиданному случаю ее увидѣть. И когда она меня укладываетъ и укрываетъ, я удерживаю ее за руки и прошу побыть со мной хоть немножко. Она присаживается около меня и успокоительно поглаживая меня, приговариваетъ: „бай-бай!"

Изъ-за ворота ея рубашки выпадаетъ длинная золотая цѣпочка съ образками и крестикомъ. Я хватаюсь за нихъ и не то играю съ ними, не то цѣлую ихъ...

Изъ всѣхъ дѣтскихъ радостныхъ, пріятныхъ впечатлѣній, самое сильное и яркое было то, которое производили на меня задушевные звуки какой-нибудь пѣсни. По натурѣ я, кажется, вообще не склонна поддаваться гипнозу, но, признаюсь, музыка, какъ въ раннемъ дѣтствѣ, такъ и въ позднѣйшемъ возрастѣ, часто гипнотизировала и заражала меня своимъ настроеніемъ, и притомъ не всегда въ желательномъ направленіи; такъ что если про сестру Нелли говорили, что она за конфетку на край свѣта пойдетъ, то про меня можно было сказать, что то же самое вліяніе имѣли на меня музыка и въ особенности пѣсня, конечно, такая, которая приходилась мнѣ по душѣ...

Когда я представляю себѣ мое раннее дѣтство и картину окружающей меня тогда природы, то мнѣ всегда слышится при этомъ откуда-то доносящееся пѣніе,—то одного, то многихъ голосовъ. Я думаю, безъ преувеличенія могу сказать, что въ то время мнѣ казалось, какъ будто самый воздухъ пѣлъ вокругъ меня. Это тѣмъ болѣе правдоподобно, что я, вѣроятно, сначала и не соображала, откуда несутся эти звуки, и кто ихъ поетъ.

Я уже не говорю о няниныхъ колыбельныхъ и другихъ народныхъ пѣсняхъ, которыя она, а за нею и мы пѣли и утромъ, вставая, и днемъ, играя, и вечеромъ, ложась спать; но пѣсни, слышанныя нами часто на берегу Волги,—заунывныя бурлацкія или разгульно-протяжныя, и болѣе веселыя удалыя пѣсни лодочниковъ,—изо дня въ день составляли какъ бы необходимый фонъ жизни въ наши дѣтскіе годы.

Въ праздничные дни Волга пестрѣла лодками, въ которыхъ сидѣло по нѣскольку паръ гребцовъ, и каждая лодка имѣла свой нарядъ: на одной—гребцы были всѣ въ яркихъ красныхъ рубахахъ, на другой—въ ярко голубыхъ, на третьей—въ желтыхъ, иногда въ бархатныхъ черныхъ безрукавкахъ и т. д. Навѣрное не знаю, кому принадлежали эти лодки, но помнится, что ихъ называли „лодочными артелями".

Мои отецъ и мать.

Жители городка нанимали ихъ для катанія, во время котораго лодочники пѣли хоромъ по заказу; за каждую пѣснь платилось особо. Мы, вѣроятно, довольно часто пользовались этимъ удовольствіемъ, такъ какъ я вспоминаю катаніе на лодкѣ, какъ довольно обычное явленіе.

Помню, какъ, выглядывая черезъ бортъ лодки, я слѣжу за журчаніемъ струй отъ веселъ, которое, сливаясь съ звуками пѣсенъ, пріятно убаюкиваетъ меня. Наши катанія на лодкѣ казались мнѣ безконечно продолжительными, какъ бы длящимися по цѣлымъ днямъ, вѣроятно, потому, что насъ тутъ же кормили и мы тутъ же засыпали.

„Внизъ по матушкѣ, по Волгѣ", — эта пѣсня пѣсней русскихъ, — съ раннихъ лѣтъ была моей любимой пѣсней. Мы, дѣти, постоянно распѣвали ее, стараясь подражать лодочникамъ. Въ особенности мнѣ нравился высокій подголосокъ въ этой пѣснѣ, который я тоже старалась изображать своимъ голосомъ (въ дѣтствѣ у меня былъ очень высокій дискантъ). Не помню, навѣрно, съ тѣхъ ли поръ или уже позднѣе удалось мнѣ подобрать этотъ подголосокъ, начинающійся на октаву выше запѣвалы и идущій внизъ контрапунктомъ, какъ бы на встрѣчу главному голосу. Знаю только, что у насъ въ семьѣ мы всегда именно такъ пѣли хоромъ эту пѣсню [1]), но въ напечатанныхъ сборникахъ русскихъ пѣсенъ я не встрѣчала этого рода голосоведеніе.

Тогда же мнѣ стали знакомы и другія старинныя народныя пѣсни, и построеніе русской пѣсни стало привычно и родственно моему уху съ самаго ранняго дѣтства, хотя я не имѣла никакого теоретическаго познанія въ этой области и, даже будучи взрослой, долго не соображала, что многія изъ нихъ построены не на европейской гаммѣ, а на своеобразныхъ ладовыхъ звукорядахъ, схожихъ съ греческими ладами.

Вспоминая потомъ нашу жизнь на Волгѣ, мнѣ всегда казалось, что съ тѣхъ поръ я уже никогда не слыхала такого прекраснаго хороваго пѣнія, какъ въ то время, — въ первыя семь лѣтъ моей жизни. Не сомнѣваюсь, что эта любовь къ народной пѣснѣ поселила во мнѣ и интересъ къ такъ называемой національной музыкѣ вообще, не только русской,

---

[1]) См. приложеніе нотное. Впрочемъ, въ точности помню только начало и конецъ подголоска; середину же его я подобрала гораздо позднѣе.

А. Ч.

но и других народов, которую я и до сих пор предпочитаю всяким романсам и операм, и за это, как и за многое другое, я глубоко благодарна тихой, скромной обстановке моего детства.

XXIII

Отец и мать, и влияніе их на наше воспитаніе в раннем детстве.

Трудно было бы подобрать людей более противоположных характерами, как наши отец и мать. В то время, как в этот період я почти не помню мать раздраженной и даже повышающей голос,—отца, наоборот, во всех сценах помню то очень оживленно-веселым, то вспыльчивым и раздраженным, при чем в то время объектом его раздраженія по большей части являлся бедный Ляля.

Было ли у меня в раннем детстве чувство жалости к обижаемому брату?—спрашиваю я себя теперь, стараясь искренно и добросовестно представить себе тогдашнее мое отношеніе к нему. Мне кажется, что в то время я еще не могла критически относиться к чрезмерно строгому отношенію отца к больному брату. И несмотря на то, что я сама побаивалась отца, мне тем не менее казалось совершенно естественным его недовольство своим старшим сыном, который доставлял ему много огорченій и так мало был похож на „настоящаго" мальчика. Если же у меня бывал ропот, то, как это ни странно,—только на несправедливость судьбы, что она сделала мальчиком его, а не меня. И, каюсь, у меня уже с раннихъ лет под вліяніемъ пристрастных похвал мне моего отца, которыя он, не стесняясь, высказывал, сравнивая меня с Лялей,—у меня невольно развивалось чувство как бы снисходительнаго презренія к брату и сознаніе своего превосходства над ним. Я думаю, безошибочно могу сказать, что это был мой первый грех. Но, вероятно, благодаря уравновешивающему вліянію матери, а также доброй няни, всегда жалевшей Лялю, а может-быть, также благодаря и врожденному чувству справедливости и миролюбія моего характера, я искренно могу сказать, что все-таки никогда сознательно не обижала его и очень редко ссорилась с ним, и даже помню, что мне с раннихъ лет доставляло нѣкоторое горделивое удовольствіе уступать ему, какъ бы меньшому, болѣе слабому ребенку.

Отношеніе отца къ брату объясняю я еще тѣмъ, что онъ, съ молодыхъ лѣтъ попавъ на Кавказъ въ качествѣ офицера, 15 лѣтъ безвыѣздно провелъ въ походахъ и, кромѣ своихъ товарищей по службѣ, общался только съ кавказскими туземными жителями. Кавказская культура и семейныя отношенія этихъ татарскихъ бековъ имѣли на него, повидимому, сильное вліяніе. Онъ во всѣхъ своихъ вкусахъ, привычкахъ, отношеніяхъ къ людямъ, женщинамъ, дѣтямъ скорѣе былъ азіатъ, чѣмъ европеецъ. И потому онъ совершенно искренно и серьезно считалъ не только несчастіемъ, но просто позоромъ, имѣть такого старшаго сына, какъ Ляля. Конечно, это я поняла лишь впослѣдствіи.

Должна, однако, замѣтить, что въ тотъ ранній періодъ онъ еще мягче относился къ нему, чѣмъ позднѣе, и я почти не помню, чтобы онъ подвергалъ его тѣлеснымъ наказаніямъ до 7-ми лѣтняго возраста, хотя помнится, какъ, бывало, грозилъ ему плеткой или выгонялъ изъ-за стола, грозно покрикивая. Вообще же отецъ гораздо строже относился къ сыновьямъ, чѣмъ къ дочерямъ, тогда какъ мать не дѣлала никакого различія между дѣтьми.

Бывало, придешь къ отцу въ кабинетъ послѣ его полуденнаго отдыха: онъ сидитъ въ халатѣ за письменнымъ столомъ, съ папиросой и стаканомъ чая и что-то пишетъ, но чѣмъ бы онъ ни былъ занятъ, онъ всегда радъ моему приходу и, открывъ боковой ящикъ стола, вынимаетъ коробку со сладостями (мармеладъ, сушеная шептала) и давалъ мнѣ на выборъ, при чемъ я всегда забирала тройную порцію—себѣ, Лялѣ и Володѣ, объ Нелли же я не безпокоилась, такъ какъ она всегда получала съ избыткомъ на свою долю. Отецъ, бывало, скажетъ полушутя: „ну, ну, куда тебѣ такъ много?" Или, узнавъ для кого, прибавлялъ: „мальчиковъ баловать не къ чему". Но все-таки никогда не препятствовалъ мнѣ взять, сколько я считала справедливымъ.

Другая противоположность между отцомъ и матерью въ дѣлѣ воспитанія была та, что, тогда какъ мать склонна была изнѣживать насъ физически, слишкомъ насъ кутая и опасаясь выпускать въ дурную погоду, отецъ, наоборотъ, настаивалъ на томъ, что „дѣтей надо закалять и въ особенности мальчиковъ держать по-спартански". Такъ, я помню, какъ онъ во время весенняго дожди поощрялъ насъ босикомъ и совсѣмъ раздѣтыхъ голышомъ бѣгать по двору вокругъ „кона". На этомъ конѣ—большомъ утрамбованномъ кругѣ—онъ обыкновенно гонялъ лошадей на кордѣ, стоя въ центрѣ круга съ длиннымъ хлыстомъ въ рукахъ.

У отца былъ маленькій конный заводъ гдѣ-то въ окрестностяхъ Дубовки, главнымъ образомъ, карабахскихъ лошадей. Изъ нихъ я помню двухъ золотистыхъ карабаховъ „Хана" и „Ананаса",—любимцевъ отца, которыми онъ очень гордился, какъ произведеніями своего завода. Между прочимъ, одинъ изъ нихъ былъ проданъ О-ву для Парижской выставки 1868 (?) г., получилъ первую золотую медаль и былъ пріобрѣтенъ французской императрицей Евгеніей, которой, какъ говорятъ, такъ понравился цвѣтъ карабахской шерсти, что она, выкрасивъ въ нее свою собачку, потомъ стала красить и свои волосы въ этотъ золотисто-рыжій цвѣтъ и, какъ законодательница моды въ свое время, заразила своимъ примѣромъ европейскихъ модницъ. Объ этомъ я нѣсколько разъ слышала, какъ отъ отца, такъ и отъ постороннихъ людей.

И вотъ, мы бывало бѣгаемъ по кону голышомъ, изображая „Ананаса" и „Хана", и при этомъ упрашиваемъ отца, чтобы онъ непремѣнно становился въ середину, взявъ длинный хлыстъ и подгоняя насъ. Намъ доставляло это огромное удовольствіе, тогда какъ мама съ трудомъ соглашалась на это и вмѣстѣ съ няней обыкновенно выказывала безпокойство о томъ, какъ бы мы не простудились, и растирала насъ полотенцами послѣ бѣготни.

Изъ воспитательныхъ пріемовъ отца этого періода запомнилось мнѣ еще то, какъ онъ пріучалъ насъ класть на мѣсто вещи, откуда онѣ взяты. „Пойди, найди и принеси то-то, а потомъ отнеси назадъ", провѣряя, въ точности ли исполнено его приказаніе.

Одновременно съ этимъ же вспоминаю, какъ онъ пріучалъ Лялю не бояться темноты. Такъ, напримѣръ, Ляля обращается къ нему съ просьбой очинить карандашъ. Отецъ посылаетъ его за перочиннымъ ножомъ къ себѣ въ кабинетъ, гдѣ совсѣмъ темно. Ляля, вѣроятно, боится туда войти, и, вернувшись, говоритъ, что ножа тамъ нѣтъ или онъ не можетъ найти его. Отецъ сердится на него, не только за трусость, но, вѣроятно, и за ложь, такъ какъ увѣренъ, что ножъ лежитъ на своемъ мѣстѣ. (Онъ былъ педантически аккуратенъ.) Ляля громко плачетъ: должно быть, ему за это сильно достается;

мнѣ теперь кажется, что я тогда въ первый разъ видѣла, какъ отецъ отодралъ его за уши или за вихоръ. Помню, какъ онъ, бывало, требовалъ отъ Ляли признанія своей вины:

— Говори: виноватъ! Говори: виноватъ!

Потомъ — онъ ли посылаетъ меня, или я сама надумываю, — но вотъ видится мнѣ, какъ я бѣгу въ темный кабинетъ и, уже зная по памяти, гдѣ долженъ былъ лежать ножъ, ощупываю его въ темнотѣ и поспѣшно бѣгу съ нимъ къ отцу, предполагая, вѣроятно, что главное дѣло было въ ножѣ, — въ томъ, чтобы найти его. При этомъ вспоминаю, что ни малѣйшаго чувства страха въ темной комнатѣ у меня не было въ этомъ возрастѣ, но позднѣе, въ юности, я часто испытывала нервный страхъ темноты.

Въ то время я еще не совсѣмъ понимала, что отца особенно раздражало въ характерѣ бѣднаго Ляли его трусливая неправдивость, которая, впрочемъ, могла быть слѣдствіемъ страха наказанія. Въ дѣтствѣ же, мы считали самымъ большимъ, позорнымъ недостаткомъ — трусость. И потому я какъ бы отчасти понимала причину раздраженія отца на Леонида. „Какъ же можно, чтобы мальчикъ былъ трусъ!" И хотя не любила видѣть отца сердитымъ и даже убѣгала отъ него въ это время, но совершенно не помню, чтобы относилась къ нему въ то время критически, съ осужденіемъ. Мнѣ казалось просто, что „папа ужъ такой", и принимала его вспышки гнѣва какъ нѣчто стихійное, неизбѣжное. И такъ какъ онъ въ то время былъ постоянно очень нѣженъ со мной, то и я по-своему любила его.

Несмотря на то, что я горячо была привязана къ матери и, навѣрно, большую часть времени проводила съ нею, но, какъ это ни странно, ея образъ, слова и поступки менѣе ярко запечатлѣлись въ моей памяти, чѣмъ образъ отца.

Въ этотъ періодъ жизни я лучше всего ее вспоминаю сидящею за своимъ письменнымъ столикомъ въ гостиной и пишущую, должно быть, письма своимъ родителямъ. Вижу ея склоненную голову и слезы, капающія на бумагу, что меня всегда огорчало, и я, бывало, допытывалась знать, кто ее обидѣлъ.

Случайно запомнилось мнѣ такъ же, какъ мы съ Володей однажды отколупали отъ ея письменнаго стола деревянную рѣзьбу, которую мы хотѣли пріобщить къ своимъ игрушкамъ. Мать, отобравъ у насъ эту вещь, старалась намъ внушить, что этотъ письменный столъ и тутъ же стоявшій книжный шкапъ ей очень дороги, какъ подарки дѣдушки ей въ приданое. И съ этими вещами—прекрасной старинной работы,—говорила она намъ,—она никогда, до своей смерти не разстанется. И объясненiе это такъ подѣйствовало на меня, что я съ тѣхъ поръ съ особеннымъ почтенiемъ относилась къ этимъ двумъ вещамъ, единственнымъ, съ которыми мать, дѣйствительно, никогда не разставалась до самой смерти, несмотря на наши многiе и далекiе перѣзды по всей Россiи.

Мать моя была болѣе религiозна, чѣмъ отецъ. Послѣднiй, сколько помню и знаю, никогда не ходилъ въ церковь и никогда не говѣлъ, за исключенiемъ самыхъ послѣднихъ лѣтъ жизни, подъ старость, уступивъ просьбамъ матери. Отецъ мой всегда въ свое оправданiе любилъ повторять, что „церковь не въ бревнахъ, а въ ребрахъ". Однако, онъ всегда, садясь за столъ или вставая послѣ обѣда, крестился и требовалъ того же отъ насъ. „Что лѣзешь за столъ, лба не перекрестивши?"—сурово бывало говорилъ онъ брату, который иногда по разсѣянности забывалъ перекреститься. Я же была очень памятлива на этотъ счетъ и исполнительна во всемъ, отчасти, вѣроятно, изъ боязни отца, отчасти изъ самолюбiя, чтобы не заслужить замѣчанiй, къ которымъ я съ самыхъ раннихъ лѣтъ была очень чувствительна.

Хотя отецъ по складу своего характера никогда и не задавался религiозно-философскими вопросами, но, очевидно, такъ какъ онъ жилъ долго на Кавказѣ среди разноплеменнаго населенiя, взгляды его на религiю невольно должны были расшириться, и я знаю, что онъ съ уваженiемъ,—и даже отдавая значительное преимущество передъ православiемъ,—отзывался какъ о магометанствѣ, такъ и о русскихъ сектахъ: молоканской и духоборческой. Объ этомъ, конечно, я узнала уже значительно позднѣе описываемаго перiода и надѣюсь въ своемъ мѣстѣ сказать объ этомъ подробнѣе.

Мать же моя была воспитана своей матерью (москвичкой, рожденной Арсеньевой) въ строго православномъ духѣ, который и у насъ въ домѣ поддерживался особенно подъ влiянiемъ тети Вари. Сколько себя помню, я съ самаго ранняго возраста умѣла креститься и, становясь передъ образницей, клала поклоны, повторяя молитву вслѣдъ за матерью или няней: „Спаси Господи, папу, маму, дѣдушку, бабушку и т. д. и младенца Анну", при чемъ мнѣ всегда казалось, что, произнося „младенца Анну", я молюсь не за себя, а за кого-то другого, такъ какъ долгое время не могла признать, что это мое имя. Въ семьѣ меня звали уменьшительнымъ—не то хохлацкимъ, не то польскимъ именемъ „Галя", которымъ меня прозвалъ дѣдушка Мусницкій, отецъ матери, бывшій полу-полякъ, полу-литвинъ родомъ.

Вышеприведенную молитву я даже не помню, когда и какъ учила. Мнѣ казалось, что я знала ее уже съ тѣхъ поръ, какъ только начала говорить. Но „Отче нашъ" и „Богородицу" меня стали учить, когда мнѣ было уже лѣтъ 5. Несмотря на то, что мать старалась объяснить намъ, т.-е. мнѣ и Лялѣ, смыслъ этихъ молитвъ,—я, по крайней мѣрѣ до десятилѣтняго возраста, не могла уразумѣть вполнѣ смысла этихъ словъ, долго казавшихся мнѣ чужестранными. И потому я очень не любила ихъ, и въ особенности „Богородицу", заучиваніе которой мнѣ очень трудно давалось. Мнѣ казалась безконечно длинной эта процедура съ молитвой—и по утрамъ, когда хотѣлось ѣсть или бѣгать, играть, и когда я вовсе не была расположена стоять и произносить скучныя слова, и по вечерамъ, когда глаза слипались отъ сна, и такъ и тянуло поскорѣе лечь въ постель. Поэтому я помню, какъ, бывало, выпрашиваю у матери позволеніе „пропустить хоть Богородицу". А потомъ, когда мы съ Лялей выучили безъ запинки читать эти молитвы, мы, помню, на перегонки старались какъ можно скорѣе отарабанить ихъ, вѣроятно, подражая дьячкамъ въ церкви, за что намъ не разъ попадало то отъ тети Вари, то отъ гувернантки, бывшихъ строгими педантками въ этомъ отношеніи. Помню, что въ наказаніе онѣ заставляли насъ перечитывать всѣ молитвы съ начала и при томъ „медленно, съ выраженіемъ".

Икона Спасителя для насъ въ раннемъ дѣтствѣ олицетворяла собою Бога или „Боженьку", какъ мы говорили, но слово это было для меня не болѣе, какъ имя собственное, и я не помню, чтобъ какіе-либо вопросы по этому поводу возникали въ моемъ мозгу до семилѣтняго возраста.

Въ шесть лѣтъ, когда я уже хорошо читала, мы начали проходить священную исторію, и вотъ съ тѣхъ поръ зашевелились во мнѣ смутныя мысли. Я затрудняюсь даже назвать ихъ: вопросомъ, сомнѣніемъ или просто интересомъ къ личности Іисуса Христа, который мнѣ представлялся очень, очень добрымъ и который все могъ сдѣлать, но который все-таки почему-то не могъ себя спасти отъ руки злодѣевъ. Очевидно, идея искупительной жертвы никогда не была мнѣ понятна, такъ какъ я даже не помню, говорила ли намъ объ этомъ мать или гувернантка.

Обыкновенно же, когда мать находила что-нибудь непонятнымъ для моего возраста, она только говорила мнѣ въ утѣшеніе:

— Ну, ничего, подрастешь, тогда поймешь.

XXIV.
Игры и занятія въ раннемъ дѣтствѣ.

Мы начали учиться читать очень рано, такъ сказать, играя, и сначала по слуховому методу, т.-е. разлагая слово на звуки, еще не зная очертанія буквъ.

Первые уроки помню въ столовой. Мы сидимъ за обѣдомъ. Между двумя окнами стоитъ обѣденный столъ, одной стороной въ простѣнокъ. По одну сторону стола, около окошка сидитъ отецъ: это его обыкновенное мѣсто. Рядомъ съ нимъ, по другую сторону, сижу я на высокомъ дѣтскомъ креслицѣ. Около меня, по лѣвую руку, братъ Ляля. А напротивъ отца, около Ляли, сидитъ мама. Очевидно, няня не обѣдала съ нами, потому что я помню, какъ она только усаживаетъ насъ и уходитъ. Вѣроятно, несмотря на все уваженіе къ ней моихъ родителей, отношенія были въ то время традиціонныя, какъ господъ къ прислугѣ, о чемъ теперь совѣстно и жалко вспоминать.

И вотъ помню, какъ за столомъ отецъ задаетъ намъ разныя слова, чтобы мы угадывали, изъ какихъ буквъ состоитъ это слово или обратно, онъ называетъ буквы, а мы должны угадывать слово; именно угадывать, потому что въ то время родители мои еще не были знакомы съ звуковой системой. Отецъ говорилъ, напримѣръ:

— Эсъ, у, пэ, йеръ — что выйдетъ? И мы должны были догадываться, что будетъ: „супъ".

Мнѣ почему-то помнится, что „супъ" было первое слово, которое я сложила. Однимъ же изъ трудныхъ словъ мнѣ казалось: „хлѣбъ".

За столомъ отецъ намъ задавалъ и маленькія умственныя ариѳметическія задачи на сложеніе и вычитаніе, при чемъ опять-таки не обходилось безъ того, чтобы не доставалось бѣдному

Лялѣ, который былъ не очень-то сообразителенъ. И отецъ, бывало, приговаривалъ:

— Ну, и плоха жъ твоя смекалка!

Мать начала-было учить Лялю грамотѣ раньше меня, когда ему было, кажется, пять лѣтъ. Для этого она выписала картонную азбуку и "Родное Слово". Первые уроки, какъ она разсказывала, подвигались очень туго. Онъ плакалъ и жаловался на головную боль. И она, чтобы его поощрить, стала сажать рядомъ и меня, — мнѣ было всего 3 года. И я безъ всякаго труда очень скоро усвоила всю азбуку. Этихъ первыхъ уроковъ я и не помню. Но запомнилась слѣдующая сцена: я сижу на высокомъ креслицѣ въ столовой, но не около стола, а у буфетнаго шкапа, на выступѣ котораго разложены картонныя буквы. Я выбираю ихъ оттуда и раскладываю на придѣланномъ къ моему креслицу подносикѣ. Помню, какъ я складываю слова: "ши" и "жукъ". Меня очень интересовали эти шипящіе звуки. Они мнѣ казались какими-то серьезными, важными. А букву "ж" я иначе не называла, какъ "жукъ", потому что она мнѣ своимъ начертаніемъ напоминала жука.

Помню, какъ я показываю сложенныя слова проходящей мимо нянѣ. Она качаетъ головой и приговариваетъ что-то въ родѣ:

"Ну-ну, учись, моя умница, потомъ нянѣ читать будешь!"

Няня проходитъ мимо меня въ открытую дверь маминой спальни, и я слышу оттуда ихъ голоса. Няня что-то говоритъ про Лялю, вѣроятно то, что она вообще часто повторяла про него:

— Ужъ вы, матушка, не мучьте его такъ рано ученіемъ. Головка-то у него слабая...

Я знаю, что мать лежитъ въ постели, больная, и, вѣроятно, потому-то меня посадили около буфета, такъ какъ онъ стоялъ какъ разъ около дверей въ спальню, — помнится, какъ мама оттуда слабымъ голосомъ задаетъ мнѣ слово, а я, сложивъ его, громко называю ей буквы.

Какъ будто продолженіе этой сцены, вижу тутъ же, въ столовой, Лялю, подгоняющаго кнутикомъ волчекъ. Я прошу его, чтобы онъ собралъ мнѣ упавшія на полъ карточки; онъ не хочетъ, я сержусь и стучу кулакомъ по столику и съ усиліемъ выкарабкиваюсь изъ загороженнаго высокаго креслица, сползая съ него на животѣ...

Одновременно съ книжкой "Роднаго Слова" я вспоминаю угую толстую книгу, — не помню заглавія, — заключавшую въ себѣ руководство къ фребелевскимъ занятіямъ. Хотя мама, какъ я потомъ могла судить, не педантически придерживалась системы Фребеля, но все же она много заимствовала игръ, забавъ и занятій изъ лучшихъ частей этой книги, стараясь пріучить насъ внимательно и усидчиво заниматься чѣмъ-нибудь, а также самимъ производить себѣ игрушки.

Игрушекъ или куколъ покупныхъ въ тотъ періодъ дѣтства я почему-то совершенно не помню. Или у меня ихъ не было, или я мало ими интересовалась, предпочитая имъ самодѣльныя игрушки.

Помню, однако, какъ няня мнѣ дѣлала куклу изъ тряпочекъ и какъ папа разрисовывалъ лицо этого „запеленутаго Ляли", какъ я звала всѣхъ маленькихъ дѣтей. Кажется, послѣ поѣздки въ Кіевъ, отецъ привезъ намъ кегли и училъ играть насъ, съ двойной пользой: для выработки мѣткости глаза и упражненія въ умственномъ счетѣ. Помню, какъ мы съ Лялей наперерывъ выкрикиваемъ сумму, благодаря чему мы еще до пріѣзда гувернантки умѣли манипулировать въ умѣ съ первой сотней, что мнѣ давалось очень легко. Были еще кубики съ складными картинками, которые у насъ завелись очень рано. Больше никакихъ покупныхъ игрушекъ не помню. Но зато хорошо остались въ памяти всѣ наши забавы, которымъ мы научились по фребелевской книгѣ: складываніе бумажныхъ пѣтушковъ, лодочекъ и прочее. Изъ нихъ мы устраивали цѣлые полки и флотиліи, въ которыя Ляля палилъ горохомъ изъ своей пушечки; разныя издѣлія изъ спичекъ и смоченнаго гороха: мебель для куколъ, домики и пр. Также помню ящики съ разноцвѣтными квадратиками и треугольниками для составленія разныхъ узоровъ, рисунки для выкалыванія и вышиванія. Я была очень усидчива и постоянна въ занятіяхъ и предпочитала ихъ шумнымъ играмъ и бѣготнѣ. Вообще я скорѣй была нрава тихаго, молчаливаго, даже застѣнчиваго (не даромъ меня звали иногда букой), тогда какъ маленькая Нелли была очень смѣшлива, болтлива и, вѣроятно, очень забавна, несмотря на свои капризы.

По фребелевской же книгѣ мама начала учить насъ разнымъ играмъ съ пѣніемъ. Самыя пѣсни я любила, но игры, сопровождавшіяся при этомъ разными жестами и тѣлодвиженіями, мнѣ были противны, и я очень неохотно продѣлывала ихъ. Вѣроятно, я и тогда безсознательно чувствовала ихъ искусственность и приторность.

У насъ особенно была въ ходу одна пѣсня. Мы, и взрослые съ нами, становились въ кругъ и пѣли:

> Надо, дѣти, поучиться,
> Какъ крестьянинъ сѣетъ,
> Много въ полѣ онъ трудится,
> Пока рожь поспѣетъ.
> Вотъ какъ сѣетъ мужичекъ,
> Вотъ какъ сѣетъ мужичекъ и т. д.

И при этомъ надо было изображать сѣятеля, разбрасывающаго сѣмена. Затѣмъ шло, какъ онъ коситъ, какъ молотитъ, и проч. (Пѣлось это на упрощенный мотивъ народной пѣсни: „Гляжу ль я на дѣвицу", похожій на „солдатушки, бравы ребятушки").

Эта пѣсня относится къ тому періоду, когда Володя и Олечка Бахтерева уже раздѣляли нашу компанію. Мы, т.-е. Ляля и я, вообще любили пѣть и очень легко схватывали и съ удовольствіемъ заучивали все, что слыхали. Олечка также не отставала, а Володя упорно молчалъ, хотя и добросовѣстно исполнялъ всѣ жестикуляціи, и никто не могъ заподозрить въ то время, что у него въ будущемъ окажется прекрасный голосъ.

Въ курсъ нашего воспитанія входили также ручная гимнастика и танцы „для развитія силы и ловкости", какъ говорилъ отецъ. У насъ были въ дверяхъ подвѣшены кольца, и онъ каждое утро заставлялъ насъ притягиваться. Затѣмъ училъ маршировать, ходить церемоніальнымъ маршемъ подъ музыку, при чемъ мама играла „grossvater", потомъ папа командовалъ „бѣгомъ маршъ", и мы должны были бѣжать также въ ногу.

Продѣлывали мы и шведскую гимнастику руками и ногами. Все это было полезно и было бы очень весело, если бы не омрачалось часто тѣмъ, что отецъ распекалъ Лялю за неловкость и разгильдяйство, при чемъ онъ нетактично хвалилъ меня: „Вотъ жаль, что Галя у меня не мальчикъ, я бы могъ тогда гордиться старшимъ сыномъ".

Слыша это, мнѣ иногда до слезъ становилось грустно и досадно, зачѣмъ же я не мальчикъ?! И почему мнѣ нельзя быть мальчикомъ?

Танцовать насъ въ то время учили исключительно, такъ называемымъ, характернымъ танцамъ: русскую, казачка, лезгинку. Послѣднюю отецъ самъ танцовалъ хорошо, а за нимъ и я увлекалась ею. Мама играла лезгинку, нѣсколько похожую на лезгинку „изъ Руслана", а мы, танцуя, подпѣвали за ней, не знаю кѣмъ сочиненныя, слова: „ты татаринъ, ты татаринъ, ты не русскій человѣкъ".

Вообще въ этотъ періодъ дѣтства, до пріѣзда гувернантки, наше времяпрепровожденіе мнѣ представляется очень полнымъ, разнообразнымъ и веселымъ, и отецъ и мать принимали въ нашихъ занятіяхъ самое живое участіе, при чемъ мать, всегда спокойная, разумно и тактично направляла наши игры, а отецъ, съ одной стороны, вносилъ оживленіе, часто горячо увлекаясь ими, какъ ребенокъ, съ другой стороны, такъ же, какъ ребенокъ, былъ способенъ раздражаться и ссориться изъ-за мелочей, считаясь съ нами, какъ съ равными себѣ.

XXV.

Братъ Володя.

Моихъ младшихъ братьевъ, Володю и Сашу, а также и сестру Нелли, въ періодъ первыхъ семи лѣтъ я помню только урывками, тогда какъ старшаго брата Леонида помню очень ясно и постоянно на ряду съ собою. Тѣмъ не менѣе, я хочу записать и эти отрывочныя воспоминанія о нихъ, такъ какъ мнѣ кажется, что это сдѣлаетъ болѣе ясными ихъ послѣдующіе характеры.

Запишу здѣсь все, что помню о нихъ съ самыхъ раннихъ лѣтъ.

Брата Володю впервые я помню въ слѣдующей обстановкѣ. Какая-то толстая женщина, одѣтая въ красный сарафанъ и теплый шугай, съ краснымъ кокошникомъ на головѣ, ходитъ взадъ и впередъ по дѣтской, держа какой-то свертокъ на рукахъ; очевидно, это кормилица, укачивающая ребенка. Но я не знаю, ни кто такое она,—эта „чужая" и почему-то мнѣ непріятная женщина,—ни что такое то, что у нея на рукахъ. Сужу же я теперь, что это былъ новорожденный Володя, потому, что другихъ дѣтей, изъ насъ пятерыхъ, бывшихъ въ то время уже на свѣтѣ, кормила сама мама. Женщина эта осталась у меня въ воспоминаніи сердитой; вѣроятно, она прикрикивала на меня, когда я шумѣла. Въ то время мнѣ было всего полтора года.

Затѣмъ вспоминаю, что уже позднѣе я знала, что „братецъ Володя" очень боленъ. Объ этомъ говорятъ при мнѣ. Но самого его въ то время я не помню.

Первое ясное воспоминаніе о немъ лично относится, должно быть, какъ разъ къ тому времени, когда Володя, оправившись отъ тяжелой болѣзни (кажется, кроваваго поноса), и, какъ говорили въ старину, „англійскаго рахита", началъ ходить. Помню, какъ его приносятъ къ намъ въ столовую, ставятъ около ряда стульевъ по стѣнѣ, и какъ онъ, въ клѣтчатомъ шотландскомъ капотикѣ, перебирается отъ стула къ стулу, держась руками. Онъ поражаетъ меня своей толщиной: его животъ мнѣ представляется круглымъ, какъ боченокъ. Тогда ему было года полтора, а мнѣ, значитъ, три.

Тутъ же, или въ другой разъ, мнѣ вспоминается, какъ его кормятъ скобленымъ сырымъ мясомъ. Онъ очень прожорливъ и проситъ еще и еще: „нямъ-нямъ",—какъ онъ говоритъ. Это слово было первымъ, какое онъ сталъ говорить. Отецъ вспоминалъ потомъ, подсмѣиваясь, что онъ сталъ произносить „нямъ-нямъ" даже раньше, чѣмъ „мама".

По поводу этого кормленія сырымъ мясомъ вспоминаю, что и брата Леонида стали имъ откармливать, а такъ какъ онъ брезгалъ имъ и не хотѣлъ его ѣсть, то, чтобы пріохотить его, стали давать заодно и мнѣ. И я хоть и давилась имъ, но считала себя обязанной ѣсть его „для примѣра" и добросовѣстно съѣдала тартинку чернаго хлѣба съ рубленымъ мясомъ, о которомъ долго спустя вспоминала съ глубокимъ отвращеніемъ. Результатомъ этого звѣринаго кормленія было то, что всѣ мы стали страдать глистами; по крайней мѣрѣ, я помню, какъ насъ, опять-таки насильно, пичкали цитварнымъ сѣменемъ. Впрочемъ, Володя, какъ и все остальное, и сѣмя это въ засахаренномъ видѣ поѣдалъ горстями, съ удовольствіемъ.

Это воспоминаніе вызываетъ во мнѣ другое, аналогичное, о томъ, какъ насъ поили рыбьимъ жиромъ. Но относится это къ болѣе позднему времени, такъ какъ при этомъ присутствуютъ уже обѣ тетки.

Обыкновенно то тетя Варя, то тетя Люша утромъ, натощакъ, разставляли насъ въ столовой всѣхъ подъ рядъ и, раздавъ намъ кусочки хлѣба, круто посоленнаго, подносили по очереди большую ложку желтаго вонючаго жира. При этомъ Володя и Олечка всегда выпивали исправно,—Володя даже ложку облизывалъ; я же съ усиліемъ и отвращеніемъ, но стараясь не показать вида, что мнѣ противно, а Леонидъ, какъ всегда, хныкая и придумывая разныя отговорки, чтобы выпить поменьше; Нелли же обыкновенно подымала такой крикъ и протестъ, что ей принуждены были насильно вливать въ ротъ. Однако, отвращеніе ея было побѣждаемо тѣмъ, что обыкновенно при этомъ ей подносили конфетку, обѣщая дать ее въ награду, если она выпьетъ жиръ. Никому же изъ насъ конфетъ за это не давалось, подъ предлогомъ, что мы уже большіе, а она маленькая. Хотя мнѣ и говорилось, чтобъ я пила только „для примѣра", такъ какъ, въ сущности, я была совершенно здорова, но строгая тетя Варя тѣмъ не менѣе требовала, чтобы я непремѣнно выпивала всю ложку, говоря, что это всѣмъ полезно. Поэтому я радовалась, когда эту процедуру производила добрѣйшая тетя Люша, которая соглашалась на уступки и иной разъ только для вида давала мнѣ почти пустую ложку.

Затѣмъ о Володѣ помню слѣдующій, очень взволновавшій насъ всѣхъ эпизодъ.

Онъ былъ очень прожорливъ и все тащилъ въ ротъ. Мать разсказывала, что надо было за нимъ постоянно слѣдить, чтобы онъ не наѣлся какой-нибудь дряни: бумажки съ полу, золу изъ печи, пуговицы, даже мыло—онъ все тащилъ въ ротъ.

И вотъ помню, какъ однажды у насъ въ домѣ поднялись разговоры и безпокойство по поводу того, что онъ проглотилъ серебряный двугривенный.

Мы съ Лялей очень волновались и даже плакали, спрашивая, будетъ ли Володя живъ послѣ этого. И только самъ Володя оставался неизмѣнно хладнокровенъ и, какъ ни въ чемъ не бывало, продолжалъ играть на полу, стуча деревяннымъ молоточкомъ по кирпичикамъ (это была его любимая игра).

Наконецъ, когда злополучный двугривенный опять появился на свѣтъ, я съ Лялей непремѣнно требовала, чтобы намъ показали его, и притомъ настаивала, чтобы папа его сохранилъ на память.

Вспоминая о томъ, какъ мы гуляли по песчаному берегу Волги, братъ самъ разсказывалъ мнѣ, что на него производили сильное впечатлѣніе огромныя рыбы, высоко подвѣшенныя на жердяхъ по нѣскольку десятковъ подъ рядъ хвостами внизъ. Рыбы эти, очевидно уже выпотрошенныя, сушились и вялились на солнечномъ припекѣ, распространяя вокругъ острый запахъ, который почему-то очень нравился маленькому

Володѣ. И тогда какъ мы всѣ, и дѣти и взрослые, зажимали носы, стараясь пробѣжать поскорѣй мимо этихъ рыбьихъ висѣлицъ, Володя всегда отставалъ, привлекаемый этимъ запахомъ и видомъ гигантскихъ рыбъ, останавливался возлѣ нихъ и, становясь на цыпочки и втягивая въ себя носомъ этотъ зловонный воздухъ, пытался то зубами, то руками ухватить за хвостъ которую-нибудь изъ рыбъ. Ему казалось страннымъ, что „такъ много рыбы здѣсь и никто ихъ не ѣстъ". А онъ съ такимъ бы наслажденіемъ откусилъ бы хоть кусочекъ хвоста! Послѣ болѣзни онъ страдалъ феноменальной прожорливостью и въ особенности былъ неравнодушенъ къ кушаньямъ изъ рыбы.

Бывало, мы играемъ въ нашемъ маленькомъ огородѣ передъ кухонными окнами, а онъ, подойдя къ одному изъ отворенныхъ оконъ (которыя были вровень съ землей), вытягивая голову впередъ, звалъ повара:

— И-натъ (т.-е. Игнатъ)! а, И-натъ!.. И-и-на-атъ!..—кричитъ онъ баскомъ, натуживаясь изо всѣхъ силъ, чтобы привлечь вниманіе повара, занятаго своимъ дѣломъ.

— Ась? Чего-съ?—отзывается, наконецъ, поваръ.

Володя мнется немного смущенно и потомъ баскомъ спрашиваетъ:

— Лыба будетъ?

— Рыба? Какъ же, какъ же!.. Непремѣнно будетъ,—отвѣчаетъ поваръ.

— Болсая?

— Большая-пребольшая! Во-о-о какая!.. Вотъ увидите!..

И Володя, удовлетворенный, отходилъ отъ окна.

А за обѣдомъ онъ, хотя и ѣлъ всегда все очень исправно, но все время былъ насторожѣ, какъ бы не перѣѣсть въ ожиданіи рыбы и оставить достаточно мѣста въ своемъ „чемоданѣ" для любимаго блюда. И каково же было его огорченіе, когда вдругъ послѣ пирожнаго или фруктовъ всѣ вставали, отодвигая стулья, крестились и складывали салфетки.

— Что же ты сидишь? Вставай, видишь, всѣ кончили—спрашиваютъ его.

— А лыба?—удивленно и обиженно говоритъ Володя.

— Какая тебѣ рыба? Вотъ такъ обжорка! Ему все мало,—смѣются всѣ кругомъ.

Но Володѣ не смѣшно; онъ, кровно обиженный, пробирается на кухню къ повару и, сопя, угрюмо сдвинувъ брови, недовольнымъ баскомъ допрашиваетъ повара:

— А дѣ лыба?

— Рыбка-то?—смѣется поваръ.—Рыбка въ Волгу уплыла, шельма! Вотъ погоди... Ужо другую поймаемъ завтра... Будьте покойны, непремѣнно поймаемъ... Останетесь довольны!

И когда, наконецъ, за столомъ появлялась рыба, то, насладившись ею досыта, онъ послѣ обѣда долго сидѣлъ на одномъ мѣстѣ, поглаживая рукой свой неимовѣрно толстый животикъ.

Въ раннемъ дѣтствѣ животъ его былъ такъ великъ, что, какъ онъ теперь вспоминаетъ, онъ никогда не видѣлъ своихъ ногъ, что было ему особенно досадно, когда онъ сталъ носить черные лаковые сапожки съ красными отворотами, на которые ему такъ хотѣлось полюбоваться. Но какъ онъ ни изгибался во всѣ стороны, ему не удавалось видѣть даже кончиковъ своихъ сапожковъ.

Однако, будучи обжоркой, Володя тѣмъ не менѣе не былъ эгоистичнымъ по природѣ или, какъ мы говорили въ дѣтствѣ, „жаднымъ". Вспоминаю, напримѣръ, какъ онъ въ томъ же палисадникѣ, подходя къ кухонному окошку, просительно растягивалъ подолъ своей рубашечки, умильно поглядывая на повара, и какъ тотъ, добродушно подшучивая, насыпалъ ему въ подолъ пригоршнями миндалю, шепталы, изюму и прочихъ сластей. Володя, отходя отъ окошка, направлялся къ намъ и, остановившись обыкновенно передъ Лялей, молча раскрывалъ свой подолъ и тутъ же добросовѣстно высыпалъ все на дорожку. Мы ложились на животы вокругъ кучки сластей и съ аппетитомъ уплетали, не обращая вниманія на песокъ, приставшій къ фруктамъ и хрустѣвшій на зубахъ, и находя это угощеніе въ неурочное время особенно вкуснымъ. Но почему-то я никогда не рѣшалась сама подходить съ такой просьбой къ повару, вѣроятно считая, что это—привилегія младшаго братишки, который, кажется, пользовался особой симпатіей нашего стараго Игната. Не помню, чтобы мы задавались когда-либо вопросами, откуда берется провизія и прочее, и потому неудивительно, что этотъ поваръ въ нашихъ глазахъ былъ какой-то чудодѣй и податель всякихъ благъ, и мы смотрѣли на него почти съ благоговѣніемъ.

У Володи уже съ ранняго дѣтства выступаютъ задатки его стоическаго характера. Вспоминаю, напримѣръ, когда ему было уже года три, у него на подбородкѣ,—не знаю, по какимъ причинамъ,—сдѣлалась болячка, которую онъ безпрестанно срывалъ, отъ чего она все увеличивалась и, наконецъ, покрыла весь его подбородокъ темнымъ струпомъ. Помню, для того чтоб онъ не расцарапывалъ его больше, ему пеленали на ночь руки и даже иной разъ и днемъ ихъ ему связывали назадъ, какъ маленькому арестанту. Наконецъ, какъ разсказывалъ отецъ, отъ этой болячки у него появились наросты такъ называемаго дикаго мяса. И вотъ отецъ придумалъ самъ героическое средство лѣченія. Помню, какъ Володя сидитъ со связанными руками у няни, которая держитъ его за голову. А отецъ подноситъ къ его лицу раскаленный докрасна гвоздь, зажатый въ щипцы, и прижигаетъ имъ Володину болячку, а мы съ Лялей, плача и дрожа отъ страха, слѣдимъ за этой операціей. Мама же никогда не рѣшалась оставаться при этомъ и обыкновенно убѣгала изъ дѣтской. Мнѣ кажется, что я до сихъ поръ помню раздававшееся при этомъ шипѣнье и вонь, распространявшуюся отъ жженаго струпа. Володя сопѣлъ и кряхтѣлъ, но тѣмъ не менѣе не издавалъ крика. А отецъ, подбодряя его, приговаривалъ:

— Молодецъ... „Терпи, казакъ — атаманомъ будешь". (Съ тѣхъ поръ я запомнила эту поговорку.)

Эти качества выносливости и терпѣнія маленькаго брата тогда уже поражали меня, и я уже съ тѣхъ поръ помню въ себѣ чувство настоящаго уваженія къ нему и предпочтенія его передъ другими дѣтьми, усиливаемое еще невольнымъ протестомъ противъ, казавшейся намъ, несправедливой строгости отца по отношенію къ Володѣ.

Даже въ этомъ частномъ случаѣ меня поразило то, что, тогда какъ сестрѣ Нелли постоянно давались конфеты, прежде чѣмъ уговорить ее послушаться, Володѣ никогда не давалось въ награду ничего за его долготерпѣніе при такомъ свирѣпомъ лѣченіи. Разумѣется, это было только хорошо для него, такъ какъ, по крайней мѣрѣ, не развратило его характера; но въ то время мнѣ это казалось ужасно несправедливымъ и жестокимъ, хотя отецъ оправдывалъ эту строгость тѣмъ, что, „во-первыхъ, мальчиковъ баловать нельзя: сынъ мой долженъ быть солдатомъ, а, во-вторыхъ, онъ золотушный — ему сладкое вредно".

Но почему-то меня это въ то время все-таки не убѣждало, и какъ я, такъ и братья, еще болѣе, все дѣтство страдали отъ сознанія этого неравенства.

Вотъ еще одинъ эпизодъ, характеризующій Володину выносливость. Въ немъ Володя уже постарше, вѣроятно, лѣтъ 4-хъ или 5-ти.

Мы всѣ стоимъ на балконѣ (выходящемъ изъ гостиной

надъ палисадникомъ). Мы смотримъ на Волгу, залитую солнечнымъ свѣтомъ, по которой плывутъ нѣсколько пароходовъ, украшенныхъ флагами, и съ нихъ доносится до насъ то музыка, то хоровое пѣніе. Дядя Ваня даетъ мнѣ и Лялѣ смотрѣть по очереди въ подзорную трубу. Мнѣ кажется, что мы стараемся разглядѣть плывущихъ также на пароходѣ нашихъ отца и мать, такъ какъ здѣсь между нами я ихъ не помню, и очень вѣроятно, что они были въ числѣ приглашенныхъ на этотъ праздникъ. Среди насъ помню обѣихъ тетокъ и, кажется, гувернантку. На маленькомъ балконѣ тѣсно отъ дамскихъ кринолиновъ, и я вижу маленькаго Володю, протискивающагося между платьями двухъ тетокъ тоже къ периламъ балкона, чтобы что-нибудь видѣть. Мы долго смотримъ на уходящіе вдаль вверхъ по рѣкѣ пароходы, и, наконецъ, старшіе находятъ, что „довольно смотрѣть",—не помню ужъ почему. И всѣ гурьбой выходятъ съ балкона прочь. Я, кажется, выхожу послѣдней и вдругъ замѣчаю, что остался на балконѣ еще Володя. Онъ какъ-то безпокойно перебираетъ ножками и кряхтитъ, и тутъ только я поняла, что онъ, просунувъ голову сквозь деревянныя точеныя колонки, не можетъ вытащить ее назадъ. Я стараюсь помочь ему высвободиться, но не тутъ-то было. Голова назадъ не пролѣзала. Помню чувство ужаса, охватившее меня. Я выбѣжала изъ гостиной, крича и зовя на помощь тетокъ. Всѣ сбѣжались и стали пробовать на всѣ лады вытащить голову бѣднаго мальчика. Но все безуспѣшно. Дядя Ваня говорилъ, что не иначе, какъ надо распилить чугунную рѣшетку, а это возьметъ много времени. И онъ пошелъ за инструментами. Но въ это время кто-то, не помню, няня или тетя Варя, приноситъ мыло, и вотъ онѣ начинаютъ усердно мылить ему шею и голову. Все это мнѣ представляется безконечно долгимъ. И мы съ Лялей дрожимъ и плачемъ отъ страха, стоя въ дверяхъ гостиной. Я помню, какъ насъ уговариваютъ не плакать, чтобы не напугать Володю. Тетя Люша старается веселыми шутками смѣшить насъ, но мнѣ не смѣшно, а даже немножко досадно на нее: положеніе Володи мнѣ представляется ужасно серьезнымъ. Но вотъ, наконецъ, операція кончается благополучно. Володя, кряхтя, вылѣзаетъ и поворачиваетъ къ намъ свое красное, взмыленное лицо. Меня тутъ же поражаетъ, что онъ не только не плачетъ, но даже, какъ будто хладнокровно почесывая за своими окровавленными ушами, хриплымъ баскомъ произноситъ: „Хочу нямъ-нямъ"... И мы начинаемъ смѣяться до-упаду, и мнѣ весь эпизодъ представляется уже просто смѣшнымъ и веселымъ. И въ глазахъ моихъ Володя — маленькій герой, о чемъ я потомъ съ восторгомъ вспоминаю и разсказываю много разъ.

Въ памяти всплываетъ еще нѣсколько воспоминаній о Володѣ, но до такой степени туманныхъ, что я не рѣшилась бы записывать ихъ, если бы недавніе разсказы самого брата Владиміра, обладающаго замѣчательно ясной и точной памятью, не освѣтили бы мнѣ подробностей этихъ давно пережитыхъ случаевъ нашей дѣтской жизни.

Какъ во снѣ вижу одну сцену, которую помогъ мнѣ возстановить въ памяти разсказъ самого брата. Я же припоминаю только обрывокъ этого поистинѣ ужаснаго случая, виновницей котораго я была отчасти. Мы — трое, т.-е. Ляля, Володя и я, стоимъ около какого-то деревяннаго огромнаго колеса высоко, не то на крутомъ берегу, не то на деревянныхъ мосткахъ. Внизу — вода. Я знаю, что это колесо вертится, спуская въ воду ведра или деревянныя бадьи. Вдругъ Володя, очутившись какимъ-то образомъ въ одной подвѣшенной бадьѣ, быстро спускается внизъ и скрывается гдѣ-то подъ мостками... Больше никакихъ подробностей не помню. Не помню даже испуга и ужаса, а просто, какъ будто, черная завѣса застилаетъ мою память. Даже не помню, гдѣ и когда это происходило. Братъ же Владиміръ, хотя и моложе меня и бывшій въ то время не старше 3—4 лѣтъ, помнитъ очень ясно и связно все это ужасное происшествіе. По его разсказамъ, мы были гдѣ-то въ гостяхъ съ тетей Варей или съ гувернанткой. Она, очевидно, осталась на балконѣ и, заговорившись съ хозяевами, не замѣтила, какъ мы убѣжали въ садъ. Въ саду высоко надъ прудомъ была устроена водокачка наподобіе карусели. На ней работали, какъ утверждалъ братъ, „нѣмыя бабы". (И дѣйствительно, я вспоминаю, что около Дубовки былъ поселокъ, въ которомъ почему-то много было глухонѣмыхъ, которые ходили на поденныя работы къ богатымъ купцамъ). Однѣ бабы, вертя за ручку, приводили въ движеніе вертикальное колесо, а другія то подвѣшивали пустыя ведра, то снимали съ колеса наполненныя и уносили куда-то, — должно быть, поливать парники или цвѣтники. Насъ забавляло, какъ ведро, быстро опускаясь внизъ, вдругъ исчезало подъ водой и потомъ появлялось уже съ другой стороны, наполненное. Но вотъ работа остановилась; бабы куда-то ушли. Кому-то изъ насъ пришло въ голову посадить Володю въ деревянную бадью: съ одного изъ зубцовъ колеса мы стянули какую-то веревочную петлю, задерживающую его движеніе, и оно вдругъ завертѣлось, и Володя сталъ спускаться внизъ и исчезъ подъ водой... Мы, вѣроятно, ожидали, что онъ вынырнетъ изъ воды, какъ и ведро. Но не тутъ-то было! Не помню уже, не хватило ли у насъ съ Лялей смекалки, чтобы взяться за ручку и вертѣть колесо, или не хватило силенокъ, чтобы вытянуть ведро съ такимъ тяжелымъ для насъ грузомъ,—но теперь хорошенько не могу сказать, какимъ образомъ Володя былъ спасенъ. Онъ же помнитъ только, что очнулся на какомъ-то диванѣ,—въ чужой, незнакомой комнатѣ, и его тошнитъ и рветъ, а какія-то женщины усердно его растираютъ щетками... По всей вѣроятности, по возвращеніи домой это приключеніе было скрыто отъ нашихъ родителей, что было нетрудно сдѣлать, если допустить, что отецъ былъ въ отсутствіи, а мать лежала больная (и то и другое часто случалось въ тѣ годы). Во всякомъ случаѣ я не помню никакихъ разговоровъ въ то время по поводу происшедшаго и никакихъ воспоминаній объ этомъ въ позднѣйшіе годы. Тогда какъ о другомъ подобномъ же случаѣ съ Володей у насъ въ семьѣ не разъ вспоминали уже много лѣтъ спустя.

Вотъ что запечатлѣлось у меня въ памяти.

Вдоль рѣки, довольно далеко отъ нашего берега, на Волгѣ стоятъ гуськомъ барки, на этотъ разъ не грязныя, нагруженныя, какъ всегда, рыбой или досками, а ярко раскрашенныя, блестящія, нарядныя; мачты и натянутыя въ разныя стороны реи разукрашены разноцвѣтными флагами, большими и маленькими. Сначала мы смотримъ на нихъ изъ нашего палисадника. На бортахъ гремитъ духовая музыка. Народъ толпится на берегу и на мосткахъ, переброшенныхъ съ берега на барки. Затѣмъ, вѣроятно, какъ продолженіе этого же самаго дня, вижу себя вмѣстѣ съ братьями и съ кѣмъ-то изъ взрослыхъ, кажется съ тетками, уже тамъ, внизу, на баркахъ, среди посторонней густой толпы народа.

Должно быть, это была пловучая стекольная ярмарка, потому что всюду на палубахъ были устроены горки полокъ и витринъ, полныя разноцвѣтныхъ стеклянныхъ вещей: остались въ памяти синіе, розовые и желтые кувшинчики, какіе-то шары, абажуры для лампъ разной величины и множество маленьких разноцвѣтных шариков, гирляндами подвѣшенных повсюду, которые, покачиваясь при легком вѣтрѣ, звенѣли и переливались на солнцѣ радужными цвѣтами, и это зрѣлище приводило нас въ восхищеніе. Помню одну вертящуюся витрину, всю заставленную разноцвѣтными фигурками: тут были лебеди, голуби, куколки-китайчата и прочія, казавшіяся нам интересными и заманчивыми, игрушки. И вот Володя, должно быть, из любопытства протянув руку к какому-то предмету на вертящейся витринѣ, зацѣпил за что-то,— и вдруг всѣ эти стеклянныя вещи полетѣли с полочек на палубу, звеня и разбиваясь вдребезги. Помню наклоненную вперед толстенькую фигуру Володи, на растопыренных ножках, вперившаго взгляд на разсыпанные осколки цвѣтного стекла и, вѣроятно, очень смущеннаго этим происшествіем, а вокруг него раздающіеся возгласы взрослых: „Ах ты, проказник! Ну, что теперь дѣлать? Вѣдь за это все платить теперь нужно!"

Нас обступает народ, в толпѣ раздаются возгласы,— не то шутят, не то сердятся. Мнѣ дѣлается страшно за Володю: мнѣ кажется, что его непремѣнно побьет кто-нибудь из этих чужих мужчин; все праздничное настроеніе и интерес ко всему окружающему пропадает, и мнѣ хочется только поскорѣй уйти домой. Должно быть, и вся наша компанія раздѣляет мое настроеніе. И вот мы всей гурьбой протискиваемся к выходу и по длинным мосткам направляемся к берегу. Я иду впереди с Лялей, а с нами рядом кто-то из мужчин, кажется, моряк Эльснер. На мостках тѣсно от столпившагося народа, двигающагося туда и обратно. Вдруг за нами раздаются крики; мнѣ кажется, кричит чей-то знакомый голос: „Володя, Володя! Батюшки, спасите!.." Я оглядываюсь и, перегнувшись через перила, вижу, как какой-то бородатый мужчина, в пестрядиной рубахѣ, спрыгивает в воду и ныряет в глубь... Кругом шум, плач и толкотня. Вот он появляется на поверхности воды с каким-то темным кулечком на спинѣ. Я все еще не догадываюсь, в чем дѣло. Толпа оттѣснила нас от наших, шедших сзади, и я не вижу ни теток ни Володи...

Дальше помню только, что тот, кто шел рядом с нами, берет за руки меня и Лялю, быстро уходит с мостков, торопя нас: „Скорѣй, скорѣй!.." И мы почти бѣгом взбираемся на гору, ведущую к дому.

Когда и какъ я узнала, что это нашъ Володя упалъ съ мостковъ прямо въ рѣку,—я ужъ не помню. Слѣдующую сцену я вижу, вѣроятно, какъ продолженіе предыдущей, уже у насъ въ гостиной. Всѣ, уже успокоенные и даже почти веселые, собрались вокругъ дивана, на которомъ торжественно сидитъ маленькій Володя, представляющій изъ себя, очевидно, центръ всеобщаго вниманія, которымъ онъ вообще не былъ избалованъ. Волоса его еще мокрые и слипшіеся, но онъ ужъ переодѣтъ во все сухое и съ аппетитомъ кушаетъ и пьетъ что-то изъ блюдца, которое держитъ передъ нимъ мама. У нея заплаканы глаза, и она, все еще утирая слезы, какъ будто избѣгаетъ глядѣть на окружающихъ. Отецъ сидитъ тутъ же на креслѣ и представляется мнѣ пасмурнымъ и серьезнымъ, а по комнатѣ быстро шагаетъ, громко говоря, морякъ Эльснеръ, размахивая руками и повторяя веселымъ, бодрящимъ голосомъ: „Молодецъ, братъ, Володя! молодецъ! Это онъ водное крещеніе принялъ. Вотъ увидите,—обращается онъ къ отцу,—изъ вашего сына славный морякъ выйдетъ!.. Хочешь быть морякомъ, Володя? А?.."

Но отецъ какъ будто съ этимъ не соглашается и, отрицательно покачивая головой, что-то неодобрительно и насмѣшливо отвѣчаетъ веселому Эльснеру.

Запали ли, однако, слова моряка въ сердце Володи, но уже мальчикомъ-подросткомъ онъ постоянно повторялъ, что непремѣнно будетъ морякомъ, и, несмотря на неодобреніе отца, впослѣдствіи, 16-ти лѣтъ, поступилъ во флотъ.

Въ дальнѣйшихъ воспоминаніяхъ дубовскаго періода я уже больше не помню Володю отдѣльно. Но ясно вижу его въ нѣсколькихъ другихъ эпизодахъ, въ которыхъ онъ принималъ участіе наравнѣ съ нами (объ этомъ разскажу ниже).

XXVI.

Сестра Нелли.

Сестра Нелли въ моихъ воспоминаніяхъ въ первый разъ появляется въ періодъ ея болѣзни кровавымъ поносомъ, когда ей было года полтора (мнѣ же шелъ 5-й годъ). Помню, какъ тетя Варя, почему-то въ столовой, держитъ Нелли надъ горшкомъ, и я вдругъ замѣчаю, что у нея изъ задняго прохода вылѣзаетъ красная кишка, и я съ любопытствомъ и страхомъ заглядываю ей подъ платьице. Помню общее смятеніе и какъ отецъ, мать и тетя Варя, поднеся горшокъ къ окну, разглядываютъ внимательно содержимое, какъ отецъ хмурится и качаетъ головой. Эту сцену я запомнила, вѣроятно, потому, что она меня поражала, какъ нѣчто новое, но такъ какъ Нелли была больна нѣсколько мѣсяцевъ, почти безпрерывно, то, вѣроятно, подобныя же сцены слились у меня въ памяти въ одну.

Тетя Варя, такъ же, какъ и папа, очень баловали маленькую Нелли, быть-можетъ, благодаря ея болѣзни, изъ которой ее съ большимъ трудомъ выходили. Надо отдать справедливость тетѣ Варѣ: она ухаживала за нею съ удивительнымъ терпѣніемъ и самоотверженіемъ. Кажется, она и пріѣхала-то къ намъ во время этой тяжелой болѣзни Нелли, когда мама, будучи къ тому еще беременна, съ ногъ сбилась, ухаживая за больнымъ ребенкомъ. И Нелли такъ привязалась къ тетѣ Варѣ за время своей болѣзни, что положительно ни на шагъ не отпускала ее отъ себя, требуя, чтобы она ее съ рукъ не спускала. Тетя Варя носила ее и гулять, и забавляла, и укачивала ее, и иногда цѣлыми часами держала ее, сонную, на рукахъ, боясь ее класть въ постель, такъ какъ Нелли тотчасъ просыпалась и, поднявъ крикъ, деспотически требовала, чтобы ее опять взяли на руки. Тетя Варя потомъ разсказывала, что Нелли прямо-таки долго притворялась, что не умѣетъ ходить, и, когда ее ставили на полъ, она сгибала ножки и шлепалась объ полъ, визжа и катаясь, пока кто-то не придумалъ, наконецъ, соблазнить ее конфетками, и тогда она вдругъ пошла и послѣ этого почти сразу стала бѣгать. Сколько мнѣ помнится, она въ дѣтствѣ никогда не ходила спокойно, а всегда бѣгала вприпрыжку и притомъ на цыпочкахъ, быстро семеня ножками. Все это я, конечно, помню смутно, скорѣе, какъ общее впечатлѣніе отъ этого періода ея дѣтства, отчасти дополненное разсказами взрослыхъ; но хорошо помню въ себѣ чувство раздраженія противъ нея за ея постоянные капризы и неистовые крики, отъ которыхъ я часто убѣгала прочь изъ дѣтской, только чтобы не слышать и не видѣть ея.

Вотъ одна сцена, которая запечатлѣлась въ памяти очень ясно.

Мы собираемся итти въ церковь съ тетей Варей. Она, пока мы одѣваемся, торопитъ насъ и, какъ я понимаю, хочетъ скорѣй уйти изъ дома,—пока Нелли не замѣтила ея отсутствія.

Мы выходимъ изъ воротъ дома и подымаемся влѣво по большой горѣ. И въ это самое время слышимъ изъ открытаго окна дѣтской доносящійся до насъ пронзительный крикъ. Мы продолжаемъ поспѣшно итти, вотъ мы уже на верху горы, и, должно быть, радуемся, что больше не слышимъ ея крика. Но почему-то оглядываемся назадъ внизъ и видимъ кого-то въ красной рубахѣ, бѣгущаго къ намъ и махающаго рукой, какъ бы зовя насъ; это былъ, кажется, кучеръ, очевидно, посланный отцомъ вслѣдъ за тетей Варей. И вотъ мы принуждены возвращаться назадъ, при чемъ я вижу, какъ тетя Варя плачетъ, утирая слезы, и мнѣ ее становится жаль, потому что она, какъ я слышала изъ разговоровъ съ матерью, уже нѣсколько воскресеній не была въ перкви.

— А это для меня одно утѣшеніе здѣсь,—говорила она часто, скучая въ нашей монотонной жизни послѣ привычной ей московской въ богатой семьѣ родственниковъ ея, Аксаковыхъ.

Понятно, что послѣ такихъ сценъ, какъ у меня, такъ и у братьевъ, уже съ раннихъ лѣтъ появилось къ младшей сестренкѣ непріязненное чувство, и мы между собою называли ее не иначе, какъ „капризница", „баловница" и „сластенка". Послѣднее относилось къ ея пристрастію ко всему сладкому и къ конфетамъ въ особенности. Отецъ говорилъ, что когда, бывало, шелъ къ Нелли въ дѣтскую, то непремѣнно долженъ былъ нести ей конфетку, такъ какъ при видѣ его она тянулась къ нему, требуя „бомбы" (т.-е. bonbon). Впослѣдствіи отецъ шутя говорилъ, что „Нелли за конфетку на край свѣта пойдетъ за кѣмъ угодно".

Несмотря, однако, на такой, повидимому, бѣдовый характеръ, про который даже наша терпѣливая няня говорила „чисто божеское испытаніе этотъ ребенокъ",—отецъ тѣмъ не менѣе въ ней души не чаялъ. Правда, она была очень забавнымъ и ласковымъ ребенкомъ, и отецъ не разъ вспоминалъ впослѣдствіи съ горечью, что Нелли только одна изъ всѣхъ дѣтей ласкалась къ нему и не боялась его, „какъ пугала". „Не то, что вы, старшіе", говоритъ онъ. И дѣйствительно, я помню, какъ она, сидя на рукахъ отца, гладитъ его по щекамъ, теребитъ за усы и цѣлуетъ и въ лобъ, и въ лысину, въ глаза, и въ щеки, приговаривая нѣжные эпитеты; однако, всѣ эти ласки кончались обыкновенно тѣмъ, что она шептала ему всегда одинъ и тотъ же секретъ на ушко, такъ, чтобъ мама не слышала: „Дай бомбошку".

И отецъ никогда не могъ ей отказать. Если же онъ пробовалъ ее отговаривать, то она, закрывъ лицо растопыренными ручонками, начинала притворно хныкать, выглядывая сквозь пальцы своими хитрыми глазенками. Она знала, что отъ отца она всегда добьется своего такъ или иначе. Но если вмѣшивалась мать и серьезно и строго запрещала давать ей конфетъ (всегда руководясь разумной причиной), то Нелли вдругъ, извизгивая, отчаянно начинала метаться на рукахъ отца, извиваясь какъ змѣйка и крича на весь домъ. Если же онъ пробовалъ опускать ее на полъ, то она заливалась еще болѣе неистово, бѣжала за нимъ и требовала, чтобы онъ опять взялъ ее на руки. Какъ сейчасъ вижу растеряннаго отца, на рукахъ съ Нелли, ходящаго изъ комнаты въ комнату и, не зная, какъ раздѣлаться съ ней, безпомощнымъ голосомъ зовущаго на помощь: „Варвара Владиміровна! Дарья Кузьминишна! Да освободите же меня, наконецъ"... И потомъ, сдавъ крикунью кому-нибудь на руки, говорилъ, вытирая потъ со своей лысины: „Ну, и характерецъ же! хоть святыхъ выноси!" Тѣмъ не менѣе, онъ никогда пальцемъ ее не тронулъ, что удивляло насъ не мало, такъ какъ мы чувствовали, что будь это кто другой изъ дѣтей, папа уже давно отшлепалъ бы безпощадно. И не только самъ онъ баловалъ ее, но и отъ домашнихъ требовалъ безпрекословнаго исполненія ея капризовъ и затѣй. Намъ же, старшимъ, въ особенности братьямъ, частенько доставалось отъ него, если мы не уступали ей въ чемъ-нибудь. Это, конечно, портило ея характеръ, и она, подростая, все болѣе и болѣе пользовалась своей властью при всякомъ удобномъ случаѣ, безцеремонно обижая то одного, то другого и деспотически требуя себѣ уступокъ во всемъ. Особенно приходилось терпѣть отъ нея кузинѣ Олечкѣ Бахтеревой, которая была старше ея всего на полгода и съ которой она, какъ съ своей сверстницей, чаще всего проводила время.

Бывало, тетя Люша вырѣжетъ бумажныхъ куколъ Олечкѣ и раскраситъ имъ платьица цвѣтными карандашами, что намъ казалось верхомъ искусства. И вотъ Олечка разставляетъ ихъ на полу и, лежа на животѣ, дуетъ на нихъ, и онѣ, стоя на подпоркахъ—въ видѣ кринолиновъ—скользятъ по полу. И тутъ вдругъ, бѣдовая Нелька, подобравшись къ нимъ, схватываетъ ихъ въ пригоршни и съ визгомъ и смѣхомъ рветъ ихъ въ клочки. Помню горькія слезы Олечки, которая, уткнувшись въ колѣни своей матери, плачетъ навзрыдъ, и какъ я, изъ сочувствія къ ней, тоже плачу и браню Нелли „скверной, гадкой дѣвчонкой" и тому подобными нелестными эпитетами, испытывая такое чувство негодованія, что, кажется, готова была ее прибить. Почему однако я никогда не рѣшалась ее ударить,—я до сихъ поръ не знаю: оттого ли, что физическое насиліе было всегда противно моей натурѣ, или оттого, что я по опыту знала, что сцѣпиться съ ней въ драку рискованно, такъ какъ, по приговору взрослыхъ, я, какъ старшая, всегда останусь виноватой.

Для насъ было очевидно, что, несмотря на свою избалованность любовью и вниманіемъ всѣхъ взрослыхъ или благодаря этому, моя сестренка была-таки немножко ревнива и властолюбива. Такъ, напримѣръ, послѣ своей болѣзни, когда ее почти все время носили на рукахъ, она не позволяла тому, кто ее носилъ, разговаривать съ кѣмъ бы то ни было другимъ, требуя къ себѣ полнаго и исключительнаго вниманія, и прямо неистово кричала, выгоняя другихъ изъ комнаты, и буквально царапала лицо зажимая ротъ говорящему—тому, кто держалъ ее на рукахъ.

Каюсь, у меня часто бывало къ ней прямо-таки недоброе чувство въ дѣтствѣ, и я, сколько помню, всегда старалась держаться отъ нея подальше во избѣжаніе столкновенія и не помню ни одного раза, когда бы чувствовала въ себѣ нѣжность или желаніе приласкать младшую сестренку. Вспоминаю даже такой случай проявленія моей холодности и недоброты къ ней.

Въ послѣдній, кажется, годъ въ Дубовкѣ—на Рождествѣ у насъ была елка, первая въ нашей жизни. Самую елку я едва помню; она заслонена у меня позднѣйшими, гораздо болѣе интересными для меня елками на Кавказѣ.

Это былъ единственный, кажется, разъ, когда у насъ были гости—дѣти. Я запомнила только одну изъ нихъ: какую-то маленькую дѣвочку въ свѣтлыхъ кудряшкахъ и въ розовомъ, газовомъ, пышномъ платьицѣ. Она сидѣла на круглом столѣ въ залѣ, около какой-то дамы, должно быть, ея матери, и весело щебетала и смѣялась со мной. Помню, я стою около стола, на которомъ она сидитъ, она гладитъ меня по лицу и еще, не умѣя цѣловать, ротикомъ слюнявитъ мои щеки. Мнѣ щекотно и весело. Но вдругъ ее берутъ со стола и собираются увозить домой: мнѣ дѣлается ужасно жаль разставаться съ ней, и я начинаю просить маму, чтобы она оставила эту дѣвочку намъ. А дама эта говоритъ, смѣясь: „У васъ есть своя маленькая дѣвочка, а это—моя!"

И тутъ вдругъ я говорю:

— Эта—лучше.—И обращаясь къ матери, прибавляю:—Отдай ей Нельку. Пускай она ее увезетъ, а эту—намъ.

Меня начинаютъ стыдить и упрекать въ чемъ-то недобромъ. Мнѣ дѣлается стыдно, но не за свои слова, а за то, что заслужила выговоръ, да еще при чужихъ, постороннихъ. Очевидно, съ дѣтства еще я была очень самолюбива и упряма въ своихъ мнѣніяхъ.

XXVII.
Братъ Саша.

Брата Сашу я помню, кажется, со дня его рожденія. Мнѣ было тогда ровно 5 лѣтъ. Помню, какъ въ дѣтскую входитъ тетя Варя, неся на рукахъ большой пакетъ, завернутый въ теплое одѣяльце, и, не останавливаясь, проходитъ мимо въ маленькую дѣтскую. Я бѣгу за ней. Можетъ-быть, мнѣ кто-нибудь сказалъ, что она несетъ „новаго братца". И вотъ я вижу, какъ она, положивъ пакетъ поперекъ своей кровати, раскутываетъ его, и я вижу толстенькаго, краснаго, большеголоваго ребенка. Онъ не кричитъ, а только потягивается, какъ бы расправляя свои члены, и зѣваетъ, какъ большой. Няня и тетя Варя удивляются, какой онъ покойный, здоровый и крупный.

— Молодецъ будетъ. Весь въ дѣдушку,—говоритъ тетя Варя.

Я съ любопытствомъ разсматриваю его и слѣжу за всей процедурой обмыванія и пеленанія. Это—первый новорожденный ребенокъ, который меня живо интересуетъ и очень мнѣ нравится. Помню, какъ я качаю его въ колыбелькѣ и, напѣвая ему: „Приди, котикъ, ночевать, мово Сашеньку качать"...—очень горжусь ролью помощницы няни.

Странно, что не только въ томъ раннемъ дѣтствѣ, но и гораздо позднѣе, почти до юношескаго возраста, но мнѣ никогда не подымался вопросъ: „откуда же берутся дѣти?" Оттого ли, что у меня не было любопытства въ характерѣ или было полное довѣріе, безъ критики, къ словамъ взрослыхъ,— но для меня было достаточно того, что мнѣ говорили: „Богъ далъ братца". Я помню, что отъ кого-то слышала про ангела-хранителя, которому меня учили молиться, и вотъ я иногда фантазировала на эту тему, представляя себѣ, какъ ангелы приносятъ съ неба маленькихъ дѣтей. Но, впрочемъ, эти фантазіи относятся къ болѣе позднему возрасту.

Саша былъ, дѣйствительно, славный ребёнокъ. Онъ росъ и развивался совершенно нормально, здоровѣе и спокойнѣе, чѣмъ другія старшія дѣти. Въ семьѣ онъ скоро сталъ общимъ любимцемъ за свой добрый, благодушный нравъ, который онъ сохранилъ до самой смерти,—къ сожалѣнію, преждевременной.

Ясно помню сцену его крестинъ. Была весна,—должно быть, поздняя Пасха,—потому что помню потомъ парадный обѣдъ въ залѣ и длинный столъ съ куличами и пасхами. Мы принесли изъ сада большіе букеты сирени, и няня и тети украсили ими простѣнки между окнами. Кажется, няня мнѣ сдѣлала вѣнокъ изъ сирени на голову, и я воображала, что это такъ и полагается при такомъ важномъ событіи. Помню священника въ облаченіи и почти всю процедуру обряда, съ плеваньями и окунаньями въ купель, и безпокойство мое за Сашу, чтобы онъ не захлебнулся. Помню его крестнаго отца, Александра Рогожина, почтеннаго рослаго старика съ симпатичнымъ лицомъ, обрамленнымъ короткими сѣдыми бакенами, въ отставномъ унтеръ-офицерскомъ мундирѣ съ нашивками и какими-то орденами на груди. (У насъ въ семьѣ была его фотографическая карточка.) Кто онъ былъ и чѣмъ занимался, навѣрное не помню, но, если не ошибаюсь, онъ былъ завѣдующимъ батарейной канцеляріей моего отца. Онъ очень серьезно и важно относился къ своимъ обязанностямъ крестнаго отца, и я помню, какъ онъ часто потомъ заходилъ къ намъ, иногда только для того, чтобы справиться о здоровьѣ и благополучіи своего крестника. А по праздничнымъ днямъ, приходя отъ обѣдни, всегда приносилъ своему крестнику просфору за здравіе; послѣ этого обыкновенно пилъ чай съ вареньемъ у нянюшки, которую онъ звалъ кумой. Она была крестной матерью Саши, такъ какъ тетя Варя отказалась стать кумою простолюдина: тетушка моя изрядно-таки страдала дворянскимъ чванствомъ. Помнится, что, какъ мои тетки, такъ и разные знакомые тогда вообще называли отца моего „чудакомъ", а потому и демократическія крестины, которыя онъ устроилъ для своего сына, должны были шокировать ихъ. Однако, знаю и то, что отецъ очень уважалъ и даже любилъ старика Рогожина и былъ съ нимъ въ пріятельскихъ отношеніяхъ,—такъ, напримѣръ, помню, что старикъ этотъ часто приходилъ къ нему поиграть въ ералашъ. Наша семья сохраняла съ Рогожинымъ связь въ теченіе многихъ лѣтъ. Помню, какъ потомъ онъ въ письмахъ своихъ съ чисто дѣдовской нѣжной заботливостью всегда освѣдомлялся о своемъ любимцѣ, посылая ему свое благословеніе. Къ счастью, онъ умеръ раньше своего крестника. Трагичная смерть бѣднаго Саши[1]) была бы большимъ горемъ для старика, такъ искренно молившагося всегда за счастіе своего крестника.

XXVIII.
Обряды.

Отношеніе мое къ церковнымъ обрядамъ въ дѣтствѣ было совсѣмъ-таки языческое. Они такъ же, какъ и гаданія, которыя были въ ходу у насъ въ домѣ, и разные заговоры,—имѣли для меня такое же равносильное имъ значеніе. Такъ, я вспоминаю, какъ у насъ служили молебствіе съ водосвятіемъ, должно быть, въ праздникъ Крещенія (6 янв.). Вспоминаю, какъ священникъ и дьяконъ въ золоченыхъ ризахъ или „одѣялахъ", какъ мнѣ тогда казалось, ходятъ по комнатамъ и брызгаютъ по стѣнамъ водой какой-то черной метелкой, что-то при этомъ приговаривая нараспѣвъ. Должно быть, кто-нибудь мнѣ объясняетъ значеніе этихъ дѣйствій, потому что я знаю, что это дѣлается съ цѣлью предохраненія нашего дома отъ разныхъ бѣдъ и несчастныхъ случаевъ.

Но вотъ, кажется, вскорѣ послѣ этого появляется у насъ въ домѣ тараканщикъ, котораго призвали, очевидно, для истребленія таракановъ, водившихся въ буфетной и въ столовой. Помню, подъ бѣлыми обоями столовой шуршанье таракановъ, продѣлавшихъ по стѣнѣ подъ обоями длинные ходы. Они меня пугаютъ и внушаютъ отвращеніе. И вотъ вижу, какъ около той самой стѣны, которую недавно обрызгивали священники святой водой, стоитъ человѣкъ въ синемъ армякѣ, съ окладистой бородой, и брызгаетъ на стѣну какую-то жидкость, что-то при этомъ нашептывая съ серьезнымъ и важнымъ видомъ. Я выглядываю изъ буфетныхъ дверей, съ любопытствомъ слѣдя за нимъ, и, должно быть, сама про себя рѣшаю, что это, вѣроятно, тоже попъ. Но почему же онъ не въ золотомъ „одѣялѣ?" Должно быть, по уходѣ этого тараканщика, я спра-

---

[1]) Покончилъ самоубійствомъ на 24-мъ году жизни.

шиваю объ этомъ кого-то изъ взрослыхъ. Помню, здѣсь присутствуетъ дядя Ваня и, кажется, обѣ тетки. Дядя Ваня своимъ обычнымъ буркующимъ голосомъ, какъ всегда, не то въ шутку, не то въ серьезъ, отвѣчаетъ мнѣ:

— Ну, да, такой же попъ, какъ и тотъ. Тоже ворожитъ, какъ и тотъ.

Тетя Люша смѣется, тетя Варя сердится. И обѣ говорятъ ему что-то въ родѣ:

— Э, полно Ванечка. Что ты ребенку голову путаешь.

Дядя Ваня замолкаетъ, и я больше ничего не могу добиться отъ нихъ.

Я ухожу недовольная, съ цѣлымъ роемъ вопросовъ и неразрѣшенныхъ сомнѣній. Кажется, мама объясняетъ мнѣ потомъ разницу между тѣми и другими дѣйствіями, въ томъ смыслѣ, что то—христіанскіе православные обряды, а это—языческій. Но меня что-то не удовлетворяетъ въ этомъ объясненіи. Помню, нѣсколько разъ въ дѣтствѣ у меня возвращалось это воспоминаніе съ вопросомъ: почему молебствіе съ водосвятіемъ не защищаетъ отъ напасти таракановъ? (Для меня набожденіе таракановъ представлялось истиннымъ несчастьемъ, такъ какъ я ихъ ужасно боялась.) А зовутъ для этого какого-то особеннаго „колдуна"—язычника. У насъ въ домѣ прямо-таки вѣрили, что онъ знаетъ какой-то заговоръ противъ таракановъ, и когда онъ ихъ вытравливалъ, то при этомъ никто не смѣлъ присутствовать въ комнатѣ; я же подглядѣла въ щелку двери.

Затѣмъ вспоминаю еще такую сцену изъ этой же области. Должно быть, былъ канунъ Рождества или Новаго года. Въ столовой на столѣ тетя Варя занята приготовленіемъ какихъ-то вкусныхъ вещей. Мы, дѣти, вертимся тутъ же у стола, должно быть, въ ожиданіи получить изюма и миндаля. Вдругъ въ буфетѣ раздаются чужіе голоса, пѣніе и топотъ ногъ. И вотъ кто-то изъ домашнихъ отворяетъ дверь и впускаетъ въ комнату цѣлую кучу какихъ-то мальчиковъ-подростковъ. Они останавливаются у порога, вѣроятно, не рѣшаясь войти въ комнату въ своихъ мокрыхъ отъ снѣга валенкахъ. Одинъ изъ нихъ несетъ большую звѣзду на палкѣ; онъ—въ рыжемъ дубленомъ полушубкѣ и въ сѣромъ бараньемъ малахаѣ; у него круглое, веселое, улыбающееся лицо. Но вотъ выступаетъ впередъ другой, постарше, одѣтый понаряднѣй, въ крытомъ синемъ полушубкѣ, съ краснымъ кушакомъ и въ высокой не то бархатной, не то меховой шапке. Онъ съ важнымъ, серьезнымъ лицомъ начинаетъ произносить что-то нараспѣвъ съ какой-то дѣланной, непріятной мнѣ, интонаціей. Поворачиваясь ко всѣмъ четыремъ угламъ комнаты, онъ тыкаетъ на нихъ указательнымъ пальцемъ и упоминаетъ что-то о странахъ свѣта. (Запомнилось что-то про „восходъ и закатъ"...)

У него черезъ плечо виситъ какая-то сумочка, изъ которой онъ вынимаетъ пригоршнями зерна и разбрасываетъ ихъ по комнатѣ, осыпая насъ всѣхъ кругомъ; кажется, это былъ овесъ. Меня это дѣйствіе пугаетъ, и я ныряю подъ столъ и, сидя тамъ, недоумѣваю, что и зачѣмъ онъ это дѣлаетъ. Кажется тутъ же я слышу, какъ они поютъ „Славу хозяину съ хозяюшкой", упоминая при этомъ имена моихъ родителей. Имъ подносятъ что-то пить и угощаютъ сладостями. По уходѣ ихъ мы съ Лялей подбираемъ эти зерна, разсыпанныя по полу, и спрашиваемъ тетю Варю, зачѣмъ онъ это дѣлалъ. Она объясняетъ въ томъ смыслѣ, что это для того, чтобы хлѣбъ уродился хорошій. Я еще слишкомъ мала и не знаю, какъ растетъ хлѣбъ. Но все же понимаю настолько, чтобы сомнѣваться, что разбросанныя зерна выросли на полу. „Развѣ же они на полу вырастутъ?"—спрашиваю я, очевидно, не понимая символическаго значенія этого обычая.

Помню, эти собранныя зерна я долго хранила потомъ въ деревянной чашечкѣ, собираясь ихъ лѣтомъ посѣять, чтобы и у насъ хлѣбъ выросъ.

Это колядованіе, какъ и другія гаданія: литье воска, олова, гаданіе черезъ зеркало, которыя тетя Варя очень любила—имѣли для меня такое же таинственное и равносильное церковнымъ обрядамъ значеніе, по крайней мѣрѣ лѣтъ до 7-ми, вѣроятно, благодаря тому, что взрослые, которымъ я привыкла довѣрять, продѣлывали всѣ эти церемоніи, какъ будто вѣря въ нихъ такъ же, какъ вѣрили въ церковные обряды; хотя знаю, что и отецъ и мать одинаково относились къ этимъ „языческимъ" суевѣріямъ отрицательно, но не осуждая, а лишь съ снисходительнымъ подтруниваніемъ надъ тетками и домашней прислугой.

Странно, что изъ нашего хожденія въ церковь, куда насъ водили, навѣрное, почти каждое воскресенье, у меня не осталось въ памяти почти ничего изъ того ранняго періода. Я знаю, напримѣръ, что у насъ съ искони было заведено водить дѣтей къ причастію на Страстной въ чистый четвергъ. Но лишь смутно вспоминаю одну такую сцену, и то, мнѣ кажется, больше дополненную разсказами матери.

Теперь мнѣ это представляется такъ:

Я вижу себя около матери, среди толпы. Вотъ мать, подталкивая меня сзади, проводитъ меня впередъ къ священнику, который мнѣ представляется въ видѣ бородатаго старика, закутаннаго въ золотое одѣяло. Какая-то посторонняя женщина, не мама, которая стоитъ возлѣ,—но совсѣмъ чужая для меня, поднимаетъ меня на уровень лица священника.

— Какъ имя?—спрашиваетъ онъ.

Она отвѣчаетъ:

— Анна.

Мнѣ хочется сказать: „нѣтъ,—Галя" (да можетъ-быть, я и говорю), потому что мнѣ кажется, что эта чужая женщина не знаетъ, какъ меня зовутъ, и мнѣ непріятно это. Я ищу глазами мать, но въ это время священникъ что-то суетъ мнѣ въ ротъ, и затѣмъ меня ведутъ въ сторону, и тутъ какой-то толстый, тоже въ длинной золотой одеждѣ, человѣкъ даетъ мнѣ пить изъ ковшика краснаго вина. Я пью съ удовольствіемъ и, обратившись къ матери, говорю:

— Это папино вино?—удивляясь при этомъ, что мнѣ позволяютъ его пить такъ много, тогда какъ дома отецъ мнѣ давалъ иногда только остаточки на днѣ своей рюмки краснаго нахетинскаго (которое онъ по кавказской привычкѣ всегда употреблялъ за столомъ).

Вотъ все, что осталось у меня въ памяти отъ этихъ церемоній, которыя, несомнѣнно, повторялись ежегодно, но въ представленіи моемъ слились въ одну картину.

Разумѣется, никакого молитвеннаго или благоговѣйнаго настроенія я не помню въ себѣ въ этомъ раннемъ возрастѣ. Оно пробудилось во мнѣ уже позднѣе, вѣроятно, подъ вліяніемъ кіевскихъ впечатлѣній.

Тогда еще у меня не было критическаго отношенія какъ къ сказкамъ, такъ и къ разнаго рода обрядамъ. Очевидно, дѣтскому уму свойственно и даже какъ-то хочется вѣрить во все сказочное, таинственное, загадочное. Мнѣ кажется, что это потому, что для дѣтскаго ума, еще не знакомаго съ естественными законами природы, весь міръ представляется чудеснымъ, сказочнымъ (какъ вѣтеръ, гроза, ростъ дерева изъ зерна, вылупленіе цыпленка изъ яйца); наоборотъ, чудеса представляются вполнѣ возможными, въ порядкѣ вещей.

Однако, это наивное представленіе о жизни я какъ-то почти вдругъ потеряла, именно послѣ 7-ми лѣтъ, когда начала больше читать, хотя и отдала себѣ отчетъ въ этомъ уже значительно позднѣе.

XXIX.
Отецъ и денщики.

На-дняхъ, записывая одно изъ воспоминаній, въ которомъ я мямоходомъ упоминаю объ отцовскомъ денщикѣ, меня заинтересовало возстановить въ памяти, кто и какой онъ былъ. Въ той маленькой сценѣ, въ которой я его описываю (см. гл. „Лѣтнее утро"), онъ мнѣ представлялся угрюмымъ и какъ бы чужимъ, котораго мы мало знаемъ; думаю, что именно потому-то я и прохожу равнодушно мимо него, и онъ какъ будто не обращаетъ на насъ съ няней вниманія. А между тѣмъ я знаю, что былъ у отца когда-то денщикъ или вѣстовой, котораго мы, дѣти, очень хорошо знали и были привязаны къ нему, какъ къ своему домашнему человѣку. Вотъ, что я помню о немъ: онъ былъ хохолъ и отличался большимъ ростомъ и большимъ добродушіемъ, но и большой нечистоплотностью. Сколько помнится, это онъ у насъ развелъ таракановъ въ буфетѣ, гдѣ онъ спалъ, и мой отецъ часто журилъ его за это. Кто-то разсказывалъ про него, что онъ мѣнялъ бѣлье только въ большіе двунадесятые праздники. Но характеромъ онъ былъ добродушный и трудолюбивый, и, вѣроятно, за это отецъ цѣнилъ его и держалъ у себя нѣсколько лѣтъ. Фамилія его, кажется, была Чепуренко, по крайней мѣрѣ я помню это ясно по слѣдующей сценѣ: вотъ онъ сидитъ на низенькомъ буфетномъ крылечкѣ въ блестяще вычищенныхъ сапогахъ (вѣроятно, по случаю большого праздника), чистой, накрахмаленной ситцевой рубахѣ на выпускъ поверхъ солдатскихъ шароваръ, и покуриваетъ трубочку, ловко сплевывая далеко въ сторону. А мы съ Лялей, выскакивая изъ-за угла дома и подбѣгая къ нему, дразнимъ его:

— Чепуренко причепурился! Чепуренко причепурился (т.-е. принарядился)!

Онъ какъ будто не замѣчаетъ насъ, но, подпустивъ насъ близко, дѣлаетъ видъ, что срывается съ мѣста, чтобы бѣжать за нами. А самъ, не вставая, только топочетъ своими огромными сапожищами по ступенькѣ крыльца, рыча страннымъ голосомъ. Мы съ визгомъ отскакиваемъ назадъ и скрываемся за угломъ кухни, и потомъ снова и снова продѣлываемъ то же самое...

Потомъ вспоминаю, когда у насъ появился въ домѣ новый денщикъ, я недоумѣваю и, должно быть, спрашиваю у няни, куда дѣвался Чепуренко. Не помню ужъ, въ какихъ выраженіяхъ она мнѣ объясняетъ, что онъ ушелъ домой въ деревню, къ своимъ дѣтямъ. Мнѣ трудно возстановить въ точности мысли и разговоры по этому поводу, знаю лишь, что мнѣ было непонятно, какъ же это такъ?.. У Чепуренко свой домъ, свои дѣти, а самъ онъ жилъ у насъ такъ долго. Почему же онъ ушелъ отъ нихъ?

Раньше мнѣ казалось, что солдаты были люди какой-то особенной касты, что они такъ и появлялись на свѣтъ солдатами, и мнѣ было непонятно въ объясненіяхъ няни, какъ это и зачѣмъ изъ мужиковъ дѣлаются солдаты. И уразумѣла это я значительно послѣ семилѣтняго возраста, когда мнѣ уже стали прививать патріотическія чувства.

Слѣдующаго денщика я очень мало помню, несмотря на то, что была уже старше. Быть-можетъ, ихъ было даже не одинъ, а два и три одновременно или смѣнявшіеся одинъ за другимъ, потому что помню отца, часто сердито распекающаго за что-то и въ гнѣвѣ топающаго ногами на денщика и вѣстового или писаря. Помню, какъ отецъ выкрикиваетъ: „Скажи спасибо, мерзавецъ, что подъ судъ тебя не отдалъ!"

По этому поводу кстати сказать, что отецъ вообще избѣгалъ отдавать своихъ солдатъ подъ судъ, хотя къ тому и бывали причины: кража, пропивка казенныхъ вещей, дерзости и прочее.

Уже въ старости отецъ, бывало, съ очевиднымъ чувствомъ удовлетворенія говорилъ:

— За всѣ сорокъ лѣтъ военной службы ни одного солдата подъ судъ не отдалъ, хотя и бывали къ тому предлоги. Предпочиталъ расправляться своими средствами. Бывало и въ морду дамъ какому-нибудь негодяю: что подѣлаешь, въ гнѣвѣ не властенъ надъ собой. Но солдаты на меня за это никогда не обижались, знали, что „за дѣло" имъ достается, и всегда считали меня справедливымъ. Сколько разъ потомъ благодарили меня, что не попали подъ судъ... А казенныя растраты пополнялъ изъ своего кармана...

Кстати будетъ сказать, что отецъ, несмотря на то, что

былъ старый вояка и патріотъ, съ удовольствіемъ и гордостью вспоминавшій походы на Кавказѣ, тѣмъ не менѣе тяготился военной фронтовой службой и не разъ, бывало, говорилъ на эту тему:

— Русскій солдатъ въ походѣ—герой, а въ мирное время—паразитъ. И самые лучшіе изъ нихъ способны стать лодырями и негодяями...

Но какъ это ни странно, онъ всѣхъ своихъ сыновей готовилъ все-таки къ военной карьерѣ, оставляя втунѣ ихъ природныя наклонности и способности къ другимъ, болѣе мирнымъ занятіямъ. И чуть ли не самымъ большимъ, во всякомъ случаѣ первымъ семейнымъ огорченіемъ для отца была явная непригодность къ военной службѣ старшаго сына, при чемъ онъ совершенно не замѣчалъ въ себѣ этого страннаго противорѣчія.

XXX.
Отецъ и кіевскія конфеты.

Мнѣ было около пяти лѣтъ, когда однажды отецъ поѣхалъ въ Кіевъ, кажется, для того, чтобы найти тамъ для насъ гувернантку, а также для полученія отцовскаго наслѣдства, оставшагося послѣ смерти мачехи. Вспоминаю, что мать какъ-то спросила меня, что я хотѣла бы, чтобы папа привезъ мнѣ. Я выразила желаніе, чтобы онъ привезъ мнѣ такую же черкеску, какъ была у Ляли. (Я всегда любила наряжаться въ костюмы моего брата). Мама на это замѣтила, что отецъ не ѣдетъ на Кавказъ, а въ Кіевѣ черкесокъ нѣтъ. „Ты опять за свое!" сказала она съ неудовольствіемъ. Очевидно, какъ позднѣе, такъ и тогда, я не любила игрушекъ. Этимъ я объясняю то, что когда отецъ пріѣхалъ изъ Кіева, я не помню, какіе мы отъ него получили подарки, а между тѣмъ, несомнѣнно, онъ привезъ намъ что-нибудь, по обыкновенію. Остался же у меня въ памяти привезенный имъ большой коробъ кіевскихъ конфетъ (засахаренныхъ фруктъ); запомнилось это особенно хорошо потому, что мнѣ пришлось за нихъ порядочно поплатиться. Ясно стоитъ въ памяти картина: въ гостиной днемъ пріѣхавшій отецъ горячо что-то разсказываетъ матери, сидящей на диванѣ. А я стою поодаль, на колѣняхъ, около стула, на которомъ стоитъ коробъ конфетъ. И я, наклонивъ его къ себѣ, выбираю мой любимый засахаренный кизиль и поѣдаю его безконечное количество. Ляля стоитъ около меня, хныкая и приставая, чтобы ему тоже дали. Но мама строго запрещаетъ ему ѣсть, говоря, что у него желудокъ не въ порядкѣ.

Послѣ этого вспоминаю, какъ въ ту же ночь я просыпаюсь съ страшными, и дотолѣ незнакомыми для меня, болями въ желудкѣ и сильнѣйшей тошнотой и рвотой. Потомъ, помню, какъ мнѣ дѣлаютъ припарки и даютъ отвратительную касторку, почему-то съ малиновымъ сиропомъ, послѣ чего меня рветъ еще сильнѣе. (Съ тѣхъ поръ мнѣ навсегда остался противнымъ запахъ малиноваго варенья.) Кажется, мнѣ пробовали давать касторку нѣсколько разъ подъ разными приправами, но всякій разъ безуспѣшно: мой желудокъ положительно не принималъ ее, и это было такъ мучительно, что я прямо ожесточилась на маму и на тетю Варю за то, что онѣ меня „все обманываютъ", и въ концѣ концовъ отказалась отъ нихъ принимать, что бы то ни было. И только изъ рукъ отца наконецъ согласилась проглотить кусочекъ льду.

Послѣ этого отецъ то и дѣло подходилъ ко мнѣ съ ложечкой со льдомъ, и я съ довѣріемъ продолжала его глотать, чувствуя облегченіе. Когда мнѣ стало лучше, отецъ принесъ мнѣ первую чашку бульона и вообще очень нѣжно и заботливо ухаживалъ за мной все время болѣзни. Долго послѣ того онъ любилъ вспоминать про этотъ эпизодъ и не безъ гордости разсказывалъ, что я только ему одному довѣряла, и что онъ нѣсколько дней самъ кормилъ и поилъ меня.

Этотъ случай послужилъ для меня урокомъ на всю жизнь. Я тогда же дала себѣ слово: никогда ничѣмъ не объѣдаться, и какъ это ни странно, но сдержала это слово на всю жизнь. Мало того, къ конфетамъ вообще и въ особенности къ знаменитымъ кіевскимъ конфетамъ Балабухи я навсегда получила полное отвращеніе.

XXXI.

Гувернантка. Начало обученія.

Первая гувернантка наша—Елизавета Алексѣевна С—ва—пріѣхала къ намъ изъ Кіева, когда мнѣ было лѣтъ пять. Она была институтская подруга старшей сестры нашей матери и славилась, какъ опытная воспитательница и преподавательница. Помню, какъ она, сидя въ маминой уборной, придвинувъ меня къ себѣ и держа за руки около своихъ колѣнъ, задаетъ мнѣ вопросы, пытливо всматриваясь въ меня, а я въ свою очередь съ любопытствомъ разглядываю ее. Это была маленькаго роста, уже не молодая дѣвушка, брюнетка, съ остренькимъ вздернутымъ носомъ и очень пристальнымъ взглядомъ большихъ, навыкатъ, стекловидно-голубыхъ глазъ. Ея взглядъ и ея голосъ сразу внушили мнѣ безотчетное чувство страха. И дѣйствительно, съ первыхъ же дней она проявила педантическую строгость по отношенію къ намъ, которая не могла привлечь къ себѣ дѣтскія сердца.

Чуть ли не въ первый же день пріѣзда она уже задала намъ пробный экзаменъ. Тутъ же въ угловой комнатѣ, около окна (на мѣстѣ маминаго туалета, перенесеннаго къ другому окну), былъ поставленъ для насъ ломберный столъ, на которомъ мы потомъ всегда занимались. Какъ сейчасъ помню, она дала мнѣ читать разсказъ о четырехъ временахъ года изъ какой-то своей толстой книжки въ зеленомъ бумажномъ переплетѣ. (До тѣхъ поръ я читала только по складнымъ буквамъ и, кажется, только-что начала по „Родному Слову"). Запомнила я это потому, что на первыхъ строкахъ попалось мнѣ слово: „солнце", которое мнѣ было очень трудно прочесть. И потомъ, прочтя его, я не могла понять, почему въ словѣ „солнце" попала буква л, когда ее при произношеніи совсѣмъ не слышно. И потому вначалѣ мнѣ все казалось, что дѣло идетъ о соли или вообще о чемъ-то соленомъ, а Елизавета Алексѣевна раздражалась на мое непониманіе. И я съ перваго же урока почувствовала, что не буду любить ее.

Писать я еще не умѣла, и вотъ она тутъ же, пока читалъ Ляля, заставила меня писать большія косыя палки, которыя мнѣ показались очень скучными и совсѣмъ непохожими на настоящія буквы. Я просидѣла очень долго надъ этими палками и, вѣроятно, написала ихъ очень скверно, потому что она осталась недовольна и задала мнѣ сейчасъ же вторую страницу такихъ же палокъ, надъ которыми я такъ устала, что чуть не заснула; помню, какъ я обрадовалась приходу отца, который положилъ конецъ нашему уроку, находя, что для перваго раза слишкомъ довольно.

Этотъ первый урокъ навсегда остался у меня въ памяти, вѣроятно, потому, что произвелъ на меня очень непріятное впечатлѣніе. И послѣдующіе уроки были въ томъ же родѣ.

Читать, положимъ, я научилась быстро и читала почти бѣгло и даже выразительно, чѣмъ сама Елизавета Алексѣевна была очень довольна. Но писаніе, собственно каллиграфія, было для меня просто мукой, не знаю ужъ,—потому ли, что мнѣ трудно давались очертанія буквъ, или потому, что трудно было угодить моей учительницѣ. Она была ужасная педантка и не признавала никакихъ смягчающихъ обстоятельствъ. Нечаянный неправильный росчеркъ или, сохрани Богъ, клякса или брызги чернилъ (мы писали гусиными перьями),—и она заставляла переписывать всю страницу, а иногда и двѣ, по два и по три раза до полнаго моего изнеможенія. Къ брату Лялѣ она относилась болѣе снисходительно, вслѣдствіе его больной руки, всегда очень дрожавшей.

Съ Елизаветой Алексѣевной также мы начали и говорить и читать по-французски. Помню я книгу діалоговъ, которые она заставляла насъ учить на память большими порціями. Эту книгу я просто возненавидѣла, такъ какъ фразы эти совсѣмъ не были приспособлены для дѣтскаго пониманія. И мнѣ положительно не давалось заучиванье ихъ напамять, хотя стихи и басни, какъ русскіе, такъ и французскіе, мнѣ давались очень легко.

За эти діалоги мнѣ часто доставалось отъ нея, и, помню, изъ-за нихъ я первый разъ въ моей жизни была наказана стояніемъ въ углу. Сначала я совершенно не понимала смысла этого наказанія, оно меня не столько оскорбляло, сколько утомляло лишеніемъ свободы и однообразіемъ положенія. Почему-то она посылала меня всегда становиться въ маминой спальнѣ за дверью столовой между простѣнкомъ и Лялиной кроватью. (Ляля спалъ въ это время у матери,—кажется, по случаю пріѣзда тетокъ, помѣстившихся въ дѣтскихъ). И тамъ я, уставъ стоять, взбиралась на спинку Лялиной кровати и, опираясь руками объ стѣнку, довольно удобно просиживала такъ чуть ли не цѣлыми часами. Она не хотѣла меня выпускать до тѣхъ поръ, пока я не попрошу прощенія. А я не понимала, за что просить прощенія, такъ какъ искренно не помню, чтобъ намѣренно когда-нибудь оскорбила ее, а быть-можетъ, и просто изъ чувства упрямства и врожденной гордости не могла себя заставить повиниться. Поэтому она больше любила Лялю, который очень легко плакалъ и винился даже, въ чемъ, кажется, и виноватъ не былъ. Помню, какъ онъ, бывало, за урокомъ жалобно, со слезами говоритъ: „Мнѣ это трудно. Я не могу". И она, какъ мнѣ кажется, больше за хныканье или желая его пріучить быть болѣе мужественнымъ, наказывала его стояніемъ въ углу. И когда онъ все-таки продолжалъ плакать, она говорила строго: „Перестань плакать, тогда выпущу". Онъ начиналъ жалобно просить прощенія, десять разъ повторяя: „Я не буду, право же, не буду". Наконецъ, она его выпускала, но онъ очень скоро изъ-за какого-нибудь пустяка опять начиналъ плакать. Меня же она называла упрямицей и гордячкой. Я же все-таки предпочитала стоять въ углу и „думать", какъ я называла это.

Помню Лялю стоящимъ въ углу столовой около печки. Онъ, бывало, жалуется, что скучно стоять въ углу, а я ему совѣтую:

— А ты думай о чемъ-нибудь, тогда не будетъ скучно.

И мнѣ, дѣйствительно, кажется, что эти подневольныя стоянки въ углу пріучили меня впервые сосредоточенно, спокойно думать; по крайней мѣрѣ, съ этого времени, я впервые помню себя думающей наединѣ сама съ собою о разныхъ интересовавшихъ меня предметахъ или фантазирующей на сказочныя темы. Я, конечно, привожу это не для того, чтобы оправдать этотъ безсмысленный способъ наказанія.

Но, разумѣется, я никогда не думала про свои прегрѣшенія и ни разу не помню въ себѣ чувства раскаянія во время отбыванія этого наказанія. Какъ теперь, такъ и тогда, я одинаково ненавидѣла всякаго рода наказанія и насилія надъ собой.

Мои стоянія въ углу обыкновенно кончались тѣмъ, что приходилъ отецъ и выпускалъ меня на свободу.

— Бѣги, бѣги, промнись!—говорилъ онъ и посылалъ меня въ залу или на дворъ.

Кромѣ того, онъ, вообще, считалъ, что гувернантка насъ слишкомъ долго держитъ за урокомъ. И изъ-за этого у него часто происходили столкновенія съ ней. Она находила, что онъ балуетъ насъ, и въ особенности меня, а онъ отзывался о ней какъ о сухой педанткѣ. Мама служила буферомъ между ними, что было не легкой задачей въ виду горячаго характера какъ отца, такъ и гувернантки. Оба они вели себя несдержанно и нетактично, при насъ, дѣтяхъ, устраивая сцены другъ другу, что, разумѣется, не способствовало упроченію нашего уваженія и довѣрія къ учительницѣ. Но, дѣйствительно, она насъ замучивала долгими сидѣніями за уроками, очень часто не спуская съ мѣста по два и по три часа подъ рядъ, такъ что я помню, какъ, вставая со стула, съ трудомъ, бывало, передвигаешь ноги, совершенно отекшія, и какъ папа заставлялъ насъ прыгать то на одной, то на другой ногѣ кругомъ залы, чтобы размять члены. Отъ долгаго и неправильнаго (какъ говорилъ отецъ) сидѣнія во время писанія у меня часто разбаливалась спина, а Леонида я часто помню лежащаго съ компрессами на головѣ. Маленькій же Володя только-что началъ ученіе и занимался, конечно, гораздо меньше, но все же такъ уставалъ, что частенько, склонившись надъ тетрадкой, разлинованной въ клѣтку, въ которой онъ царапалъ карандашомъ палочки, засыпалъ вдругъ внезапно крѣпчайшимъ сномъ. Это бывало уморительно. Онъ пишетъ-пишетъ и вдругъ клюнетъ носомъ и всхрапнетъ. Елизавета Алексѣевна въ негодованіи срывается съ мѣста и начинаетъ трясти его, заставляя проснуться, но обыкновенно кончалось тѣмъ, что она принуждена была выпроваживать его въ дѣтскую или же ставила въ уголъ за дверь, гдѣ онъ, склонившись на колѣни, такъ же сладко засыпалъ.

Даже терпѣливая, кроткая няня, никогда никому не говорившая худого слова, однажды не выдержала и, войдя къ намъ во время урока, который затянулся очень долго, и найдя Володю въ углу на колѣняхъ, а Леонида громко плачущимъ—не вытерпѣла и стала уговаривать Елизавету Алексѣевну „не мучить дѣтей такъ долго". Пылкая, самолюбивая гувернантка ужасно разсердилась, затопала ногами и, указывая на дверь, кричала на няню, что-то въ родѣ: „Вонъ, вонъ, холопка!" Няня вдругъ повернулась и, проговоривъ: „Тьфу, азіатка! Право слово, азіатка!"—вышла изъ комнаты. Я какъ сейчасъ помню ея фигуру, удаляющуюся неторопливой походкой, съ нѣкоторой важностью, откинувъ голову назадъ.

Разумѣется, бѣдная Елизавета Алексѣевна мучила насъ не изъ желанія мучить. Она была вовсе не злая женщина. Но просто вслѣдствіе своей необыкновенно ретивой добросовѣстности и, какъ мнѣ кажется, своего рода честолюбія. Ей хотѣлось достичь съ нами блестящихъ успѣховъ въ своемъ преподаваніи, чтобы она „могла гордиться своими учениками", какъ она сама говорила. Для поощренія нашего прилежанія, стараясь дѣйствовать на наше самолюбіе, она разсказывала намъ о своихъ прежнихъ ученикахъ съ какими-то геніальными способностями, поражавшими потомъ на экзаменахъ въ учебныхъ заведеніяхъ своими блестящими познаніями.

Должна, однако, замѣтить, что тѣлесныхъ наказаній она никогда не употребляла. Но зато дисциплинарныя взысканія считала обязательными и неизбѣжными, въ полную противоположность моему отцу, который предпочиталъ сорвать сердце, ударивъ или выдравъ за уши, но никогда не могъ наказывать хладнокровно. Мать наша, кажется, поддавалась вліянію Елизаветы Алексѣевны, въ особенности вначалѣ, такъ какъ, будучи еще молода, считала ее болѣе опытной въ педагогикѣ, а можетъ-быть, отчасти и уступая ей по мягкости характера. Сама же она никогда насъ не наказывала; тѣмъ не менѣе я, да и братья, слушались ее почти безпрекословно.

Елизавета Алексѣевна, вообще, была увлекающаяся особа. И какъ часами она увлекалась преподаваніемъ, такъ же точно она увлекалась и прогулками съ нами, опять-таки съ педагогической цѣлью,—чтобы пріучить насъ ко всякой непогодѣ, къ дурнымъ дорогамъ, къ быстрой ходьбѣ и прочее. Поэтому она, несмотря ни на какую зимнюю стужу или вѣтеръ, водила насъ гулять на долгія прогулки безъ отдыха.

Обыкновенно мы уходили сейчасъ же послѣ ранняго обѣда и возвращались, когда уже темнѣло. Я, какъ здоровый ребенокъ, выносила это совершенно легко и даже не безъ удовольствія. Мнѣ только не нравилась эта однообразная безостановочная ходьба, и досадно иногда бывало, что она не разрѣшала поиграть въ снѣжки или покататься на салазкахъ съ горы и прочее. Все это она находила баловствомъ и негигіеничнымъ развлеченіемъ, а надо было только ходить и ходить.

Бѣдный, слабый Ляля всегда раскисалъ и насилу тащилъ ноги, почти всю дорогу плача и жалуясь на усталость и боль въ ногѣ, а маленькій, толстый, какъ пузырь, Володя, который казался еще толще въ своемъ полушубкѣ, едва поспѣвалъ за нами, кряхтя и отставая.

Однажды, во время прогулки пошла метель, и мы чуть ли не сбились съ дороги въ полѣ. Мы шли очень скоро, такъ какъ уже начинало темнѣть. Не только братья, но и я запыхалась и устала и, соображая, что мы заблудились, боялась, однако, плакать или пожаловаться,—какъ вдругъ Володя шлепнулся въ глубокій мягкій сугробъ снѣга и рѣшительно отказался итти дальше, говоря, что хочетъ спать. Онъ не плакалъ и не жаловался, но упорнымъ баскомъ твердилъ:

— Хочу бай-бай...

Елизавета Алексѣевна пробовала его убѣдить, стыдить,

угрожать, что онъ замерзнетъ, если заснетъ тутъ же на снѣгу, но все это не производило на него никакого впечатлѣнія. Мнѣ казалось, что онъ почти спитъ уже отъ усталости. Помню, это было гдѣ-то за окраинами Дубовки, около глухихъ заборовъ, кажется, какихъ-то дровяныхъ складовъ. Кругомъ не было видно ни жилья, ни проѣзжихъ. Поднять на руки 4-хъ-лѣтняго толстяка Елизавета Алексѣевна, конечно, была не въ силахъ, и вотъ ей пришлось насильно взять его подъ руку и волочить. Я и Леонидъ поочередно помогали ей тащить его подъ другую руку. Я только отдѣльными моментами запомнила этотъ эпизодъ, который здѣсь связываю въ одно. Но картина, какъ мы тащили подъ гору соннаго Володю, свѣсившаго голову и волочащаго ноги по снѣгу, живо стоитъ въ моей памяти, и при этомъ мы съ Лялей радуемся, что уже близко до дому.

Повидимому, дома безпокоились о насъ и, кажется, высылали за нами санки, которыя, однако, разминовались съ нами,—сужу по тому, что бѣдной Елизаветѣ Алексѣевнѣ очень досталось отъ отца нашего. И кажется, послѣ этого приключенія Елизавета Алексѣевна уже не рѣшалась болѣе заходить съ нами такъ далеко.

Помню также, какъ иной разъ, то тетя Варя, то няня оттираютъ снѣгомъ обмерзшія щеки Лялѣ и Володѣ. Запомнилось мнѣ и то, какъ, вѣроятно, для предохраненія отъ отмораживанія, передъ прогулкой намъ смазывали лица гусинымъ жиромъ. Въ тотъ годъ, должно быть, была лютая зима.

Теперь въ моемъ воспоминаніи все пребываніе Е. А—ны сливается у меня въ скучный, монотонный день: съ утра вплоть до обѣда, т.-е. отъ 8—12 или 1 ч., занятія безъ передышки (если не вмѣшается отецъ), послѣ ранняго обѣда сейчасъ же продолжительныя прогулки, отъ которыхъ мы такъ уставали, что почти засыпали (какъ говорила мать) за раннимъ ужиномъ, и послѣ ужина уже не имѣли охоты ни играть, ни заниматься чѣмъ-либо другимъ, а шли тотчасъ же спать. И такъ изо дня въ день. Она также запрещала намъ общеніе съ прислугой и простонародьемъ, оберегая насъ отъ грубыхъ и неприличныхъ словъ и стараясь внушать намъ привычки и манеры „благороднаго" воспитанія: учила меня дѣлать реверансъ, братьевъ—шаркать ножками; между прочимъ, помню, она и тетя Варя показывали намъ, какіе глубокіе реверансы дѣлаютъ въ институтахъ при встрѣчахъ высокопоставленныхъ особъ. За столомъ не позволяла облокачиваться, а за урокомъ заставляла сидѣть на табуреткахъ, чтобы мы не могли прислоняться къ спинкамъ и прочее. Ко всему этому я чувствовала какое-то необъяснимое въ то время, безсознательное отвращеніе, но почему-то покорялась всему почти безъ протеста,—должно быть, изъ чувства довѣрія къ матери. Одно мнѣ казалось обиднымъ и несправедливымъ—это то, что насъ совсѣмъ отдѣлили отъ няни, и мнѣ кажется, что, въ эти дѣтскіе годы, единственнымъ упрекомъ въ моемъ сердцѣ противъ матери было именно это, какъ мнѣ казалось, несправедливое предпочтеніе: „Вѣдь няня гораздо лучше, добрѣе, чѣмъ Елизавета Алексѣевна, и больше насъ любитъ",—думалось мнѣ. Елизавета Алексѣевна пробыла у насъ болѣе года, но я почему-то запомнила только зимнее время ея пребыванія. По разсказамъ знаю, что отецъ, да и мать, все чаще и чаще приходя въ столкновеніе съ нею по поводу ея воспитательныхъ пріемовъ, наконецъ рѣшили разстаться съ нею.

Я не помню подробностей ея отъѣзда, но, конечно, не испытывала ни малѣйшаго сожалѣнія при разставаніи съ нею, такъ какъ, несмотря на довольно продолжительный срокъ ея пребыванія, мы не успѣли къ ней привязаться.

Наоборотъ, хорошо помню праздничное настроеніе и радостное чувство свободы послѣ ея отъѣзда, которое овладѣло мной, когда мы опять попрежнему могли бѣгать повсюду и играть, какъ намъ вздумается. Казалось, что мы давно-давно не видали берега рѣки, не играли тамъ въ пароходы; казалось, давно-давно не лазали на гору къ хлѣбному амбару. (Послѣ пожара, вновь отстроенный, онъ служилъ для ссыпки зерна, но мы по привычкѣ все звали его „рыбнымъ". Знаю это потому, что отъ него уже не несло прежней рыбной вонью, о чемъ моя мать не разъ высказывалась съ удовольствіемъ.) И съ какимъ удовольствіемъ, забравшись наверхъ по скользкой крутой горѣ, мы опять и опять скользили внизъ, увлекая за собой массу мелкихъ гладкихъ камешковъ, шумъ которыхъ я очень любила, и который всегда казался мнѣ какой-то веселой болтовней.

Помню также, какъ мнѣ нравилось видѣть отца необыкновенно веселымъ, добрымъ и принимающимъ участіе въ нашихъ играхъ. Помню, какъ я на радостяхъ, обнимая мать, обѣщала ей и безъ гувернантки прилежно учиться и также твердила это сама себѣ, совершенно сознательно и искренно, такъ какъ, въ сущности, ученіе мнѣ давалось очень легко, а прилежанія и усидчивости было достаточно въ моемъ характерѣ, такъ что это намѣреніе мнѣ не трудно было привести въ исполненіе и на дѣлѣ. Я очень любила уроки съ матерью, и потому и впослѣдствіи всегда была недовольна, когда она, по причинѣ болѣзненности и массы другихъ заботъ, должна была брать для насъ гувернантокъ. Ни одна изъ нихъ меня не удовлетворяла, такъ какъ ихъ уроки, по моему мнѣнію, совершенно не выдерживали сравненія съ уроками матери. Но къ этому, однако, я еще надѣюсь вернуться въ дальнѣйшихъ воспоминаніяхъ.

XXXII.
Вліяніе первыхъ книгъ и картинъ.

До семилѣтняго возраста я какъ-то плохо разбиралась, да, кажется, и совсѣмъ не разбиралась въ томъ, что есть правда, а что вымыселъ въ прочитанныхъ и слышанныхъ мною разсказахъ. Весь міръ мнѣ представлялся полнымъ чудесъ, и, наоборотъ, всѣ вымыслы казались правдоподобными. Быть-можетъ, это было еще безсознательное художественное чувство, для котораго и сказка имѣетъ цѣнность правды. Поэтому я съ одинаковымъ удовольствіемъ слушала всевозможныя сказки и разсказы, хотя книгъ въ томъ возрастѣ у насъ было очень мало.

Первая и единственная книга была „Родное Слово"; она доставляла намъ долгое время умственную пищу и знакомила насъ со многими понятіями, которыя, не будь ея, вѣроятно, надолго еще остались бы для насъ чуждыми и неизвѣстными, благодаря условіямъ жизни, въ которыхъ мы росли. Въ нравственномъ же смыслѣ, главное, чему я обязана этой книжкѣ— это ея демократическому духу, въ которомъ она составлена. Эта книга, послѣ няни, болѣе всего вліяла на меня въ этомъ направленіи. Изъ нея я почерпнула первое знакомство съ жизнью крестьянской деревни. По ней я научилась уважать трудъ земледѣльца; впрочемъ, надо отдать справедливость моимъ родителямъ, что и они внушали мнѣ то же самое. Слова отца: „Россія—страна преимущественно земледѣльческая", или: „Мужицкимъ трудомъ вся Россія живетъ",—запомнились мнѣ съ раннихъ лѣтъ, хотя въ то время я была слишкомъ мала, чтобы разсуждать объ этомъ, и принимала это по-дѣтски на вѣру, какъ это и слѣдуетъ быть, такъ что эти понятія всосались, какъ говорятъ, почти съ молокомъ матери и легли въ основу моихъ взглядовъ на окружающую жизнь. Въ этомъ-то и заключается огромное воспитательное значеніе такихъ книгъ, какъ „Родное Слово".

Кромѣ „Роднаго Слова" и „Дѣтскаго Міра" Ушинскаго, я помню только одну, которая была, кажется, первая книга, заключавшая въ себѣ одинъ „цѣлый" разсказъ, и который казался намъ очень длиннымъ, такъ какъ мы, вѣроятно, его долго читали. Это была книжечка подъ заглавіемъ „Приключенія бѣлки „Бобочки". Она производила на насъ сильнѣйшее впечатлѣніе и не прiѣдалась намъ въ теченіе нѣсколькихъ лѣтъ; по крайней мѣрѣ, я помню, что съ тѣмъ же, или даже съ бóльшимъ интересомъ и слезами перечитывала ее сызнова, будучи девяти лѣтъ, несмотря на то, что въ то время уже читала много другихъ книгъ. Странно, что сказки, которыя я такъ любила въ раннемъ дѣтствѣ, когда намъ ихъ разсказывала няня, какъ только начала читать сама достаточно хорошо и понимать настолько, чтобы различать вымыселъ отъ правды,—сказки потеряли для меня весь интересъ и привлекательность.

Мнѣ кажется, что впервые я почувствовала отрицательное и осудительное отношеніе къ сказкамъ съ тѣхъ поръ, какъ намъ стали разсказывать или читать такъ называемыя „волшебныя" сказки, въ переводѣ съ французскаго и нѣмецкаго. Такъ, напримѣръ, сказка о „Красной Шапочкѣ и волкѣ" произвела на меня отталкивающее впечатлѣніе, внушавшее прямо-таки отвращеніе, и хотя я и понимала уже, что все это выдумка, тѣмъ не менѣе она наводила на меня такой ужасъ, что я не разъ послѣ нея страдала ночью кошмарами. Помню, когда меня успокаивали, говоря, что глупо бояться сказки, выдумки, то я раздраженно говорила мамѣ:

— Зачѣмъ же и кто могъ выдумать такую скверную сказку?

Такой же ужасъ я испытала, слушая разсказъ про мальчика-съ-пальчика и людоѣда, но такъ какъ эта сказка кончается благополучно, то я мирилась съ ея содержаніемъ и, позднѣе, даже съ интересомъ перечитывала ее въ разныхъ варіантахъ. Но вообще я очень скоро остыла къ такого рода книжкамъ, и во мнѣ появилось нѣчто въ родѣ презрѣнія и даже враждебнаго чувства къ сказкамъ и выдумкамъ. И я вспоминаю даже чувство, похожее на обиду за себя, что я могла когда-то вѣрить такимъ „глупостямъ", и даже что-то въ родѣ упрека къ взрослымъ и между прочимъ къ нянѣ, которые какъ будто „обманывали" меня, разсказывая небылицы. Думаю, что это и было одной изъ причинъ уменьшенія во мнѣ интереса къ общенію съ няней. Быть-можетъ, здѣсь было отчасти вліяніе гувернантки, которая, какъ мнѣ помнится, относилась отрицательно къ сказкамъ вообще, а можетъ-быть, и рѣзко-осудительно именно къ нянинымъ народнымъ сказкамъ. Впрочемъ, утверждать этого навѣрно не могу, но теперь вспоминаю не безъ сожалѣнія о томъ, что мнѣ въ то время никто не сумѣлъ внушить правильнаго отношенія къ поэтическому вымыслу и что, вѣроятно, вслѣдствіе присущей мнѣ черты прямолинейности и, можетъ-быть, ригоризма (за который меня въ жизни многіе упрекали), я какъ бы намѣренно, искусственно вытравляла изъ себя дѣтскія влеченія къ сказкѣ и вообще къ чудесному во имя реальной правды, которая съ того самаго дѣтскаго возраста казалась мнѣ важнѣе всего на свѣтѣ. У меня явилась почти сознательно ненависть противъ самой даже невинной лжи. Ложь въ моихъ глазахъ стала самымъ страшнымъ грѣхомъ, а правдивость высшей добродѣтелью. Совѣсть мою не такъ мучилъ какой-нибудь недобрый мой поступокъ, если я обижала кого-нибудь, какъ неправдивый отвѣтъ, даже невольно сорвавшійся съ языка, иногда вслѣдствіе моего малодушія или, напримѣръ, чувства страха передъ отцомъ.

Упоминаю здѣсь про эту черту моего характера, такъ сказать, къ слову, но совсѣмъ не хочу этимъ сказать, что это понятіе или оцѣнка пробудилась во мнѣ только подъ вліяніемъ книгъ. Просто это была, я думаю, врожденная черта, унаслѣдованная отчасти отъ отца.

Въ этотъ первый семилѣтній періодъ я больше не помню никакихъ другихъ книгъ, которыя оставили бы хоть какой-нибудь слѣдъ въ моей памяти; вѣроятно, ихъ и не было больше у насъ.

Но помню еще очень ясно бывшій у матери какой-то художественный журналъ съ прекрасными гравюрами съ картинъ лучшихъ русскихъ художниковъ того времени; это былъ художественный альманахъ, въ видѣ толстой уже переплетенной книги формата in-quarto, но забыла его названіе. Многія картины этой книги отчетливо запечатлѣлись въ моей памяти, благодаря тому, что мы съ братомъ Леонидомъ разсматривали ихъ сотни разъ, обсуждая и толкуя ихъ по-своему; такъ что когда, много лѣтъ спустя, я увидѣла ихъ оригиналы въ залахъ петербургской академіи художествъ, Эрмитажа и московской Третьяковской галлереи, то сразу узнала многія изъ нихъ, какъ своихъ старыхъ знакомыхъ.

Я и сейчасъ могу перечислить нѣкоторыя, которыя почему-то болѣе всего запомнились мнѣ, а именно:

„Петръ и Алексѣй" Ге, — картина эта вызывала во мнѣ чувство жалости къ несчастному царевичу (кажется, кто-то вкратцѣ разсказалъ содержаніе ея) и невольно наводила на сравненіе съ моимъ отцомъ и братомъ Лялей, о чемъ я, впрочемъ, никогда не рѣшалась вслухъ высказывать. Затѣмъ помню „Татьяну" Клодта, граціозный и задумчивый образъ которой привлекалъ мою симпатію еще гораздо раньше, чѣмъ я знала поэму Пушкина. Помню, что меня удивляло, почему она пишетъ на оконномъ стеклѣ все одно и то же: „О. да Е.", и я спрашиваю дядю Ваню и отца, а они смѣясь говорятъ что-то въ родѣ того, что когда я выросту такая большая, какъ Татьяна, то буду продѣлывать то же самое, и это меня обижало: „Неужели они думаютъ, что я стану глупѣе, чѣмъ теперь, когда выросту большая".

Въ томъ же журналѣ, я помню, была картина „Пріѣздъ жениха" или „Невѣста въ купеческомъ домѣ", гдѣ женихъ — офицеръ, виденъ въ дверяхъ прихожей, закручивающимъ усы. Я отъ всей души сочувствовала вырывающейся изъ рукъ свахи невѣстѣ, которую, какъ я полагала, выдаютъ насильно замужъ. Я думаю, что не ошибаюсь, предполагая, что именно эта картина одновременно вызвала во мнѣ и любопытство, и страхъ къ понятію, связанному со словомъ „женихъ" (о чемъ я разсказала выше).

Затѣмъ особенной нашей симпатіей пользовалась картина Якоби (забыла точное названіе), кажется: „По этапу", изображающая пересылаемыхъ въ Сибирь преступниковъ, на которой привлекало къ себѣ наше вниманіе ужасное, страдальческое выраженіе умирающаго, лежащаго на телѣгѣ. Куча вопросовъ возникала въ нашихъ головахъ, глядя на эту картину: „Зачѣмъ? Куда они ѣдутъ? Что они сдѣлали и за что ихъ прогоняютъ въ Сибирь?" Кто-то говоритъ, что это поляки, что они противъ царя бунтовали, и мы стараемся себя увѣрить, что это дурные люди. Но чувство жалости все-таки преобладаетъ, въ особенности, когда няня, разсматривая съ нами эту картину, приговариваетъ:

— Сердешные, болѣзные, ишь, какъ измаялись!

И я вижу слезы на глазахъ няни и дѣлюсь съ Лялей своими мыслями: "Значитъ, это и вправду такъ было".

Очень интересовала насъ также картина Мясоѣдова: "Гришка Отрепьевъ" (выскакивающій изъ окна корчмы). Мы съ Лялей много разсуждали по ея поводу. Глядя на нее, я задавала себѣ вопросъ: хочу ли я, чтобы онъ удралъ, или чтобъ его поймали. Во мнѣ боролись два чувства: съ одной стороны, какъ бы любованіе его удалью и сочувствіе къ нему, какъ къ преслѣдуемому, которому хотятъ причинить зло,— съ другой стороны, взрослые говорятъ, что онъ былъ самозванецъ и привелъ поляковъ на Москву, и вотъ—ножикъ у него, значитъ, онъ разбойникъ и надо его поймать. Но глядя на окружающія его лица,—этихъ толстыхъ, грубыхъ монаховъ, которые мнѣ казались противными, глупыми и, навѣрное, злыми, мои симпатіи все-таки склонялись на сторону Гришки.

Затѣмъ помню еще одну картину, не потому, что она нравилась мнѣ, какъ предыдущія, но именно потому, что она была противна мнѣ, и я никакъ не могла понять, какъ это умные взрослые люди могутъ рисовать такія глупости и помѣщать въ книгу вмѣстѣ съ такими хорошими картинами. Это были двѣ картины художника Нэффа "Нимфы" или "Купальщицы". Въ особенности одна изъ этихъ нимфъ или купальщицъ запомнилась мнѣ, сидящая спиной, обернувшись лицомъ къ зрителямъ и съ лукавымъ взглядомъ грозящая пальцемъ кому-то. Я ее называла "хитрой", "противной" и каждый разъ, дойдя до этой картины, награждала ее щелчками. Красоты нагого тѣла я, конечно, совершенно не понимала, но и настоящаго чувства стыда я еще не знала, хотя я вѣрила (по словамъ взрослыхъ), что стыдно ходить раздѣтымъ, голымъ, но не понимала настоящаго значенія этого, а сама себѣ объяснила, что "потому и стыдно, что некрасиво, безобразно". И я до сихъ поръ не могу отдѣлаться отъ этого отношенія къ голому тѣлу, которое мнѣ всегда искренно кажется скорѣе безобразнымъ, чѣмъ красивымъ (кромѣ развѣ дѣтскаго тѣла).

Вотъ 40 лѣтъ прошло съ тѣхъ поръ, и этой книги я никогда потомъ не встрѣчала. Но я совершенно увѣрена, что именно эти картины были въ ней (хотя я запомнила, вѣроятно, не всѣ), такъ сильно запечатлѣлись онѣ въ моей памяти и заставили работать мой умъ и сердце въ 6-тилѣтнемъ возрастѣ. Это обстоятельство было для меня всегда неопровержимымъ доказательствомъ важнаго и сильнаго вліянія художественныхъ произведеній на ребенка въ дѣлѣ его воспитанія въ противоположность ходячей современной теоріи, доказывающей не только безвредность, но необходимость знакомить дѣтей со всѣми сторонами жизни, безъ разбора, не сообразуясь съ возрастомъ. Я же благодарю Бога, что мои родители придерживались другихъ взглядовъ и, сами живя чистой, скромной жизнью, очевидно, оберегали наши дѣтскія души отъ развращеннаго вліянія нечистыхъ и грубыхъ изображеній.

XXXIII.
„Много будешь знать, скоро состаришься".

Стараясь быть вполнѣ добросовѣстной въ описаніи моего дѣтства и не желая скрывать ничего, я, однако, рѣшительно ничего не могу разсказать, что хоть сколько-нибудь соприкасалось бы съ такъ называемой областью чувственности,—однимъ словомъ, ни одного внѣшняго случая, который наводилъ бы дѣтское воображеніе на скверныя мысли, ни какой-нибудь черты характера или поступка, которые вызывали бы краску стыда при воспоминаніи. А между тѣмъ, я не могла бы забыть ничего подобнаго, если бы что-либо въ этомъ родѣ имѣло мѣсто въ то время, какъ не могу забыть того единственнаго случая, въ которомъ я почувствовала какъ бы смутный намекъ на эту совершенно темную для меня область. И, вѣроятно, именно потому, что это былъ единственный случай, я и запомнила его такъ ясно, до мельчайшихъ подробностей.

Мнѣ было тогда уже шесть лѣтъ. Помню, мы съ Лялей играемъ въ столовой на полу,—кажется, строимъ кирпичики. За столомъ, съ неубранной еще посудой, сидятъ обѣ тетки, дядя Ваня и гувернантка Елизавета Алексѣевна. Они о чемъ-то говорятъ и смѣются, передавая другъ другу какой-то номеръ иллюстрированнаго, кажется, карикатурнаго журнала, который, должно быть, получался у насъ въ то время. Я бы, навѣрно, не обратила вниманія на ихъ смѣхъ и разговоры, какъ вообще никогда не обращала вниманія и не интересовалась разговорами взрослыхъ, которые мнѣ казались скучными и непонятными. (Мать говорила мнѣ не разъ, что при мнѣ можно было говорить о чемъ угодно,—я никогда не прислушивалась и не вмѣшивалась въ разговоры взрослыхъ, всегда какъ будто погруженная въ свое собственное занятіе или игру; вспоминала мать объ этомъ, сравнивая противоположные характеры—мой и Нелли, у которой всегда, какъ у насъ говорили, были „ушки на макушкѣ").

Но Ляля, бывшій любопытнѣе меня, сталъ приставать то къ одному, то къ другому изъ взрослыхъ, чтобы ему тоже показали „смѣшную картинку", и старался черезъ плечо кого-то изъ взрослыхъ заглянуть въ журналъ; они же отгоняли его прочь отъ стола, говоря что-то въ родѣ того, что это не для дѣтей. Я снова заигралась и, вѣроятно, никогда бы и не вспомнила про это, какъ вдругъ слышу,—Ляля окликаетъ меня. Поднявъ голову, я вижу, что взрослые уже ушли, а Ляля стоитъ у стола и, раскидавъ нѣсколько номеровъ журнала, потихоньку хихикая, манитъ меня къ себѣ, тыкая пальцемъ въ страницу. Я подошла къ столу и стала разглядывать картинку, которая, не знаю почему, такъ отчетливо врѣзалась въ мою память.—На ней былъ изображенъ крупный мотылекъ, летящій по направленію къ цвѣтамъ,—и больше ничего. Сначала я ничего больше и не разобрала въ этой картинкѣ и съ удивленіемъ спрашивала Лялю:

— Что жъ тутъ смѣшного?

— Да ты посмотри,—говоритъ онъ,—какой мотылекъ.

И тутъ я вижу, что у мотылька человѣческая голова и большіе черные усы, а въ каждомъ цвѣткѣ сидятъ маленькія женскія фигурки (кажется, голыя). (Уже будучи взрослой, я узнала, что это была каррикатура, вѣроятно, на высокопоставленное лицо, о которомъ ходили слухи по поводу его частыхъ посѣщеній институтовъ.)

— Но зачѣмъ такъ нарисовано? Вѣдь такъ не бываетъ?— говорю я,—и ничего тутъ смѣшного нѣтъ.

— А небось, большіе какъ смѣялись,—значитъ, смѣшно.

Должно быть, мнѣ стало досадно на себя за то, что я чего-то не понимаю, и на него, такъ какъ, мнѣ казалось, что онъ смѣется только изъ подражанія взрослымъ, и я стала дразнить его:

— А ты обезьяна, обезьяна!

На этомъ насъ вдругъ прерываютъ возгласы тети Вари и Елизаветы Алексѣевны. Онѣ, вѣроятно, услыхали изъ сосѣдней комнаты наши разсужденія и налетѣли на насъ, возмущенныя и негодующія.

— Кто вамъ позволилъ это брать? Какъ вы смѣли трогать безъ спроса? Ахъ вы, безстыдники! Фу, срамъ какой!

И обѣ онѣ тараторятъ и ворчатъ что-то о томъ, что это очень скверная картинка, и что дѣтямъ это стыдно смотрѣть.

— А почему стыдно? Что тутъ сквернаго?—допытываюсь я.

— Много будешь знать, скоро состаришься,—отрѣзываетъ мнѣ въ отвѣтъ тетя Варя.

Меня поражаетъ это изреченіе, и я потомъ часто мысленно возвращаюсь къ нему, стараясь понять его въ связи съ этой странной, „стыдной", какъ я прозвала ее про себя, картинкой. Но смыслъ ея такъ и остался теменъ для меня еще на нѣсколько лѣтъ; хоть не умомъ, а чутьемъ я чувствовала, что въ ней скрыто что-то скверное, нечистое. И потомъ, помню, не разъ чувствовала себя положительно несчастной тѣмъ, что не могла забыть ее, и что она нѣтъ-нѣтъ возвращалась въ моемъ воспоминаніи и какъ бы теребила мое любопытство, а позднѣе, когда я уже догадывалась кое о чемъ, вызывала во мнѣ отвращеніе къ этому чему-то ужасному, загадочному вмѣстѣ съ чувствомъ досады на взрослыхъ, которыхъ я въ душѣ прямо-таки осуждала: „Если это скверно, то зачѣмъ же они смѣются и зачѣмъ достаютъ смотрѣть такія картинки?"

Я совершенно увѣренно могу сказать, что за всѣ семь лѣтъ моей тогдашней жизни это былъ единственный случай такого характера, который, сейчасъ вспоминая, я иначе не могу назвать, какъ грязнымъ пятнышкомъ на свѣтломъ фонѣ моей чистой дѣтской жизни. И мнѣ искренно жаль, что окружавшіе меня взрослые не сумѣли тактично и разумно отнестись къ первому проявленію дѣтскаго любопытства въ этой области.

Я не хочу этимъ сказать, что отъ дѣтей надо скрывать все, касающееся области половой жизни. Напротивъ того, и по личному опыту, и по наблюденію, и много объ этомъ думая, я пришла къ убѣжденію, что чѣмъ раньше дѣтямъ будетъ открыта эта тайна жизни, тѣмъ лучше для нихъ. Но раскрываться эта область должна осторожно, постепенно и, главное, съ строго-серьезнымъ отношеніемъ къ предмету и притомъ лицомъ самымъ близкимъ и искренне любящимъ ребенка. Къ сожалѣнію, родители нашего поколѣнія придерживались другихъ взглядовъ и, наоборотъ, тщательно скрывали отъ дѣтей все, могущее навести ихъ на догадки и вопросы изъ этой области, рискуя тѣмъ, что дѣти сами невзначай натолкнутся на какой-нибудь случай или легкомысленный разговоръ, изъ котораго получатъ безобразное, отвратительное понятіе объ этихъ вещахъ. Разумѣется, это только развращаетъ ихъ воображеніе и чувство или внушаетъ имъ страхъ и отвращеніе, почти равносильное съ ненавистью, къ этой области. Первое, насколько я знаю, чаще случается; второе—рѣже. Но именно это-то и случилось со мною. То, что я до семи лѣтъ (и позднѣе—до 16 л.) была чистымъ и невиннымъ ребенкомъ, было только дѣломъ счастливой случайности, благодаря тому, что наша семья жила почти изолированно отъ внѣшняго міра въ первый періодъ моего дѣтства. Очень вѣроятно, что мать моя умышленно оберегала насъ отъ знакомства съ другими дѣтьми, боясь вліянія дурного товарищества. Но вотъ достаточно было только маленькаго, ничтожнаго случая, какъ эта пошлая каррикатура, попавшаяся мнѣ на глаза, и, главное, глупое аханье безтактныхъ щепетильныхъ старыхъ дѣвъ, чтобъ въ душу мнѣ запало это черное сѣмечко подозрѣнія. Впослѣдствіи я испытывала только напрасныя мученія, когда мнѣ самой,—безъ посторонней разумной помощи,—приходилось, отбрасывая, очищая отъ грязи, вырабатывать себѣ по этому вопросу здоровыя нравственныя понятія, безъ которыхъ жизнь мнѣ представлялась совершенно невозможной и даже отвратительной. Могу искренно, безъ всякаго преувеличенія или желанія похвалиться, сказать, что это была самая независимая сторона моего характера и внутренняго міра, которой я избѣгала дѣлиться или совѣтоваться съ другими вслѣдствіе какой-то врожденной сдержанности въ этой области.

XXXIV.

Водовозъ „Мишка" о Христѣ.

Однажды, вспоминая Дубовку въ разговорѣ съ матерью, когда мы съ братомъ Леонидомъ были уже подростками (мы, вообще, очень любили вспоминать съ матерью и отцомъ наше дѣтство и особенно раннее дѣтство), я, между прочимъ, сказала мамѣ, что помню какого-то работника Мишку, мужика въ красной кумачевой рубахѣ и сѣрой жилеткѣ. Мать стала припоминать и говоритъ: „Нѣтъ, у насъ никакого Мишки въ Дубовкѣ не было". Тогда Леонидъ подтвердилъ, что и онъ помнитъ Мишку, и даже разсказалъ эпизодъ съ какой-то бочкой или боченкомъ: какъ Мишка катитъ боченокъ по двору, и обручи свалились и раскатились. И оттуда вылилось, какъ ему кажется, красное вино. И всѣ кругомъ очень смѣялись. А папа и смѣялся, и бранилъ Мишку: „Экій дуракъ!.. Экій дуракъ!.."

(Передаю это со словъ брата, какъ это осталось у меня въ памяти съ тѣхъ поръ).

Мама очень удивилась.

— Не можетъ быть, чтобы вы могли помнить это. Действительно, былъ у насъ Мишка, папинъ денщикъ, но это было не въ Дубовкѣ, а на Царскихъ Колодцахъ (мѣстечко на Кавказѣ, гдѣ родился Леонидъ).

Мать говорила, что меня увезли оттуда пятимѣсячной, а Леонида двухъ лѣтъ. Такъ что Леонидъ, можетъ-быть, смутно могъ еще что-нибудь помнить, у меня же, вѣроятно, изъ подражанія брату осталось это слово „Мишка", которое впослѣдствіи, когда я уже стала говорить, слилось у меня съ понятіемъ „мужикъ". И мнѣ кажется, что я такъ же, какъ братъ Леонидъ (въ Дубовкѣ, когда мы начали говорить), всѣхъ мужиковъ, какихъ видала у насъ во дворѣ, то-есть кучера, дворника и прочихъ, называла „Мишкой".

И вотъ помню нашего водовоза (онъ же — и конюхъ, и дворникъ, по всей вѣроятности, но я его помню въ роли водовоза) мы звали „Мишкой", хотя его имя было совсѣмъ другое, какое-то мудреное, не то Харлампій, не то Ферапонтъ, которое мы съ матерью такъ и не могли вспомнить.

Онъ былъ наивно-веселый парень, съ русой бородкой, съ здоровымъ, румянымъ лицомъ и часто насъ забавлялъ, то дѣлая намъ изъ бузины свистульки, то возя насъ на бочкѣ, когда ѣхалъ на рѣку за водой. Я его помню лучше, чѣмъ нашего кучера, Ивана, который, мнѣ кажется, былъ не очень привѣтливаго нрава, и, вѣроятно, даже я его немного побаивалась, а потому не помню никакого личнаго общенія съ нимъ. (Помню его пьянымъ, и, кажется, онъ былъ буенъ во хмелю.)

Водовозъ же, кромѣ того, пѣлъ намъ деревенскія пѣсни и разсказывалъ намъ разныя новости всего околотка. Яснѣе всего я помню его въ слѣдующей сценѣ.

Это было уже незадолго до нашего выѣзда изъ Дубовки, кажется, вскорѣ послѣ того, какъ отъ насъ уѣхала гувернантка, Елизавета Алексѣевна. Вѣроятно, мнѣ шелъ тогда седьмой годъ.

Помню, мы вышли съ Лялей на крыльцо. Былъ какой-то праздничный день. Сужу объ этомъ потому, что нашъ водовозъ былъ одѣтъ по-праздничному, въ бархатной поддевкѣ сверхъ красной рубахи. Я знала, что онъ одѣвался такъ только въ праздники. Стоялъ онъ около бочки, только-что привезя съ рѣки воду, и распрягалъ лошадь. Кажется, что, завидѣвъ насъ, онъ поманилъ насъ къ себѣ, обѣщая что-то показать. Мы побѣжали къ нему черезъ дворъ. Должно быть, онъ выразилъ намъ сочувствіе по поводу того, что уѣхала наша гувернантка.

— Это хорошо. Теперь вамъ послободнѣй будетъ. А то и вправду, чисто какъ въ плѣну держала.

Передать въ точности его слова теперь я, конечно, не могу, но увѣрена, однако, что съ этимъ разговоромъ у меня связано воспоминаніе о томъ, что какъ будто въ первый разъ я отдала себѣ отчетъ, что это, дѣйствительно, было такъ.

Затѣмъ помню, онъ говоритъ что-то въ родѣ того, что былъ на ярмаркѣ, и прибавляетъ, что „знатную штуку досталъ". И, зайдя подъ навѣсъ, онъ выноситъ оттуда скрученный свертокъ бумаги и, развернувъ ее передъ нами, съ гордостью говоритъ:

— Вотъ онъ,—нашъ-то Царь Небесный.

Должно быть, это была лубочная, очень ярко разрисованная картина съ изображеніемъ Христа, въ красно-синей мантіи, съ рыжеватой бородкой и, кажется, въ коронѣ, отпечатанной густой золотистой краской.

Сначала мы не догадались, кто это, и спросили:

— Какой это царь?

Онъ тогда иронически говоритъ:

— Нешто не знаете? Царь нашъ небесный—Господь, Іисусъ Христосъ.

Говоритъ онъ торжественно,—какъ мнѣ представляется теперь,—и прибавляетъ:

— Самый настоящій образъ, самый вѣрный... Отродясь еще не видывалъ такого похожаго.

Онъ именно употребилъ такое выраженіе, по которому выходило, что образъ очень „похожъ" на Іисуса Христа.

И это насъ особенно удивляетъ:

— А ты почему знаешь, что похожъ?—спросилъ кто-то изъ насъ.—Ты развѣ его видалъ?

— Ну вотъ, гдѣ же намъ видать? Видать-то не видалъ, а знаю: какъ въ писаніи сказано, такъ и выходитъ, что совсѣмъ похожъ.

Мы все-таки недоумѣваемъ, потому что уже читали въ то время священную исторію и совершенно не помнили, чтобы гдѣ-нибудь было описаніе наружности Христа. И мы высказываемъ ему это свое недоумѣніе.

— Должно быть, васъ гувернанка не по-настоящему учила,—замѣчаетъ онъ иронически.—Али у васъ евангеліе не православное?

И онъ сказалъ, что хотя самъ и не грамотенъ, но ему читалъ евангеліе одинъ странникъ, и притомъ „евангеліе самое настоящее, изъ Іерусалима", гдѣ сказано, что Христосъ былъ „съ русой бородкой, свѣтлымъ ликомъ и голубыми очами. Ну, словомъ, какъ есть русскій, православный *хрестіанинъ*".

Это опять вызываетъ у насъ недоумѣніе. Мы не то что сомнѣваемся въ его словахъ: у насъ и тѣни нѣтъ отнестись къ нимъ критически или съ насмѣшкой. Помню въ себѣ только чувство удивленія по поводу того, что—какъ же это Мишка знаетъ такія вещи, про которыя намъ никто изъ взрослыхъ еще не говорилъ до сихъ поръ. Однако я робко высказываю ему свое сомнѣніе, говоря, что по священной исторіи выходитъ, что Христосъ былъ изъ рода Давидова, а Давидъ былъ іудейскій царь.

Мишкѣ это не нравится, и онъ почти сердито прерываетъ:

— Что жъ по-твоему: жидъ онъ былъ, что ли?—И добавляетъ что-то о томъ, что „жиды" его потому и распяли, что онъ былъ не ихній.

Это слово „жидъ" я слышала въ первый разъ, именно отъ него. И я помню, что тогда же обратилась за разрѣшеніемъ своего сомнѣнія къ матери.

Спрашивала ли я няню объ этомъ? Вѣроятно—да, но я не помню ничего; по всей вѣроятности, няня отослала меня къ матери за объясненіемъ, такъ какъ послѣдніе годы она, помнится, съ нами была сдержанна и держала себя въ отдаленіи отъ насъ, какъ ей, вѣроятно, было внушено поступать съ тѣхъ поръ, какъ гувернантка появилась въ домѣ.

Мать, не помню, въ какихъ выраженіяхъ, дала мнѣ какое-то объясненіе, должно быть, однако, не вполнѣ удовлетворившее меня, по которому выходило, что хотя онъ и былъ не русскій родомъ, но все-таки не еврейской вѣры и потому скорѣе православный.

Въ раннемъ дѣтствѣ, конечно, понятіе христіанства, православія и русской національности соединялись въ одно. Кромѣ того, мать, вѣроятно, не желая слишкомъ рѣзко выражаться о невѣжествѣ Мишки, прибавила мнѣ что-то въ родѣ того, что многіе въ народѣ такъ вѣрятъ, — „ну и пускай всякій вѣритъ, какъ ему хочется". О Христѣ же мать, кажется, еще добавила, что никто не знаетъ, какой онъ былъ съ виду.

Хотя въ этомъ разговорѣ не было ничего значительнаго, но все-таки онъ былъ первый, который шевельнулъ во мнѣ религіозные вопросы, и потому, вѣроятно, я его запомнила, какъ полагаю, довольно точно. Мнѣ кажется, что съ тѣхъ поръ, а можетъ-быть, еще и раньше, я стала прислушиваться къ разговорамъ о религіи и помню: слово „Богъ" всегда приковывало мое вниманіе, хотя обыкновенно разговорами взрослыхъ я мало интересовалась.

Въ своихъ мысляхъ я очень часто возвращалась опять къ этому предмету. Въ обоихъ разговорахъ, какъ съ водовозомъ, такъ и съ матерью, было что-то такое, что поселило во мнѣ какое-то безпокойное сомнѣніе, похожее на чувство страха, — страха передъ тѣмъ, что никто не знаетъ правды. Вѣроятно, поэтому я, подрастая, очень долго, несмотря на поднимавшіеся впослѣдствіи разные религіозные вопросы и сомнѣнія, не разспрашивала о нихъ, не знаю почему, — быть-можетъ, безсознательно боясь натолкнуться на что-нибудь такое, что можетъ разочаровать меня и должно будетъ обнаружить мнѣ недостовѣрность того, во что насъ учили вѣрить.

Относительно же внѣшней наружности Іисуса Христа я только потомъ, будучи взрослой, узнала, что подобнаго рода описаніе, какое дѣлалъ „Мишка", есть въ апокрифическомъ евангеліи.

XXXV.

Отецъ, Нелли и мы.

Отецъ всегда поощрялъ въ насъ любовь къ рисованію, но вмѣстѣ съ тѣмъ былъ очень экономенъ на бумагу и карандаши. У насъ не только не было тетрадей для рисованія, но даже цѣлаго листа бумаги мы никогда не получали сразу. Обыкновенно же онъ давалъ намъ только по четвертушкѣ простой писчей бумаги, а одинъ карандашъ разрѣзалъ на три части: Лялѣ, мнѣ и Володѣ. И больше этого мы могли получить только, когда используемъ все до послѣдняго уголка бумаги и истратимъ весь карандашъ до крошечнаго кончика, который уже нельзя было держать въ пальцахъ; и то и другое надо было представить ему для полученія новой порціи, при чемъ отецъ разсматривалъ наши рисунки, кое-что исправлялъ и особенно внимательно останавливался на рисункахъ Ляли, иногда хваля его за удачный рисунокъ, а иногда журя за неэкономную трату бумаги или за потерянный карандашъ. Высшей наградой и баловствомъ для насъ было, когда онъ натиралъ намъ на маленькія блюдца немножко своихъ акварельныхъ красокъ и, въ особенности, если онъ при этомъ рисовалъ намъ самъ что-нибудь, показывая намъ, какъ это раскрашивать.

У него самого была коллекція его акварельныхъ кавказскихъ пейзажей, сдѣланныхъ имъ съ натуры. Намъ они казались великолѣпными произведеніями искусства, но на самомъ дѣлѣ они были далеко не высокаго качества, и я помню, какъ много лѣтъ спустя Леонидъ, ставъ ученикомъ академіи художествъ, свысока, презрительно критиковалъ ихъ. Отецъ, однако, самъ сознавалъ съ прискорбіемъ, что, будучи самоучкой, не зналъ многихъ техническихъ пріемовъ живописи, и потому-то всегда мечталъ дать „настоящее, академическое" образованіе сыну.

Въ описываемое время я уже не помню, чтобы отецъ писалъ пейзажи. Этими пустяками, говорилъ онъ, ему ужъ некогда заниматься, когда была куча дѣтей.

Но я помню, какъ онъ чертилъ и раскрашивалъ какіе-то планы. Мы очень любили слѣдить за этой работой. Помню, какъ онъ уже начерченный планъ, къ моему удивленію, разрѣзаетъ на квадраты и, разложивъ все это на полу въ залѣ, наклеиваетъ ихъ на холстъ и какъ потомъ на полу же раскрашиваетъ красками. Предполагаю, что это были планы конныхъ заводовъ, съ окружающими ихъ участками, которые онъ долженъ былъ представить въ коннозаводское управленіе, и которое впослѣдствіи было поручено ему строить на Кавказѣ.

Я помню, какъ сначала онъ не допускалъ насъ къ себѣ, когда чертилъ, и какъ мы, недоумѣвая и любопытствуя, подсматривали въ замочную скважину гостиной двери, желая угадать, что такое тамъ папа дѣлаетъ въ залѣ на полу. Помнится, какъ, вѣроятно, въ добрую минуту, отецъ, впустивъ насъ къ себѣ, на клочкѣ бумаги рисуетъ намъ планъ нашего дома, объясняя намъ, что такое планъ. Мнѣ кажется, что съ тѣхъ поръ мнѣ стала понятна сущность плана,—такъ ясно и просто онъ объяснялъ.

Обыкновенно же, когда отецъ чертилъ планъ, онъ, если и позволялъ намъ присутствовать при этомъ, то строго требовалъ, чтобы мы не мѣшали ему и сидѣли бы молча на полу, поджавъ ноги, не перебѣгая съ мѣста на мѣсто, чтобы не зацѣпить большіе листы бумаги, разложенные по всему полу залы. Конечно, интересовались этимъ только Ляля и я, остальные были еще малы. Когда же отецъ кончалъ работу и уходилъ, то онъ запиралъ дверь залы на ключъ, не разрѣшая туда никому входить безъ него.

Въ связи съ чертежами его плановъ у меня осталась въ памяти одна сценка, которая относится къ послѣдней зимѣ незадолго до отъѣзда отца на Кавказъ. Въ этой сценѣ я вижу отца и насъ четырехъ дѣтей — въ возрастѣ отъ 8 до 3 лѣтъ.

Однажды, когда отецъ былъ занятъ раскрашиваніемъ плана, мы трое пришли къ нему просить бумаги и карандашей. Отецъ, уходя къ себѣ въ кабинетъ за этимъ, погрозилъ намъ пальцемъ, предупреждая, чтобъ мы не смѣли ничего трогать въ его отсутствіи. Мы сидѣли на полу на корточкахъ и переговаривались шопотомъ, разсматривая красныя и зеленыя пятна на планѣ. Отецъ, вѣроятно, замѣшкался у себя, разрѣзая и чиня намъ карандаши. Вдругъ отворяется дверь гостиной и въ залу вбѣгаетъ на цыпочкахъ, быстро-быстро перебирая тоненькими ножками, сестренка Нелли. Она бѣжитъ, вертится, зацѣпляя разложенные на полу листы, и, несмотря на то, что мы ей машемъ руками и кричимъ: „Убирайся прочь... не подходи!" она подбѣгаетъ къ столу и начинаетъ трогать и перебирать краски. Мы предупреждаемъ ее: „Вотъ, смотри, достанется тебѣ отъ папы, достанется. Не смѣй трогать!"

Но Нелли тараторитъ что-то въ родѣ того, что „ничего не достанется: это вамъ нельзя, а мнѣ все, все можно".

И смѣясь и дразня насъ, она вдругъ зачѣмъ-то схватываетъ стоящій на столѣ стаканъ съ грязной, красочной водой и, повернувшись, хочетъ бѣжать. Но тутъ, кажется, зацѣпившись ногой за что-то, чуть ли не объ ногу Ляли, падаетъ, роняетъ стаканъ, и вотъ — къ нашему ужасу, грязная вода разливается по полу и заливаетъ часть плана. Проказница моментально вскакиваетъ и исчезаетъ, а мы остаемся на мѣстѣ, оцѣпенѣвъ отъ ужаса.

Услыхавъ шумъ и звонъ разбитаго стекла, отецъ вбѣгаетъ въ залу и, не спросивъ и не разобравъ, въ чемъ дѣло, внѣ себя отъ гнѣва, накидывается на бѣднаго Лялю и, схватывая его за волосы, треплетъ и шлепаетъ его сзади. Мы всѣ трое поднимаемъ крикъ и плачъ и начинаемъ наперерывъ жаловаться отцу на виновницу всего — „Нельку". Но отецъ какъ будто еще хуже сердится на насъ за это. И грозно прикрикнувъ на меня: „Молчать! не смѣть жаловаться на маленькую сестру! Ты старшая сама виновата, что не присмотрѣла за ней!" — выгоняетъ насъ всѣхъ вонъ изъ комнаты. Мы всѣ кидаемся къ матери, изливая передъ ней нашу обиду, надѣясь, что она насъ защититъ и оправдаетъ передъ отцомъ...

Къ нашему удивленію и негодованію, сестрѣ Нелли ничего не досталось за это, и она послѣ торжествующе дразнила насъ, показывая намъ изъ-за двери „длинный носъ", дразя высунутымъ кончикомъ языка. Для меня это былъ, кажется, первый случай яснаго сознанія несправедливости отца и чувства настоящаго негодованія противъ него, которое впослѣдствіи очень отравляло мои отношенія съ нимъ.

XXXVI.

Отъѣздъ отца.

Кажется, въ мартѣ мѣсяцѣ 1866 года у насъ въ домѣ стали поговаривать о сборахъ въ дорогу. Родители мои рѣшили, что семья переѣдетъ изъ Дубовки въ Кіевъ, а отецъ на Кавказъ.

Тогда я, конечно, не понимала причины этого переѣзда, но теперь, сопоставляя разныя позднѣйшія обстоятельства, я соображаю, что онѣ были слѣдующія (это я узнала впослѣдствіи отъ него же):

Во-первыхъ, отецъ мой тяготился фронтовой службой; во-вторыхъ, онъ, увлекшись коннозаводскимъ дѣломъ, рѣшилъ ему посвятить свою дѣятельность, свои способности и познанія, которыя были дѣйствительно выдающіяся по этому предмету.

Кромѣ того, дѣло это давало ему идейное удовлетвореніе: онъ придавалъ большое значеніе развитію государственнаго коннозаводства въ дѣлѣ поднятія народнаго хозяйства посредствомъ поощренія и разведенія народныхъ мѣстныхъ табуновъ на Кавказѣ и въ степныхъ областяхъ Россіи. И дѣйствительно, ему удалось получить отъ правительства назначеніе по устройству образцовыхъ конныхъ заводовъ на Кавказѣ. Служба его должна была состоять вся въ разъѣздахъ, и потому матери моей было бы слишкомъ одиноко оставаться одной жить въ Дубовкѣ.

Но переѣзжать на Кавказъ ее тоже не привлекало, такъ какъ она никогда не любила кавказской жизни, и выросшая и привыкшая къ городскимъ столичнымъ удобствамъ, она, какъ говорила, уже устала отъ походныхъ мытарствъ и отъ опасностей, сопряженныхъ въ то время съ жизнью на Кавказѣ, которыя ей пришлось испытать въ первое время замужества. Кромѣ того, она считала, что для нашего воспитанія было бы полезнѣе жить въ Кіевѣ, и, къ тому же, скучала о своихъ семейныхъ и въ особенности о своемъ отцѣ, къ которому питала особенную нѣжность и о которомъ всегда отзывалась съ благоговѣніемъ, какъ о лучшемъ и добрѣйшемъ человѣкѣ. Въ то время отецъ ея былъ комендантомъ кіевской крѣпости. И вотъ къ нему-то мать и рѣшила переѣхать со своей семьей, пока выяснятся служба и положеніе отца на Кавказѣ.

Изъ этихъ предварительныхъ разговоровъ и сборовъ передъ отъѣздомъ я помню ясно одинъ вечеръ, если не ошибаюсь, канунъ отъѣзда отца. Помню, какъ мы, дѣти, прощаемся съ отцомъ, чтобы итти спать, и какъ отецъ особенно нѣжно и горячо цѣлуетъ меня. Я или догадываюсь, или знаю, что онъ, вѣроятно, завтра уѣзжаетъ, но спросить не смѣю. Одна изъ его особенностей была та, что онъ никогда не любилъ назначать дня своего отъѣзда и очень сердился, если его объ этомъ спрашивали, хотя бы даже за часъ до отъѣзда. Такъ что очень часто въ домѣ никто не зналъ, когда именно онъ уѣзжаетъ, хотя по сборамъ и нѣкоторымъ приготовленіямъ домашніе и догадывались, что онъ сбирается въ дорогу: мать и тетка чинили и пополняли его гардеробъ, мать укладывала его чемоданъ и наполняла погребецъ, чинилась и исправлялась его, такъ называемая, перекладная таратайка, которую отецъ въ шутку называлъ „перекландо", и прочее.

Въ тотъ вечеръ по просьбѣ отца мать позволила мнѣ посидѣть подольше. И вотъ, всѣхъ дѣтей увели спать, а я осталась одна съ отцомъ и матерью.

Слѣдующую за этимъ сцену помню въ залѣ, около піанино.

Кажется, это единственное воспоминаніе о нашей залѣ при вечернемъ освѣщеніи.

Мать сѣла за піанино, а отецъ, очень веселый и разговорчивый, сталъ упрашивать ее пѣть съ нимъ какой-то дуэтъ. Для меня все это было совершенно необычайно, удивительно и любопытно. При этомъ я помню, отецъ говорилъ, гладя меня по головѣ, что мнѣ пора учиться музыкѣ и что: „изъ тебя, навѣрно, выйдетъ пѣвунья", и поощрялъ меня въ его отсутствіе приходить слушать, какъ играетъ мама по вечерамъ, когда мы, обыкновенно, уже спимъ. Кажется, сначала они поютъ „Гандзю", которую я и раньше слышала отъ отца:

„Гандзя, душко, не цурайся,
Та на Божью волю здайся.
Ой кажите жъ, добры люди,
Що жъ со мною теперь буде...
Гандзя цаца, Гандзя рыбка,
Гандзя милая голубка" и т. д.

— Это дѣдушкина любимая пѣсня,—говорилъ мнѣ отецъ.—Вотъ поѣдешь въ Кіевъ и будешь ее съ дѣдушкой пѣть... Вѣдь это онъ тебя прозвалъ Галей.

Мотивъ этой пѣсни, задорной и кокетливой польки, навсегда сохранился у меня въ памяти, хотя мнѣ никогда не пришлось видѣть ее въ нотахъ.

Дуэтъ же, который они пѣли, какъ сейчасъ помню, назывался „Гондольеръ", старинный, иностранный (итальянскій) мотивъ, содержаніе котораго мнѣ было непонятно, и я совсѣмъ не помню его. Но къ великому моему огорченію и, кажется, къ неменьшему же огорченію отца, дуэтъ у нихъ не ладился. Мать то и дѣло прерывала отца жалобнымъ голосомъ:

— Костенька, ты фальшивишь!

А отецъ доказывалъ, что онъ поетъ совершенно правильно и, то и дѣло обращаясь ко мнѣ, говорилъ убѣдительнымъ голосомъ:

— Помилуй! Въ корпусѣ всегда запѣвалой былъ. А вотъ мамашѣ твоей никакъ не угожу!—и при этомъ, какъ обыкновенно, выразительно жестикулировалъ.

— А ты пой громче, чтобы тебѣ мой голосъ не мѣшалъ,—говорилъ онъ, снова обращаясь къ матери,—а то поешь словно муха...

А когда мать, смущенная, и совсѣмъ замолчала, онъ пробовалъ-было продолжать одинъ, но потомъ, раздраженно махнувъ рукой, ушелъ, кажется, къ себѣ въ кабинетъ.

Однако, помню, что онъ или вернулся опять, а можетъ-быть, еще раньше этой сцены просилъ мать сыграть что-нибудь хорошенькое, и, кажется, тутъ-то онъ мнѣ и сказалъ:

— Вотъ ты послушай, какъ мама хорошо играетъ. Вотъ это моя любимая вещь. Ты еще не слыхала.—И онъ поставилъ на пюпитръ ноты, заглавіе которыхъ я хорошо запомнила. Это былъ ноктюрнъ Фильда, который впослѣдствіи я слышала отъ матери.

Моя мать, дѣйствительно, играла очень пріятно. У нея было мягкое, выразительное туше, хотя она не обладала высоко-развитой техникой, такъ какъ имѣла очень мало времени для упражненій.

У нея былъ очень тонкій слухъ, и она безъ труда подбирала аккомпаниементы, голосъ же у нея былъ крошечный, слабый, хотя очень нѣжный и пріятный.

У отца же голосъ былъ довольно сильный, мягкаго баритональнаго тембра. Онъ зналъ по памяти очень много народныхъ и популярныхъ пѣсенъ, но не было у него никакихъ музыкальныхъ познаній, и слухъ его былъ мало развитъ. На высокихъ нотахъ онъ часто детонировалъ, какъ видно, совершенно не замѣчая того, что это оскорбляло музыкальный слухъ матери. Конечно, въ то время я еще не могла понять этого и потому не могла рѣшить, кто изъ нихъ правъ былъ въ тотъ вечеръ, но помню, мнѣ было до слезъ жалко, что прервалось пѣніе, которое такъ хотѣлось послушать.

Эту маленькую стычку между отцомъ и матерью я приняла очень близко къ сердцу, вѣроятно, потому, что въ первый разъ я присутствовала при ихъ разногласіи и взаимномъ неудовольствіи.

Кажется, въ тотъ вечеръ я первый разъ испытала сознательное чувство грусти, чутьемъ понимая, что мой отецъ и мать люди слишкомъ разнаго характера и вкусовъ; хотя и смутно, но я уже тогда, кажется, начинала сознавать, что мать была и развитѣе, и тоньше душевнымъ складомъ, чѣмъ отецъ, и несомнѣнно тогда она должна была чувствовать свое духовное одиночество...

Вспоминается также день отъѣзда отца. Всѣ въ домѣ поднялись раньше обыкновеннаго. Когда я вошла въ залу, то увидѣла наружу открытыя двери передней (которыя на зиму всегда были наглухо заперты и забиты клеенкой; это было въ мартѣ). На крыльцѣ стоялъ отецъ въ тепломъ сѣромъ пальто съ сумкой черезъ плечо и отдавалъ какія-то приказанія или распекалъ кого-то громкимъ голосомъ. Въ залу тянетъ со двора холодомъ и запахомъ талаго снѣга. Изъ кабинета отца выносятъ его чемоданъ и дорожный погребецъ и укладываютъ на тарантасъ. Я пробираюсь на крыльцо, но отецъ строго отстраняетъ меня: „Отойди, отойди, не мѣшайся, еще простудишься".

Мама съ заплаканнымъ лицомъ, выглянувъ изъ кабинета отца, отзываетъ меня; я вхожу за ней въ кабинетъ, и картина опустѣнія комнаты и, главное, вещей съ письменнаго стола невольно грустно сжимаетъ сердце.

Однако меня удивляетъ, почему отецъ не взялъ своего оружія, висѣвшаго надъ турецкимъ диваномъ. Вѣдь онъ ѣдетъ на Кавказъ, а тамъ разбойники. Вотъ турецкое ружье, еще кремневое, кованаго серебра съ бирюзовыми камнями, и такая же шашка. Я ужъ знаю, что это досталось отцу по наслѣдству отъ его отца, получившаго эти трофеи отъ какого-то турецкаго паши, сдавшаго ему, дѣду, крѣпость Варну (года не помню). Впрочемъ, я ужъ знаю, что это ружье старинное, кремневое, какихъ теперь ужъ не употребляютъ; мнѣ нѣсколько разъ приходилось видѣть, какъ отецъ готовилъ самъ патроны изъ пороха. Но вотъ, почему онъ не взялъ хоть штуцеръ и нарѣзной и большой ятаганъ въ красивомъ чехлѣ, которымъ мы всегда любовались, или хоть этотъ большой деревянный пистолетъ,—ему было бы безопаснѣе среди горцевъ на Кавказѣ... И я, вѣроятно, дѣлюсь своими мыслями съ матерью, потому что она говоритъ отцу, входящему въ комнату, что-то по поводу моихъ опасеній.

Отецъ хмуро улыбается и, хлопая по кабурѣ револьвера, привѣшеннаго къ его поясу, говоритъ: „И этой штучки довольно будетъ! Да, впрочемъ, до сихъ поръ Богъ миловалъ, ни разу на лихого человѣка не натыкался". Кромѣ этого маленькаго пистолета, на кавказскомъ ремнѣ у него виситъ еще кинжалъ, который служитъ ему вмѣсто столоваго прибора во время дороги, такъ какъ изъ его чехла вынимается еще вилка и столовый ножъ.

Вотъ, наконецъ, сборы окончены, и отецъ зоветъ насъ опять въ залу, гдѣ уже собрались всѣ домашніе. Отецъ присаживается на стулѣ около двери, а за нимъ и всѣ мы. На нѣсколько минутъ наступаетъ торжественное молчаніе, затѣмъ отецъ поспѣшно встаетъ, крестить свою грудь мелкими крестиками, обернувшись къ иконѣ Спасителя, и—вотъ, начинается прощаніе со всѣми, сначала съ матерью, потомъ съ нами, при чемъ насъ онъ крестить, благословляя и цѣлуя, потомъ со всѣми домашними, цѣлуясь по три раза.

Наконецъ, уже на крыльцѣ, онъ, еще разъ подойдя къ матери и о чемъ-то пошептавшись съ ней, крестить ея голову и, сдержанно при народѣ, поцѣловавъ ея руку, идетъ къ бричкѣ и, усѣвшись въ нее, со словами: „ну, съ Богомъ, трогай!"— выѣзжаетъ со двора. Мы стоимъ на крыльцѣ и долго смотримъ вслѣдъ, пока таратайка отца не скрывается наверху горы.

XXXVII.
Послѣдняя весна въ Дубовкѣ.

I.

Послѣ отъѣзда отца въ жизни моей прибавилось новаго то, что мать начала со мной уроки музыки. Кажется, они мнѣ легко давались, хотя упражненія стуканья пальцами казались ужасно скучными, и я почти засыпала надъ ними. Но разбирать ноты въ обоихъ ключахъ я научилась скоро, и даже длинныя гаммы доставляли мнѣ слуховое удовольствіе.

Однако, мать никогда не позволяла мнѣ самостоятельно, не въ урочное время разбирать или подбирать что-нибудь на память, называя это „бренчаньемъ", которое нервы ея не переносили и которое она, учившаяся сама по старомодной методѣ, считала почему-то вреднымъ. Объ этомъ я и до сихъ поръ сожалѣю, считая это за большую ошибку, такъ какъ убѣждена, что слишкомъ педантическая сухая система преподаванія музыки плохо способствуетъ развитію слуха и вкуса и парализуетъ творческія способности. Хотя я и была очень послушнымъ ребенкомъ, съ раннихъ лѣтъ считая самымъ большимъ грѣхомъ огорчать непослушаніемъ свою мать, однако я часто не могла устоять отъ искушенія потихоньку побренчать, то подбирая по слуху какія-нибудь пѣсенки, то пробуя разбирать такія вещи, какъ ноктюрнъ Фильда, что было мнѣ, конечно, не по силамъ, и мечтая о томъ, что когда-нибудь буду играть также, какъ мама. На этой почвѣ, какъ тогда, такъ и впослѣдствіи, у меня съ матерью были чуть ли не первыя, если не единственныя въ то время разногласія.

Но черезъ нѣсколько недѣль и эти уроки прекратились, вслѣдствіе болѣзни матери, и піанино было заперто на ключъ, къ моему огорченію.

Среди Великаго поста мать моя по обыкновенію говѣла и причащалась. И вотъ, какъ я узнала потомъ, къ причастію она подошла послѣ какой-то бабы съ ребенкомъ. Когда онѣ обѣ потомъ отошли въ сторону, то моя мать обратила вниманіе, что ребенокъ весь покрытъ красной сыпью. На вопросъ ея, что съ нимъ, женщина отвѣтила: „Да вотъ, корюха напала". Мать моя, въ дѣтствѣ не имѣвшая кори, очевидно, заразилась отъ этого ребенка, такъ какъ черезъ нѣсколько дней она тоже заболѣла корью и притомъ съ такимъ сильнымъ жаромъ и серьезными осложненіями во внутреннихъ органахъ, что нѣсколько недѣль была при смерти. Отъ нея заразились и мы, дѣти, заболѣвъ всѣ сразу, почти въ одинъ день.

Помню, какъ, вѣроятно, по причинѣ болѣзни матери, меня опять перевели спать въ большую дѣтскую. Тутъ же спали мои братья и тетя Люша съ своей Олечкой. Кажется, прежде всѣхъ заболѣлъ Ляля, потому что помню его днемъ въ постели, но, вѣроятно, нездоровье его только начиналось, такъ какъ тутъ же вечеромъ, когда мы всѣ раздѣваемся и ложимся спать, Ляля и Володя дурачатся, прыгая въ своихъ кроваткахъ и перебрасываясь чулками и подушками. Мнѣ почему-то невесело: было ли это оттого, что меня не пускали къ матери, или уже начиналось несознаваемое нездоровье, но я помню, какъ плачу, уткнувшись въ подушку подъ одѣяло, и прошу взрослыхъ угомонить братьевъ. Тутъ же вижу дядю Ваню, который, кажется, тоже уговариваетъ мальчиковъ лечь спать и при этомъ говоритъ, обращаясь къ намъ:

— Ну, посмотримъ, кто скорѣе всѣхъ заснетъ и кто завтра позднѣе всѣхъ встанетъ, тотъ отъ меня получитъ самый большой леденецъ (то есть жженаго сахара отъ кашля).

Я удивляюсь его словамъ. Обыкновенно онъ, наоборотъ, поощрялъ наше раннее вставанье, говоря: „кто раньше завтра встанетъ, тому я сдѣлаю деревянную лодочку", или что-либо въ этомъ родѣ, при чемъ я всегда опережала другихъ дѣтей, хотя и безъ этихъ поощреній я охотно вставала съ восходомъ солнца; по крайней мѣрѣ, въ памяти моей ясно сохранилась картина восходящаго солнца надъ противоположнымъ берегомъ Волги, влѣво отъ нашихъ оконъ.

Вслѣдъ за тѣмъ вижу себя и всѣхъ насъ больными, лежащими въ залѣ. Я не помню, какимъ образомъ мы очутились тутъ, но предполагаю, что насъ въ ту же ночь сонными вмѣстѣ съ кроватями перенесли изъ дѣтской въ залу. Помнится, я, проснувшись на разсвѣтѣ, оглядываюсь кругомъ и вижу рядъ дѣтскихъ постелей, стоящихъ поперекъ стѣны зала. Слѣва отъ меня, въ углу, лежитъ Ляля, головой къ двери передней, завѣшанной ковромъ. Справа отъ меня — Володи, потомъ Нелли, Олечка. Каждая кровать отдѣлена отъ другой табуреткой, а на послѣдней кровати, около противоположной стороны, у окошка спитъ тетя Люша. Ясно помнится, какъ она, вѣроятно, проснувшись на мой голосъ, подымается на постели и, оправляя свои длинныя темныя косы, зѣваетъ во весь ротъ и соннымъ голосомъ говоритъ:

— И что ты, голубушка, въ такую рань проснулась? Всѣхъ дѣтей перебудишь.

Кажется, она же мнѣ объясняетъ, что вставать нельзя, что у насъ корь. Меня это нисколько не пугаетъ, потому что я не испытывала никакого особеннаго недомоганія, но все это мнѣ любопытно, такъ какъ до тѣхъ поръ я почти никогда ничѣмъ не болѣла.

Эту болѣзнь я перенесла легче остальныхъ дѣтей, тогда какъ оба брата были больны серьезно, и, помню, кашель ихъ часто мѣшалъ мнѣ спать. Единственнымъ непріятнымъ осложненіемъ моей болѣзни было сильное носовое кровотеченіе, повторявшееся нѣсколько разъ и очень меня пугавшее, въ особенности вначалѣ. Помню, какъ я просыпаюсь, захлебываясь кровью, и съ ужасомъ вижу свою подушку всю въ красныхъ пятнахъ. Впослѣдствіи въ теченіе нѣсколькихъ лѣтъ подобныя кровотеченія повторялись очень часто и, вѣроятно, не мало способствовали развитію во мнѣ малокровія.

Во время этой болѣзни въ первый разъ я помню появленіе доктора въ нашемъ домѣ, который, кажется, пріѣзжалъ изъ города Царицына.

Помню такъ же, какъ насъ заставляли пить горячее молоко съ свинымъ саломъ, которое мнѣ приходилось глотать съ ужаснымъ отвращеніемъ, и какъ я была рада, когда, наконецъ, мнѣ дали чистаго молока.

Хотя насъ продержали въ постели не болѣе недѣли, но время это показалось мнѣ ужасно долгимъ, тѣмъ болѣе, что насъ держали въ полутьмѣ, такъ что ничѣмъ нельзя было заниматься. Тогда, лежа въ темнотѣ, я какъ будто въ первый разъ замѣчаю солнечные лучи, пробирающіеся сквозь сторы и падавшіе на середину пола, и въ этихъ лучахъ забавно плаваютъ и вертятся пылинки... и наблюдаю, какъ эти лучи перемѣщаются на полу, въ теченіе дня переходя изъ оконъ съ одной стѣны на другую.

Добрая тетя Люша, помню, старалась насъ забавлять то своими пѣснями, то разсказывая сказки, при чемъ я прошу: „только не очень страшную", а братья требуютъ непремѣнно самую страшную...

Такъ какъ я легче всѣхъ была больна, то меня и раньше всѣхъ спустили съ постели. Вотъ тетя Варя приводитъ меня въ спальню къ мамѣ, которая все еще была серьезно больна, и я тутъ же начинаю разсказывать ей про солнечные лучи въ залѣ и огорчаюсь тѣмъ, что мать, будучи еще слаба, не можетъ отвѣчать на мои вопросы.

Помню такъ же, какъ мы радовались, когда подняли сторы въ залѣ, и мы, всѣ уже вставшіе, сидимъ вокругъ обѣденнаго стола.

И затѣмъ помню особенную радость, когда, спустя нѣсколько дней, насъ пустили къ нянѣ, которая оставалась съ маленькимъ Сашей, заболѣвшимъ корью уже послѣ насъ. Почему-то няня показалась мнѣ грустной. Не знаю, плакала ли она отъ радости, что видитъ насъ, или безпокоилась о здоровьѣ нашей матери, но помню только, какъ я къ ней ласкаюсь, и мнѣ хочется, чтобы и ей было такъ же весело, какъ и намъ. И мнѣ кажется, что я тутъ въ первый разъ сознала, какъ я соскучилась о ней и какъ я рада ее видѣть послѣ долгой разлуки. Она сидитъ на маленькой скамеечкѣ около дѣтскаго столика и кормитъ кашей низенькаго Сашу, одѣтаго почему-то въ теплую синюю поддевочку. Насъ забавляетъ, что онъ за это время началъ говорить. Ясно вижу его толстую фигурку и хорошенькое румяное круглое личико съ огромными темными глазами, съ удивительно длинными рѣсницами, смотрящими такъ спокойно и какъ будто важно. Мнѣ онъ кажется самымъ милымъ изъ дѣтей, и я, вѣроятно, дѣлюсь своими впечатлѣніями съ няней, потому что она говоритъ мнѣ что-то въ родѣ того, что „всѣ хорошіе, всѣхъ любить надо".

2.

Въ послѣднее воскресенье передъ нашимъ выѣздомъ изъ Дубовки, въ первый разъ послѣ кори, насъ всѣхъ повезли въ церковь для причастія. Это считалось необходимымъ передъ длиннымъ путешествіемъ. Но никакихъ подробностей у меня въ памяти объ этомъ не осталось, кромѣ голаго факта. Знаю только, что прямо изъ церкви мы отправились въ домъ купца Ѳедора Григорьевича Горьева (о которомъ я уже упоминала въ одной изъ первыхъ главъ). Домъ его большой, бѣлый, двухъэтажный — одинъ изъ лучшихъ домовъ въ Дубовкѣ — стоялъ на Соборной площади. Вотъ мы подымаемся по широкой деревянной лѣстницѣ, устланной ковромъ, и наверху въ передней встрѣчаютъ насъ нѣсколько молодыхъ и старыхъ женщинъ, которыя почтительно здороваются съ матерью, цѣлуя ее „въ плечико" и говоря всѣ въ одинъ голосъ, какъ-то особенно, нараспѣвъ. Они ведутъ насъ черезъ анфиладу большихъ свѣтлыхъ комнатъ въ маленькую угловую, не то гостиную, не то будуаръ, гдѣ въ большомъ креслѣ сидитъ хозяйка дома, старуха Горьева, впрочемъ, еще не старая женщина, съ темными, очень гладко причесанными на уши волосами, подъ шелковой шлычкой и въ большой пестрой персидской шали поверхъ темнаго фулярового платья на очень полной фигурѣ. Она, видимо, чѣмъ-то была больна, кажется подагрой ноги, потому что, вставъ, опираясь на клюку, чтобы поздороваться съ моей матерью, она тотчасъ же грузно опустилась въ кресло, и насъ всѣхъ по очереди подводили къ ней для поцѣлуя. Вѣроятно, насъ ожидали, потому что тутъ же передъ нею и передъ большимъ диваномъ стоялъ столъ, покрытый бѣлой скатертью и весь уставленный закусками и чайными приборами. Я помню чувство сильнаго голода, до тошноты, вѣроятно, потому, что мы причащались натощакъ. И мнѣ и братьямъ моимъ трудно было удержаться отъ желанія попросить поскорѣе поѣсть. Но зато, когда началось угощеніе, то оно длилось такъ долго, что мы, какъ потомъ мать вспоминала, не знали, какъ оттуда вырваться, и мать не на шутку боялась, что насъ окормятъ и испортятъ наши желудки передъ дорогой.

Вспоминаю, какъ, бывало, отецъ, навѣщавшій старика Горьева довольно часто, возвращаясь оттуда, полушутя, полусерьезно кряхтѣлъ и жаловался матери, что его „обкормили": „Наставятъ сорокъ блюдъ на столъ, и отъ всякаго долженъ хоть понемножку попробовать, не отвяжешься иначе отъ приставанья и угощеній, а откажешься — обижаются". И еще помню, какъ говорилъ, что у Горьевыхъ въ строгіе постные дни для разнообразія подавали одинъ и тотъ же продуктъ одновременно въ разныхъ видахъ, какъ, напримѣръ: „картошка печеная, картошка вареная, картошка жареная, картошка пареная, картошка комками, картошка червяками и картошка такъ". Въ такихъ же видахъ каша или грибы. И всего этого обязательно надо было „откушать" или отвѣдать", чтобы не обидѣть хозяевъ.

Мы же, дѣти, первый разъ присутствовали за столомъ у Горьевыхъ, и поэтому я съ любопытствомъ разглядывала столъ, покрытый яствами, отыскивая глазами, гдѣ тутъ картошка комками, а гдѣ червяками. И по наивности своей даже громко спросила объ этомъ кого-то изъ взрослыхъ. Мама и тетя Варя сдѣлали строгіе глаза, и кто-то изъ нихъ дернулъ меня за рукавъ, заставивъ замолчать, и потомъ на обратномъ пути домой я получила выговоръ за это, хотя никакъ не могла понять неприличія своего поступка.

Мнѣ совѣстно, что я запомнила только комическія черточки изъ нашего знакомства съ этой почтенной семьей, которую, несмотря на разность взглядовъ и воспитаній, мои родители очень уважали и даже любили. По крайней мѣрѣ, я знаю, что моя мать всегда съ чувствомъ благодарности вспоминала о старшей дочери Горьевыхъ—Маріи Ѳедоровнѣ, которая по дружбѣ къ моей матери послѣдній годъ помогала ей даже въ занятіяхъ съ нами. Она, уже немолодая дѣвушка по тогдашнему времени, среди купеческаго сословія считалась очень образованной и передовой во взглядахъ. Мать моя говорила, что если бы не добрая Марья Ѳедоровна, то ей пришлось бы пропадать со скуки въ этомъ захолустьѣ.

3.

Изъ послѣдняго времени нашей жизни въ Дубовкѣ остался у меня въ памяти еще слѣдующій эпизодъ.

Въ концѣ зимы наша кобыла-водовозка ожеребилась. Жеребенокъ вышелъ желтенькій съ черной гривой, очевидно, помѣсь съ карабахомъ—любимой породы нашего отца—хотя матка и была, кажется, простая рабочая лошадь. Мы—дѣти—были въ восторгѣ отъ этого жеребенка и прозвали его Красавчикомъ. И дѣйствительно, онъ былъ удивительно хорошенькій, милаго, веселаго характера, и скоро совсѣмъ приручился къ намъ. Мы уже мечтали, что, когда онъ подрастетъ, папа объѣздитъ его, и мы будемъ кататься на немъ верхомъ по очереди. И вдругъ этого жеребенка постигло несчастье. Не помню въ точности, что съ нимъ случилось: не то онъ сломал ногу, не то напоролся на что-то животом, но, очевидно, вылѣчить его было нельзя, и его рѣшили пристрѣлить. Кто совершилъ надъ нимъ эту казнь—отецъ или дядя Ваня—я уже не помню. Но вѣроятнѣе всего, что это случилось послѣ вышеописаннаго отъѣзда отца на Кавказъ. Помню только, что, узнавъ объ его смерти, мы, трое старшихъ дѣтей, побѣжали на конюшню и, стоя надъ его бездыханнымъ трупомъ, горько плакали, а съ Володей сдѣлался даже такой отчаянный истерическій припадокъ, что его должны были унести въ домъ и долго приводили въ чувство. Почему-то намъ казалось особенно жестокимъ, что его убили: "Зачѣмъ, зачѣмъ это сдѣлали? Можетъ-быть, онъ еще и выздоровѣлъ бы!" кричали мы, упрекая взрослыхъ. Дядя Ваня пытался насъ утѣшить, что онъ намъ достанетъ другого жеребенка, совсѣмъ такого же, какъ Красавчикъ, но намъ плохо вѣрилось этому обѣщанію.

Вскорѣ послѣ этого мы всѣ заболѣли корью, а когда выздоровѣли и намъ въ первый разъ было позволено выйти на воздухъ, то кто-то изъ взрослыхъ, кажется денщикъ, шепнулъ намъ по секрету, что приготовленъ для насъ новый жеребенокъ, „точь въ точь Красавчикъ". Наскоро одѣваясь въ передней, мы съ нетерпѣніемъ ожидаемъ, когда отворится парадная дверь. И вотъ, наконецъ, мы всей гурьбой высыпаемъ на крыльцо и останавливаемся, пораженные въ первую минуту удивленіемъ и восторгомъ и—увы!—разочарованіемъ въ слѣдующую.

У крыльца стоитъ жеребенокъ и, дѣйствительно, какъ вылитый нашъ милый Красавчикъ: такой же желтенькій, съ чернымъ хвостомъ, черной, густой, какъ щетка, короткой гривой, съ такими же длинными тонкими ножками. Но онъ стоитъ неподвижно, какъ мертвый. Мы бросаемся къ нему, ощупываемъ его: Боже мой, да онъ жесткій, деревянный! Да и ноги прибиты къ деревянной подставкѣ на колесикахъ. Увы! онъ неживой, онъ игрушечный!.. Но почему же онъ такъ похожъ на Красавчика? Вотъ и бѣлая звѣздочка на лбу, а вотъ и тавро[1]), которое папа самъ ставилъ ему сбоку, на крупѣ.

И вдругъ мы всѣ трое сразу догадываемся, въ чемъ дѣло. Это—деревянное чучело, обтянутое шкуркой Красавчика. И вся радость и интересъ къ игрушкѣ пропадаютъ. Володя тя-

---

[1]) *Тавро*—заводская мѣтка, которую ставятъ жеребятамъ посредствомъ выжиганія шерсти на *крупѣ* (задней части туловища) сбоку.

жело сопитъ, прильнувъ лицомъ къ шкуркѣ своего бывшаго любимца, и вдругъ, не выдержавъ, заливается громкимъ плачемъ, а за нимъ и я съ Лялей... Какъ ни старались взрослые насъ утѣшить, доказывая, что эта игрушка даже интереснѣе живого жеребенка, потому что на немъ уже сейчасъ можно кататься, и тутъ же кого-то изъ младшихъ дѣтей, кажется, Нелли, сажаютъ верхомъ и катаютъ по двору, очевидно, надѣясь насъ соблазнить и успокоить,—но ничто не помогало. Мы, трое, почти ничкомъ лежа на крыльцѣ, не слушая никакихъ увѣщаній, плачемъ навзрыдъ.

Итакъ, до самаго нашего выѣзда изъ Дубовки я не могла побѣдить въ себѣ непріятнаго, жуткаго чувства, похожаго на страхъ, къ этому мертвому изображенію нашего любимца. И хотя старшій братъ Ляля вскорѣ помирился съ деревяннымъ конькомъ и, бывало, сидя на немъ верхомъ, размахивая своей сабелькой, изображалъ командира, скачущаго въ атаку, но я не помню совсѣмъ, чтобы я или братъ Володя когда-нибудь садились верхомъ на этого конька.

Несомнѣнно, что если бы мы не были обмануты взрослыми въ нашемъ ожиданіи живого жеребенка и притомъ „точь въ точь такого, какъ Красавчикъ", или если бы игрушка, подаренная намъ, не имѣла бы ничего общаго съ нашимъ погибшимъ любимцемъ,—то мы навѣрное отнеслись бы къ ней съ свойственнымъ дѣтямъ интересомъ и были бы благодарны доброму дядѣ Ванѣ, потрудившемуся надъ изготовленіемъ деревяннаго чучела.

Мало того, что мы были обмануты въ нашихъ ожиданіяхъ, но я помню въ себѣ чувство обиды за нашего любимца, за то, что его не похоронили, какъ слѣдуетъ,—вотъ, напримѣръ, „какъ няня похоронила кота Ваську", умершаго отъ старости, а сдѣлали изъ него чучело, видъ котораго мнѣ былъ положительно непріятенъ. Я помню, какъ братъ Володя со слезами пристаетъ къ матери: „Вели его похоронить, похоронить!" Помнится также, какъ няня, утѣшая насъ въ нашемъ горѣ, говорила: „Что дѣлать, на все воля Божія! И всѣ когда-нибудь умремъ!"— „Да, но изъ насъ не будутъ набивать чучелъ", являлось у меня возраженіе.

Когда мы стали собираться въ дальнюю дорогу въ Кіевъ, то Лялѣ было жаль разстаться со своимъ конькомъ, и онъ слезно приставалъ къ матери, чтобы и конька тоже уложили съ вещами въ Кіевъ. Но, очевидно, просьбу его неудобно было исполнить, потому что помню, когда къ крыльцу уже была подана карета, то деревянный конекъ оставался сиротливо стоять, прислоненнымъ къ стѣнѣ дома, недалеко отъ крыльца. Помню, какъ, преодолѣвъ свое непріятное чувство къ мертвому предмету, какъ къ покойнику, которымъ для меня представлялась шкурка жеребенка, я, улучивъ минутку, когда никого на крыльцѣ не было, подбѣжала къ нему и, гладя его шею и мордочку, поцѣловала его въ бѣлую звѣздочку на лбу, прощаясь съ нимъ и повторяя ему какъ бы въ утѣшеніе нянины слова, точно онъ могъ слышать: „Ты умеръ… и мы умремъ… всѣ, всѣ умремъ…“ И убѣжала, боясь, чтобы не расплакаться и чтобы кто-нибудь не подсмотрѣлъ моихъ чувствительныхъ изліяній…

Мнѣ кажется, что я тогда въ первый разъ стала задумываться объ этомъ роковомъ законѣ смерти, неизбѣжность котораго казалась мнѣ въ дѣтствѣ непонятной и жестокой несправедливостью.

XXXVIII.

Наша нянюшка.

По тому, что я помню и что знаю о нянюшкѣ нашей, Дарьѣ Кузьминишнѣ, я съ увѣренностью могу сказать, что это была поистинѣ рѣдкостная по своимъ высокимъ душевнымъ качествамъ женщина. И не только мы, дѣти, вспоминали ее съ горячей любовью, но и наши отецъ и мать всегда отзывались о ней съ восторгомъ и глубокимъ уваженіемъ. По ихъ-то и другихъ близкихъ лицъ разсказамъ я составила себѣ цѣлое, вполнѣ гармоничное представленіе объ этой прекрасной женщинѣ — удивительно доброй, всегда спокойной, ровной и, вмѣстѣ съ тѣмъ съ сильной волей, нѣсколько строгой и мудрой. „Кладезь народной мудрости“, — говорилъ о ней мой отецъ.

Въ моемъ представленіи она сохранилась, какъ статная, рослая женщина, съ довольно смуглымъ и немного рябоватымъ лицомъ, съ правильными, немного строгими чертами лица и съ гладкой прической на уши темно-русыхъ волосъ, иногда въ темномъ шлычкѣ, и въ темномъ скромнаго покроя платьѣ. Помню ея походку, плавную, неторопливую; отецъ говорилъ про нее, что она ходила „какъ пава“, слегка откинувъ голову назадъ, что придавало ей нѣсколько важный видъ. Она никогда не сердилась, не повышала голоса, но и не помню ее также громко смѣющейся или разговорчивой. Помню лишь ея добрую улыбку и тихій, мягкій голосъ, немного нараспѣвъ.

Годами она была значительно старше моей матери. Ей было, вѣроятно, лѣтъ подъ 40, а мать въ то время была въ возрастѣ между 21—28 годами, и потому, вѣроятно, во многомъ слушалась совѣтовъ няни въ дѣлѣ ухода за дѣтьми.

Изъ біографіи няни я знаю, къ сожалѣнію, очень мало.

Она была замужемъ, но мужъ ея былъ взятъ въ солдаты еще при Николаѣ I-мъ и пропадалъ безъ вѣсти. Она ждала его послѣ Крымской кампаніи и послѣ того, какъ Александръ II-й сократилъ срокъ службы, но онъ все не возвращался, и до нея только дошли слухи, что онъ былъ въ бѣгахъ, и что былъ отданъ въ арестантскія роты; не знаю, переписывался ли онъ съ нею, но говорили, что она очень тосковала по немъ, тѣмъ болѣе, что потеряла своего единственнаго ребенка, умершаго во время оспенной эпидеміи. Съ тѣхъ поръ она рѣшила пойти въ няньки и сначала попала въ семью моего крестнаго отца (Алфераки, въ Таганрогѣ, гдѣ я родилась), а потомъ въ нашу семью, къ которой она и привязалась всей душой, какъ родная.

Была ли она крестьянкой или мѣщанкой, я тоже не помню. Знаю только, что она никогда не была крѣпостной, и это счастливое обстоятельство несомнѣнно благопріятно отразилось на ея характерѣ,—независимомъ, прямомъ, но притомъ сдержанномъ и скромномъ въ обращеніи съ людьми. Знаю также, что она была полуграмотна, то-есть читала (по церковно-славянски), но не писала. Она хорошо знала св. Писаніе, читала псалмы на память, разсказывала намъ священную исторію и знала множество народныхъ сказокъ, пѣсенъ, а также разсказовъ изъ житія святыхъ. Вспоминаю, напримѣръ, что она разсказывала о жизни великомученицы Варвары, хоть осталось въ памяти только то, что „ея мучители-воины отрѣзали ей груди, но она не измѣнила своей вѣрѣ". Затѣмъ, помнится, что она разсказывала про Василія Блаженнаго, какъ онъ подметалъ метлой улицы (значеніе этого дѣйствія тогда мнѣ было неясно) и какъ онъ безстрашно говорилъ правду царямъ и боярамъ, заступаясь за народъ. Еще вспоминаю очень интересное и особенно трогавшее меня сказаніе про индійскаго царевича, который отказался отъ царства, сдѣлался нищимъ и ушелъ въ пустыню. (Уже потомъ, будучи взрослой, отъ писателя Н. С. Лѣскова я узнала, что сказаніе о преподобномъ царевичѣ Іоасафѣ, попавшее въ житія святыхъ въ Четія-Минеи, несомнѣнно заимствовано изъ индійскихъ легендъ о Сиддартѣ Буддѣ).

Но, вмѣстѣ съ тѣмъ, я совершенно не помню, чтобы она когда-нибудь разсказывала о чудотворности какихъ-нибудь святыхъ или ихъ мощей. Очевидно, если она и вѣрила въ это (чего навѣрное не знаю), то все-таки первостепенное значеніе придавала нравственной сторонѣ жизни этихъ людей и, сколько помнится, всегда разсказывала про нихъ по подходящему поводу или случаю изъ нашей дѣтской жизни,—какъ бы въ назиданіе намъ, дѣтямъ...

Съ няниныхъ же словъ я знаю также о такихъ сказаніяхъ, какъ „Сонъ Богородицы" и о „Голубиной книгѣ",—по крайней мѣрѣ, названія эти были знакомы намъ съ дѣтства.

Однимъ словомъ, когда, уже взрослой, изучая народную литературу, я читала сборники Аѳанасьева и Сахарова и др., то нашла въ нихъ много знакомыхъ образовъ и повѣствованій; а языкъ народный, благодаря нянѣ, сталъ мнѣ съ дѣтства близокъ, понятенъ и милъ.

Вѣроятно, сказки свои няня разсказывала намъ чаще всего въ дурную погоду, въ сумерки, когда нельзя было гулять, и мы, слишкомъ расшаливаясь, становились, должно быть, несносными. Няня садилась, бывало, на свою кровать или на старый клеенчатый диванъ въ дѣтской, мы забирались поближе къ ней, садясь къ ней вплотную, и она начинала разсказывать такъ, какъ разсказывали, вѣроятно, сказки въ стародавнюю старину,—настоящей „сказочной" интонаціей (не могу подобрать иного выраженія). Рѣчь ея текла, какъ безпрерывный ручеекъ, немного нараспѣвъ, безъ повышеній. Увлеченные ея разсказами, мы иной разъ, бывало, просидимъ до темныхъ сумерекъ. Однако я совершенно не помню, чтобы она разсказывала намъ „страшныя", пугавшія дѣтское воображеніе сказки. Ихъ я узнала уже позднѣе отъ другихъ лицъ или читая сама. Очевидно, у нея было на столько такта, чтобы избѣгать этого, да и мать моя, впрочемъ, была всегда противъ сенсаціонныхъ разсказовъ для дѣтей.

Мнѣ кажется, что няня передѣлывала много сказокъ по-своему, такъ, напримѣръ, всѣ сказки про бабу-Ягу были далеко не такъ кровожадны и страшны, каковы онѣ въ самомъ дѣлѣ существуютъ въ народномъ эпосѣ.

Иногда же она разсказывала сказку по поводу какого-нибудь случая изъ нашей дѣтской жизни. Такъ, напримѣръ, вспоминаю такой случай:

Я стою около двустворчатой двери изъ дѣтской въ нянину комнату и вкладываю въ щелку между дверью и притолокой грецкіе орѣхи, и одинъ за другимъ раскалываю ихъ, захлопывая дверь. Около другой створки двери продѣлываетъ то же самое братъ Ляля; и вотъ я какъ-то замѣшкалась, вкладывая орѣхъ, и не успѣла еще вынуть пальца, какъ вдругъ Ляля, смѣясь, со всѣхъ силъ хлопнулъ моей половинкой двери, такъ что я едва успѣла отнять руку и, испугавшись, заплакала.

— Ты мнѣ чуть-чуть пальца не прищемилъ...

Няня стала меня утѣшать и, между прочимъ, говоритъ:

— А ты знаешь сказку про Лютонюшку? Нѣтъ? Ну, такъ вотъ—послушай.

И она разсказала, какъ жили дѣдъ да баба и у нихъ не было дѣтей, и какъ старуха горевала объ этомъ. Однажды, сидя у печки, раздумалась старуха о томъ, что, вотъ, кабы у нихъ былъ сыночекъ, да назвали бы они его Лютонюшкой, сидѣлъ бы онъ около нея на скамеечкѣ, а она бы ему сказки разсказывала... И въ это время входитъ въ избу старикъ ея со связкой дровъ и, подойдя къ печкѣ, швырнулъ охапку дровъ къ ногамъ старухи. „Ахти!"—разахалась, расплакалась старуха, схватившись за голову. „О чемъ ты, старая, плачешь?"—„Да какъ же мнѣ не плакать,—отвѣчаетъ старуха,—вѣдь кабы былъ у насъ сынокъ Лютонюшка, да сидѣлъ бы онъ тутъ вотъ около печки, а ты бы швырнулъ такъ вязанку дровъ, такъ ты бы его убилъ на мѣстѣ!.."

— Такъ вотъ и ты плачешь, какъ будто бѣда уже случилась,—прибавляетъ няня, улыбаясь.

И мнѣ дѣлается стыдно и смѣшно. И потомъ въ жизни много разъ я вспоминала эту нянину сказку, когда, по присущей моему характеру слабости, волновалась воображаемыми страхами.

Изъ всѣхъ няниныхъ сказокъ я почему-то особенно любила одну, которую потомъ не могла найти ни въ какихъ сборникахъ народныхъ сказокъ [1]). Мы ее называли: „Сказка про Ивашеньку". Къ сожалѣнію, помню ее только отрывками

---

[1]) Впрочемъ, въ сборникахъ Аѳанасьева есть варіантъ сказки про „Ивашку и вѣдьму", въ которой одна часть напоминаетъ нянину сказку.

и не могу возстановить въ точности ни содержанія, ни формы изложенія. Вотъ такъ она мнѣ теперь вспоминается:

"Жила-была вдова въ рыбацкой избушкѣ, на берегу Волги. Осталась она вдовой съ семью сыновьями,—малъ-мала меньше. (Лицомъ всѣ они были красавцы писаные, а у каждаго во лбу звѣздочка горѣла и у каждаго, кромѣ христіанскаго имени, было еще прозвище (придававшее сказкѣ, вѣроятно, аллегорическій смыслъ, который, однако, ускользнулъ изъ моей памяти). Старшенькому 10-ти годовъ не было, а младшій еще въ колыбелькѣ лежалъ)"...

Дальше разсказывается, какъ бѣдная вдова бѣдствовала и не знала, чѣмъ прокармливать своихъ дѣтей. "И вотъ какъ-то пошла она на рѣчку бѣлье полоскать. И вдругъ водяной ухватилъ ее за ногу и совсѣмъ-было утащилъ въ воду, но она взмолилась ему:

— "Отпусти меня, водяной! У меня семеро ребятъ, малъ-мала меньше, сидятъ, голодаютъ, меня дожидаютъ".

И вотъ водяной отпустилъ ее, но взялъ съ нея слово, что она подаритъ ему одного изъ своихъ сыновей, и взамѣнъ этого обѣщалъ ей, что семья ея никогда не будетъ голодать, и что у ней удача будетъ.

И потомъ разсказывается, какъ мать вернулась домой, какъ она проплакала всю ночь, какъ ей трудно было рѣшиться на то, чтобы отдать одного изъ своихъ сыновей, и какъ она, не зная, на комъ остановить свой выборъ, "собрала послѣднюю мучицу, напекла жавороночковъ и въ одного изъ нихъ вложила замѣточку" (не помню—какую именно). Когда дѣти встали, она положила на столъ этихъ жавороночковъ и предоставила имъ брать на выборъ; и вотъ жребій выпалъ на третьяго сына—Ивашеньку-семилѣточку.

Потомъ разсказывается, какъ она "его одѣвала, слезами обливала, въ путь-дороженьку собирала".

Какъ дальше идетъ,—не помню. Однимъ словомъ, вдова отдаетъ водяному этого Ивашеньку.

Затѣмъ разсказывается, какъ съ тѣхъ поръ повалила дѣйствительно удача вдовѣ. Всегда у ней былъ заработокъ, всегда дѣти сыты и одѣты. Но она все не могла забыть своего сына Ивашеньку, и по вечерамъ, когда уложитъ дѣтей спать, она выходила на крылечко и, смотря на небо, сама себѣ говорила:

— "Вонъ звѣздочка моего Ивашеньки горитъ". (Повидимому

выходило какъ-то такъ, что семь звѣздъ ея дѣтей соотвѣтствовали семи звѣздамъ Большой Медвѣдицы).

А въ это время сынъ ея Ивашенька жилъ у водяного царя тоже въ полномъ довольствѣ. Но все тосковалъ по своей матушкѣ родимой.

И вотъ однажды онъ просится у водяного, нельзя ли ему побывать хоть часокъ на берегу, повидать хоть издалека свою мать и братьевъ. Водяной предостерегаетъ Ивашеньку, что онъ теперь не можетъ предстать передъ людьми въ своемъ настоящемъ видѣ, такъ какъ иначе, если онъ, водяной, сниметъ съ него заговоръ, то съ его матерью и братьями случится большое несчастіе. И онъ соглашается, наконецъ, отпустить Ивашеньку, обернувъ его въ лягушонка. „И вотъ выскочилъ лягушонокъ на бережокъ, съ бережка на заваленку, съ заваленки на окошечко, а окошечко было открытое. И вотъ онъ видитъ: въ горницѣ стоитъ его матушка; вернулась она съ базара и принесла своимъ дѣтушкамъ пирожковъ сдобныхъ на угощенье. И вотъ онъ слышитъ, какъ она раздаетъ ихъ: „Вотъ тебѣ, Петенька, вотъ тебѣ, Васенька, вотъ тебѣ..." и т. д.—И какъ раздала она послѣдній пирожокъ меньшому, не выдержалъ Ивашенька и заговорилъ человѣческимъ голосомъ:

— „И мнѣ, и мнѣ".

„Оглянулась вдова, испугалась,—почудилось ей, будто она голосъ Ивашеньки услыхала. Глядь, никого нѣтъ. И подумала она, что кто-нибудь изъ дѣтей еще попросилъ, знать она ошиблась, раздавая, и отобрала у нихъ пирожки и стала опять раздавать. И опять, какъ раздала послѣднему, слышитъ тотъ же голосъ:

— „И мнѣ, и мнѣ".

„И оглянулась она на окошечко и видитъ: лягушонокъ на подоконникѣ скачетъ; кинулись къ этому лягушонку дѣти, хотѣли его придавить, но удержала ихъ вдова, говоря:

— „Не троньте его. Неравно въ немъ душенька нашего Ивашеньки сидитъ".

Въ слѣдующій разъ Ивашенька навѣщаетъ свою мать, обращенный въ мышонка, и опять видитъ, какъ мать раздаетъ гостинцы: кушачки позолоченные, и опять она слышитъ голосъ своего Ивашеньки:

— „И мнѣ, и мнѣ".—И видитъ мышонка на подоконникѣ, и дѣти хотятъ кошку напустить на него, но она опять удерживаетъ ихъ.

И потомъ въ третій разъ посѣщаетъ Ивашенька свою мать въ видѣ птички — чижика. И опять повторяется то же самое.

Тутъ, кажется, дѣти изловили чижика и посадили его въ клѣтку, и мать не остановила ихъ. И послѣ этого водяной насылаетъ на нихъ какое-то наказаніе. Не помню, что именно, но кажется, что всѣ дѣти умираютъ или отъ голода, или отъ напавшей на всѣхъ сразу болѣзни. Но чижикъ ихъ выручаетъ. Онъ просится, чтобы мать его выпустила въ окошко, и улетаетъ куда-то и приноситъ „воды живой" и „воды мертвой", вспрыскиваетъ своихъ братьевъ, и они воскресаютъ. (Не помню въ точности). Кажется, Ивашенька возвращается послѣ этого къ водяному, какъ бы жертвуя собой, и вотъ въ награду за его самоотверженный поступокъ съ него падаютъ чары, и послѣ этого онъ предстаетъ передъ матерью уже Ивашенькой-богатыремъ. И кончается сказка общимъ благополучіемъ.

Въ связи съ этой сказкой вспоминаю такую сцену изъ нашей дѣтской жизни. Няня, очевидно, была въ гостяхъ и, вернувшись оттуда, принесла намъ гостинцевъ. Помню, какъ она стоитъ въ дѣтской съ мѣшочкомъ въ рукахъ и, вынимая оттуда, кажется, засахаренные орѣхи и пряники, раздаетъ ихъ намъ, и какъ маленькій Володя тянется къ ней и нетерпѣливо проситъ: „И мнѣ, и мнѣ". А няня говоритъ:

— Откуда это у насъ Ивашенька взялся?

И мы смѣемся, и съ тѣхъ поръ часто зовемъ Володю Ивашенькой.

У няни былъ мягкій, мелодичный голосъ. Она никогда громко не пѣла, но, укладывая насъ спать, пѣла тихимъ, нѣжнымъ голосомъ свои немного грустныя, задушевныя пѣсенки. Уложивъ насъ спать, она зажигала лампадку, такъ что въ комнатѣ становился полумракъ, и начинала убирать вещи, прибирать комнату, продолжая все напѣвать. И мы привыкли засыпать подъ ея пѣніе.

Быть-можетъ, съ точки зрѣнія современнаго воспитанія, это и не раціонально, но намъ бы, навѣрно, казалось скучно и уныло безъ няниныхъ пѣсенъ, которыя такъ нѣжно ласкали и тихо усыпляли.

И я вспоминаю, что долго еще спустя мнѣ думалось, что никто уже не споетъ такъ хорошо, какъ бывало няня.

Знаю еще одну оригинальную особенность няни, ту, что ее не считали православной. Въ церковь она ходила, кажется, только для насъ, то-есть водила насъ, когда была больна мать, хотя вмѣстѣ съ тѣмъ посты соблюдала, но постилась безпрерывно, то-есть никогда не ѣла мяса, употребляя, однако, рыбу и молоко. Помню, у насъ въ домѣ говорили, что она наложила на себя постъ до возвращенія мужа. Когда же съ ней заговаривали объ ея вѣрѣ, она избѣгала отвѣчать прямо. Отецъ говорилъ, что она никогда не разсказывала о своемъ прошломъ. Было предположеніе, что она воспитывалась въ староверческомъ скиту, и оттуда у нея была такая строгая выдержанность въ характерѣ и поведеніи. А между тѣмъ, наша православная прислуга въ насмѣшку называла ее „молоканкой" или „хлыстовкой". Насколько это было справедливо,—я не могу рѣшить, но прозвище „молоканка" осталось у меня въ памяти съ тѣхъ поръ, хотя я еще совсѣмъ не понимала его.

О нянѣ у меня самыя радостныя и пріятныя воспоминанія. И ей, я чувствовала, обязана первыми сѣменами, такъ сказать, „демократизма" въ моемъ характерѣ или вѣрнѣе,—не сознанія еще,—а чувства братства всѣхъ людей. Такія понятія, какъ „всѣ люди равны передъ Богомъ", „на томъ свѣтѣ не будетъ ни мужика, ни барина", „всѣ твари—Господнія чада" (именно „чада", а не „дѣти", она говорила), запали мнѣ въ душу съ самыхъ раннихъ лѣтъ, какъ я только себя стала помнить. И съ самыхъ раннихъ лѣтъ всѣ эти понятія стали для меня уже аксіомами. Къ чести моихъ родителей, они не только не противодѣйствовали этому направленію, но сами всегда подтверждали и показывали намъ въ этомъ примѣръ отсутствіемъ какого-либо барскаго высокомѣрія передъ прислугой и рабочимъ народомъ.

Вспоминается мнѣ наша дѣтская, сидящая на низенькой скамеечкѣ няня, вяжущая чулокъ, а за столомъ сидитъ тетя Варя и что-то шьетъ или кроитъ (по этому я сужу, что мнѣ было уже не менѣе 5-ти лѣтъ, а можетъ-быть, и около 6-ти, такъ какъ тетя Варя была уже у насъ), и онѣ о чемъ-то разсуждаютъ. Помнится, я понимала, что онѣ говорятъ что-то о вѣрѣ. Тетка была страшно православная. И вотъ няня говоритъ, какъ всегда, своимъ мелодичнымъ, тихимъ голосомъ, а тетя Варя бросаетъ рѣзкія, отрывочныя фразы презрительнымъ тономъ. Я не понимаю, что онѣ говорятъ, и не вслушиваюсь въ разговоръ, но случайно у меня запомнилось нѣсколько словъ изъ этихъ разговоровъ, по которымъ я потомъ, именно съ помощью тети Вари (съ которой я вспоминала няню, будучи уже взрослой), до нѣкоторой степени могла возстановить слова няни.

Тетка о ней отзывалась такъ:

— Полувѣрка какая-то была, да и вольнодумка порядочная, извѣстно — мужичка, за мужиковъ и заступалась.

Разговоры, подобные описанному здѣсь, между теткой и няней происходили послѣ недавняго освобожденія крестьянъ, съ которымъ тетѣ Варѣ при ея крѣпостническомъ воспитаніи было трудно примириться.

Говорили онѣ, бывало, о Страшномъ Судѣ и второмъ пришествіи Спасителя.

Въ моей памяти и воображеніи нянины слова сложились въ такой формѣ:

„...... И откроются врата Царства Небеснаго и войдутъ въ нихъ перво-наперво нищіе, странички, калѣки, убогіе. А за ними вслѣдъ — мужички-пахари. А потомъ ужъ господа-грамотеи и купцы-богатеи." Тутъ она еще что-то добавляла, — что-то въ родѣ того, что „которые не обижали народъ или покаялись"...

— „А напослѣдокъ всѣхъ попы-архіереи. Они строже всѣхъ судиться будутъ". Когда же ее спрашивали, какъ разсказывала тетя Варя: „А куда же по-твоему цари и начальники пойдутъ?" то няня тѣмъ же невозмутимымъ голосомъ прибавляла:

— Государь нашъ батюшка Александръ Николаевичъ въ первомъ ряду съ мужиками пойдетъ. Ужъ ему тамъ мѣсто уготовано... Мужички его на своихъ рукахъ внесутъ... А что до остальныхъ прочихъ — о томъ не сказано, не знаю, — прибавляла она уклончиво.

Гдѣ это и кѣмъ было „сказано" — не знаю и я, но она очень часто употребляла это выраженіе для подтвержденія своей мысли.

Вотъ еще одинъ случай, характеризующій няню, который я однако не могу утверждать, было ли это наяву или во снѣ, но представлялся онъ мнѣ такъ живо и правдоподобно, что, не колеблясь, запишу его въ свои воспоминанія. Мнѣ, вѣроятно, года 3, Лялѣ — 5. Мы играемъ въ палисадникѣ. Няня сидитъ невдалекѣ отъ насъ на скамьѣ и, кажется, вяжетъ чулокъ. Должно быть, ранняя весна, потому что мѣстами еще лежатъ кучи грязнаго снѣга, мѣстами же стоятъ лужи. Мы разрываемъ не то щепочками, не то лопаточками снѣгъ и дѣлаемъ нѣчто въ родѣ канавокъ и любуемся, какъ образуются

ручейки и бѣгутъ со склона горы къ рѣкѣ, смывая и скатывая за собой камушки.

Вотъ мы стоимъ, прислонившись къ рѣшеткѣ палисадника, и смотримъ внизъ на журчащіе ручьи и слушаемъ звукъ скатывающихся камешковъ.

Вдругъ няня не то окликаетъ насъ, не то какой-то странный шумъ вверху надъ головой привлекаетъ мое вниманіе. Я поднимаю глаза и вижу пролетающихъ надъ нашими головами большихъ бѣлыхъ птицъ. Ихъ немного, — всего двѣ или три.

И въ ту же минуту раздается какой-то сильный трескъ. Это выстрѣлъ, который я, кажется, въ первый разъ слышу и сначала не понимаю, что это такое, — словно у меня въ ушахъ что-то лопнуло... И, глядя вверхъ, я, какъ сейчасъ, вижу, какъ сверху летятъ какія-то бѣлыя пушинки, которыя мнѣ сначала кажутся снѣжинками, и какъ какой-то большой комокъ закрутился въ воздухѣ и шлепнулся на землю въ другомъ концѣ палисадника.

Вотъ на землѣ лежитъ что-то большое, бѣлое и трепыхается, а потомъ вдругъ затихаетъ и лежитъ уже неподвижно. Мы ничего не понимаемъ, но съ любопытствомъ разсматриваемъ убитую птицу. Мнѣ она представляется просто гусемъ, какихъ я много видала на птичьемъ дворѣ, но врядъ ли то былъ гусь; а вѣрнѣе, что одинъ изъ аистовъ, которые водились у насъ на крышѣ бани, а можетъ-быть, и лебедь, которые, смутно вспоминаю, водились на Волгѣ въ камышахъ, — не могу, однако, теперь сказать навѣрное. Но все же вѣрнѣе предположить, что это былъ лебедь, тѣмъ болѣе, что лебяжій пухъ скорѣе могъ бы соблазнить какого-нибудь охотника. Что бы то ни было, но вижу няню, какъ она ахаетъ, качая головой и выражая, должно быть, сожалѣніе, и я чувствую, что сдѣлано что-то дурное, хоть и не совсѣмъ понимаю, что именно.

Все это было для меня ново и потому глубоко запечатлѣлось въ моемъ представленіи. И я какъ сейчасъ помню на бѣлыхъ перьяхъ ярко-красныя пятна, которыя, однако, не внушали мнѣ тогда никакого страха, ни ужаса. Смутно вспоминается еще то, какъ кто-то беретъ мертвую птицу и уноситъ куда-то.

Много лѣтъ позднѣе, когда я, уже въ юности, читала легенду о Сиддартѣ Буддѣ, о томъ, какъ онъ спасъ подстрѣленнаго лебедя, упавшаго къ его ногамъ, я вдругъ живо вспомнила этотъ маленькій случай изъ моего дѣтства, и мнѣ искренно, по-дѣтски, стало жаль, что въ нашемъ случаѣ птица оказалась не живой, такъ какъ я была увѣрена, что няня поступила бы съ нею такъ же, какъ и Будда. Она очень жалѣла животныхъ, и отецъ мой называлъ ее "сердобольной" и разсказывалъ, что у насъ всегда бывали заброшенные котята или хромыя собаки, которыхъ она выхаживала и выкармливала и которыя вездѣ лазали и гадили, за что, предполагаю, доброй нянѣ не разъ попадало отъ отца.

Вспоминаю еще такую сцену:

Мы сидимъ за утреннимъ чаемъ, въ столовой. Входитъ няня и подноситъ мамѣ на тарелкѣ сдобный хлѣбъ съ миндалемъ и, въ поясъ кланяясь, какъ-то особенно торжественнымъ голосомъ проситъ ее принять въ память дня ангела ея покойнаго отца, раба Божьяго Кузьмы.

Вспоминаю, что отъ нея же мы слыхали разсказы о какомъ-то Кузьмѣ-безсребренникѣ. И намъ казалось, что она разсказываетъ про своего отца "Кузьму Демьяновича", который какъ будто не любилъ денегъ. И только, будучи взрослой, я отъ матери узнала, въ чемъ было дѣло.

Это было такъ:

Первый мой ребенокъ родился въ день 1-го ноября. И я помню, что мать моя, бывшая при мнѣ, улыбаясь говорила: "Сегодня день св. Кузьмы и Демьяна—безсребренниковъ. Вотъ и дочка у тебя, видно, безсребренница будетъ—въ родителей своихъ. Помнишь, какъ няня Дарья Кузьминишна всегда почитала этотъ день въ память своего отца?..

И можно сказать, что няня не только по своимъ симпатіямъ, но и на дѣлѣ, по разсказамъ моихъ родителей, была замѣчательно безкорыстна и, какъ говоритъ отецъ, даже "горда" въ денежномъ отношеніи. Она, напримѣръ, никогда не соглашалась принимать денежныхъ подарковъ (на которые мой отецъ былъ всегда щедръ выше средствъ) и не только ничего не копила про черный день, но все раздавала, что только могла. Мать говорила, что она почти насильно должна была навязать ей опредѣленное жалованье.

По словамъ моей матери я знаю, что няня прожила у насъ 7 лѣтъ и была безупречно добросовѣстна въ исполненіи своихъ обязанностей, чрезвычайно предана матери и разумно-нѣжна съ дѣтьми. И, какъ говорила мать, за все ея пребываніе у насъ, у матери моей, кажется, только одинъ разъ было противъ нея неудовольствіе. Мать разсказывала мнѣ объ этомъ, уже когда я была замужемъ,—по поводу того, что она, моя мать, всегда осуждала манеру класть къ себѣ въ постель маленькихъ дѣтей и спать съ ними, какъ дѣлаютъ нѣкоторыя матери и няньки.

И помнится, что я сказала матери: „А между тѣмъ, у меня сохранилось воспоминаніе, что я, маленькая, лежу подъ бокомъ у кого-то, кажется у няни, и чувствую теплоту тѣла и мягкую грудь. Вѣдь не могу же я помнить, какъ ты меня кормила грудью?"

На это мнѣ мама съ удивленіемъ замѣтила: „Неужели и ты можешь помнить это? А мнѣ кажется, что это была не ты, а Нелли".

И вотъ по этому поводу мать и разсказала, что единственный случай ея неудовольствія противъ няни и былъ, именно, тотъ, когда она, однажды ночью, вставъ, чтобы посмотрѣть, кажется, больного ребенка, вошла въ дѣтскую и нашла меня, или Нелли, какъ ей казалось, спавшей съ няней на постели. И подъ вліяніемъ разсказа матери во мнѣ вдругъ всплыло это какъ будто забытое воспоминаніе дѣтства, которое мнѣ теперь представляется такъ:

Я стою, очевидно, утромъ, у няни на постели. Няня одѣваетъ меня. На ея щекахъ слезы, которыя я стараюсь стереть своими ручонками и удивляюсь, что она не отвѣчаетъ на мои ласки и заигрыванія. Въ той же комнатѣ я вижу мать, съ необычно строгимъ лицомъ, что-то быстро-быстро выговаривающей нянѣ и, какъ мнѣ кажется, „обижающую мою няню". Конечно, я не помню словъ, но помню только несвойственную моей матери строгую интонацію голоса, производящую на меня непріятное впечатлѣніе. Кажется, дѣло было въ томъ, что я кричала, должно быть, чего-то испугавшись во снѣ, и не хотѣла лежать въ кроваткѣ. И няня взяла меня къ себѣ, чтобы успокоить, и, вѣроятно, такъ и заснула вмѣстѣ со мной.

Разумѣется, мать моя была права въ данномъ случаѣ, но дѣтское чувство имѣетъ свою особенную логику. И сколько я себя помню въ дѣтствѣ, я всегда судила такъ же: „Кто сердится, тотъ не правъ—въ глазахъ дѣтей" [1]).

Когда же мать моя сердилась, что, однако, случалось очень

---

[1]) Слова Льва Николаевича Толстого. (Изъ его дневниковъ.)

рѣдко, мнѣ она казалась чужой. Ей это было положительно несвойственно, и меня это пугало и въ ту минуту отчуждало отъ нея.

Я должна еще прибавить тутъ, что рѣшительно не помню няни сердящейся и даже возвышающей голосъ, или же говорящей недобрымъ голосомъ. А между тѣмъ хорошо помню нѣкоторыя ея наставленія и такъ же то, какъ она насъ, дѣтей, мирила и выговаривала намъ за наши дѣтскія ссоры и обиды другъ друга. Особенно осталось у меня въ памяти, какъ она во время моихъ ссоръ съ братомъ Лялей, бывало, гладитъ меня по головѣ и, смотря мнѣ прямо въ глаза, внушительнымъ и ласковымъ голосомъ говоритъ:

— Будь умницей, Галенька! Не обижай бѣднаго братца Ляленьку. Пожалѣй его.

А когда я съ обидой въ голосѣ говорила:

— Это онъ меня обижаетъ,—а онъ, дѣйствительно, нерѣдко меня обижалъ, пользуясь тѣмъ, что онъ „больной",—то няня мнѣ внушала:

— А ты не обижайся. Уступи ему. Видишь, какой онъ хворенькій, хроменькій. Надо жалѣть его.

— Онъ дурачокъ, няня?—говорю я ворчливымъ голосомъ.

— Неправда, кто тебѣ сказалъ? Зачѣмъ такъ говорить. Нехорошо,—торопливо останавливаетъ меня няня.

— А папа такъ говоритъ.

Няня хмурится и вздыхаетъ, приговаривая что-нибудь въ родѣ: „Грѣхъ это, грѣхъ".

Къ этимъ воспоминаніямъ о нашей нянѣ могу прибавить еще, къ сожалѣнію, очень мало, такъ какъ всего я ее помню въ періодъ моей жизни отъ 2-хъ до 5-ти лѣтъ. Позднѣе же, когда пріѣхала наша первая гувернантка, я съ братьями, Лялей и Володей, ужъ очень мало была съ няней, потому что гувернантка насъ ревниво отдаляла отъ нея, находя, что няня насъ балуетъ. Няня же, въ свою очередь, была больше въ то время занята меньшими дѣтьми—Нелли и Сашей.

И мнѣ очень жаль и почти досадно, что какъ разъ въ этотъ періодъ моего дѣтства отъ 5-ти до 7-ми лѣтъ, когда я могла бы лучше и подробнѣе запомнить какъ жизнь этой удивительной женщины, такъ и ея слова и наставленія, я уже гораздо меньше помню ее.... Къ моему великому огорченію, какъ я ни роюсь въ моей памяти, я уже ничего не могу найти въ ней, кромѣ одного незначительнаго воспоминанія: нашего фотографированія и затѣмъ яркой сцены разставанія съ няней въ день отъѣзда нашего изъ Дубовки въ Кіевъ.

Какъ-то, однажды, лѣтомъ папа объявилъ намъ, что въ Дубовку пріѣхалъ фотографъ. Мать стала собирать насъ, чтобы везти снимать насъ. Помню, няня, кажется, отказывалась, такъ какъ ее долго уговаривали ѣхать съ нами, и наконецъ, какъ она, очевидно, сдавшись, вошла въ залу, въ новомъ свѣтло-сѣромъ платьѣ и въ какой-то странной, невиданной мною дотолѣ, бархатной наколкѣ на головѣ съ причесанными за уши волосами, собранными въ сѣтку, что дѣлало ея лицо какимъ-то длиннымъ и чужимъ для меня. Оттого ли, что ея видъ былъ такъ необыченъ для меня, но я въ свою очередь тоже заупрямилась, не соглашаясь переодѣваться и ѣхать.

Не помню ужъ, какъ меня въ концѣ концовъ убѣдили, но вотъ мы всѣ, наконецъ, у фотографа. Сестренка Нелли очень вертѣлась, такъ что ее трудно было хорошо снять одну, и ее посадили на руки нянѣ и сняли ихъ вмѣстѣ, а слѣдующей за ними меня одну, и я опять чуть не расплакалась, настаивая на томъ, чтобы меня тоже сняли съ няней.

Къ сожалѣнію, портретъ няни вышелъ неудачно. (Притомъ въ моментъ сниманія ей на губу сѣла муха, и она, желая сдунуть ее, оттопырила губу и вышла косоротая.) Да къ тому же и заѣзжій фотографъ былъ очень плохой. (Карточка эта сохранилась въ нашей семьѣ, и я сдѣлала съ нея довольно хорошій увеличенный снимокъ, который и помѣщаю здѣсь).

Мнѣ говорили потомъ, что ее хотѣли опять переснять, но она уже ни за что не соглашалась. (Это было въ 1864 г., лѣтомъ.)

Наступилъ канунъ нашего отъѣзда въ Кіевъ. Помню, какъ въ столовой примѣряютъ и передѣлываютъ на мнѣ и Нелли дорожныя клѣтчатыя платьица. Меня приводитъ въ восторгъ, когда мама говоритъ, что кринолины можно снять, и что мы больше не будемъ ихъ носить.

— И въ каретѣ просторнѣе будетъ, да и сестра Лиза пишетъ, что они уже изъ моды выходятъ.

И вотъ я тутъ же, сбросивъ съ себя кринолинъ, топчу его ногами и, подплясывая, припѣваю:

— Вотъ тебѣ, вотъ тебѣ, противный кринолинъ! Никогда, никогда тебя больше не надѣну!

Мимо меня проходитъ няня и улыбается, глядя на меня

сквозь слезы. И мнѣ немного совѣстно, что мнѣ весело, когда няня плачетъ.

Мы, кажется, до послѣдней минуты не знали, что няня не ѣдетъ съ нами, хотя я, видя ея слезы, подозрѣвала, что она остается. Помню, няня ласкаетъ меня, гладя по головѣ, и я чувствую потребность къ ней приласкаться и прижимаюсь къ ней. И во мнѣ вдругъ появляется смутное подозрѣніе, что няня не ѣдетъ съ нами, и подозрѣніе это подтверждается еще тѣмъ, что няня, снимая съ себя сѣрыя каменныя четки, надѣваетъ ихъ мнѣ на шею и говоритъ что-то въ родѣ:

— Носи на память.

Я бросаюсь къ матери за разъясненіемъ. Она какъ будто неохотно и неопредѣленно отвѣчаетъ мнѣ, какъ видно только въ утѣшеніе, что-то о томъ, что она останется вещи наши отправлять.

Затѣмъ помню послѣдній вечеръ съ няней. Это было въ маѣ 1866 года.

Мы уже давно спали не въ дѣтской. Ложились, то-есть раздѣвались мы уже одни. Няня рѣдко приходила къ намъ, и болѣе уже не пѣла, не разсказывала намъ сказки по вечерамъ. Но въ этотъ вечеръ, въ канунъ отъѣзда, няня пришла къ намъ и, какъ въ прежніе годы, стала раздѣвать насъ на ночь. И въ этотъ вечеръ и въ слѣдующій день я ее помню въ слезахъ, и какъ она, укладывая, цѣловала и благословляла насъ, при чемъ Лялѣ на шею она вѣшаетъ образокъ Пантелеймона исцѣлителя, который долго у него сохранялся.

Я такъ же много лѣтъ хранила четки, подаренныя мнѣ няней, но потомъ онѣ какъ-то постепенно перешли во владѣніе Неллиныхъ куколъ, да такъ и затерялись безслѣдно. Въ молодости я мало дорожила этими реликвіями старины, о чемъ теперь, въ старости, сожалѣю. И теперь мнѣ тѣмъ болѣе дорого всякое самое маленькое воспоминаніе о дорогихъ умершихъ.

Утромъ въ день нашего отъѣзда няня опять вся въ слезахъ, усаживая насъ въ карету, сунула каждому изъ насъ пакетики съ пряниками.

И мы плакали по нянѣ, хотя взрослые и утѣшали насъ, говоря, что няня пріѣдетъ къ намъ послѣ, но я плохо этому вѣрила, видя, какъ няня убивается.

Помню, какъ насъ посадили въ карету, огромную „дормёзъ", и какъ захлопнувшіяся-было дверцы опять открылись, и няня съ воплемъ кинулась къ намъ, цѣлуя насъ всѣхъ, и какъ-то особенно горячо цѣловала и благословляла брата Лялю. А потомъ, кинувшись къ матери на шею, проговорила:

— Матушка, Ольга Осиповна, Ляленьку-то въ обиду не давайте...

Дверка захлопнулась, и мы тронулись. Помню, я сидѣла противъ матери и, глядя въ окошко, видѣла, какъ няня грузно опустилась на ступеньки крылечка и, рыдая, закрыла лицо платкомъ. Помню, какъ я, высунувшись изъ окна, съ плачемъ зову:

— Няня! Няня!..

Къ чувству этого моего перваго дѣтскаго горя разставанія съ любимой няней, помнится, примѣшивалось, однако, еще и чувство нѣкоторой ревности, возникшей въ моемъ сердцѣ, когда мнѣ показалось, что няня больше цѣлуетъ брата Лялю, чѣмъ меня, и, судя по ея словамъ матери, жалѣетъ больше его. И я съ горечью сказала себѣ: „Няня любитъ Лялю больше, чѣмъ меня". Но все же я чувствовала, что это не можетъ уменьшить моей любви къ ней, и что „я всегда, всегда буду любить и помнить мою няню".

Мы съ братомъ не разъ послѣ выражали матери сожалѣніе, что няня не поѣхала съ нами, но мать объясняла намъ, что она незадолго до нашего отъѣзда получила извѣстіе о возвращеніи своего мужа и все поджидала его. Когда же онъ вернулся, она съ нимъ, кажется, уѣхала опять въ Таганрогъ, откуда мать и привезла ее съ собой, когда родилась я. Съ тѣхъ поръ прошло много лѣтъ, и мы долго о ней ничего не слыхали. И только, когда я была уже взрослая и мы съ матерью проѣзжали черезъ Таганрогъ, мы случайно встрѣтили нашего стараго пріятеля Рогожина, который сообщилъ намъ о томъ, что бѣдная няня не очень-то счастлива была съ мужемъ: онъ, говорятъ, пилъ и, вѣроятно, огрубѣлъ въ солдатской и арестантской средѣ, и няня умерла, кажется, года черезъ два послѣ нашего отъѣзда изъ Дубовки.

Какъ это ни странно, но вотъ уже 40 лѣтъ съ тѣхъ поръ прошло, а въ памяти у меня няня наша стоитъ, какъ живая. И чѣмъ ближе я приближаюсь къ старости, тѣмъ ярче и яснѣе возстаютъ въ памяти картины дѣтства, и такъ живо переживаешь ихъ, что прошлое становится настоящимъ... и тѣмъ дороже становится все то, что въ сердцѣ связано съ воспоминаніемъ о моей милой, доброй нянюшкѣ Дарьѣ Кузьминишнѣ.

ЗАКЛЮЧЕНІЕ.

Сонъ.

Прошлую ночь мнѣ снился сонъ. Я снова попала въ Дубовку. Я бѣгу съ горы—вонъ внизу Волга, а вонъ—направо нашъ старый домъ. Я спѣшу туда. Я какъ будто убѣжала откуда-то и тороплюсь куда-то. Вотъ я вхожу въ ворота и бѣгу налѣво къ крыльцу дома. Я съ колебаніемъ вхожу въ переднюю, заглядываю направо въ кабинетъ отца, но стѣны пусты, все снято съ нихъ, нѣтъ ни оружія, ни ковровъ, ничего. Бѣгу въ залу, оттуда налѣво въ гостиную,—все пусто. Меня охватываетъ тоска. Неужели никого нѣтъ? Но что-то мнѣ словно подсказываетъ, что я должна здѣсь найти няню. Я пробѣгаю черезъ угловую комнату, поворачиваю въ столовую и вижу открытыя двери въ мамину темную спальню. Но не рѣшаюсь войти туда. Я знаю, что ея нѣтъ тамъ. И нигдѣ ея нѣтъ. Вспоминаю во снѣ, что она умерла, и темнота пустой комнаты меня пугаетъ. Я не заглядываю въ нее и бѣгу мимо черезъ буфетъ направо, черезъ темныя сѣни, въ нашу дѣтскую. Вбѣжавъ въ нее, я съ тоской зову: „Няня! Няня!"—хоть при этомъ смутно, даже во снѣ, сознаю, что это безуміе,—что ея нѣтъ. Но мнѣ такъ хочется ее увидѣть, что мнѣ кажется, что мое страстное желаніе сможетъ побѣдить самую невозможность этого факта, и кажется, вотъ-вотъ, она появится откуда-нибудь.

Ясно вижу въ открытыя двери изъ большой дѣтской въ ея комнату окно во дворъ. Но и тамъ все пусто. Кругомъ мертвая тишина. И я чувствую вдругъ усталость, апатію, и хочется лечь, уснуть, умереть. Ноги трясутся отъ слабости, и мнѣ самой удивительно, какъ это я такъ далеко и одна прибѣжала: мои будутъ искать меня, безпокоиться, но я не могу ужъ и не хочется больше никуда итти... и я ищу взглядомъ, куда бы прилечь, но комната пуста... Какъ вдругъ въ ушахъ моихъ, какъ это бываетъ и наяву, въ минуты усталости, въ тишинѣ—слышится какой-то мотивъ. Я невольно прислушиваюсь къ нему. Я знаю, что это за мотивъ, но не могу вспомнить, что именно такое. Мнѣ кажется, что кто-то мурлыкаетъ за окномъ эту грустную мелодію. И вотъ я смотрю въ окно и вижу на нашемъ огородѣ,—такомъ самомъ, какимъ онъ былъ тогда въ мое время,—на грядкахъ сидитъ какая-то женская склоненная фигура, покрытая съ головой темнымъ платкомъ—длиннымъ, сѣрымъ, полупрозрачнымъ. На дворѣ не то вечернія, не то предразсвѣтныя сумерки, и трудно разглядѣть, кто это и что она дѣлаетъ. Но для меня несомнѣнно, что это должна быть няня, и я стучу въ окно и зову ее. И вдругъ словно какая-то сила—такъ, какъ бываетъ только во снѣ, выноситъ меня изъ дѣтской прямо туда къ нянѣ на огородъ. И я хочу обратить ея вниманіе на себя, и плачу, и стараюсь заглянуть ей подъ платокъ, чтобы разглядѣть черты ея лица. Я вижу ее въ профиль, но голова ея склонена и вѣки опущены, и она будто не замѣчаетъ меня. И хотя она не разѣваетъ рта, но я продолжаю слышать все тотъ же грустный напѣвъ и все еще не могу угадать, что она поетъ. Руки ея что-то дѣлаютъ на грядкахъ. Вотъ она что-то вытаскиваетъ: ахъ, да, это большая желтая луковица, и я ожидаю, что она сейчасъ дастъ мнѣ эту луковицу, чтобы я отнесла ее туда внизъ — „бурлаку", который тамъ, внизу, у берега прячется подъ бревнами. Но, вотъ, отъ луковицы тянется какой-то длинный корень, и няня тянетъ-тянетъ его безъ конца, и вмѣстѣ съ тѣмъ продолжаетъ тянуться тотъ же мотивъ. И я вдругъ вспоминаю, что это за мотивъ, и говорю:

— Няня, откуда ты знаешь этотъ мотивъ? Вѣдь это мотивъ „Парки" [1]).—И вотъ сама няня представляется мнѣ статуей Парки (которую я гдѣ-то, когда-то видала). И тянетъ уже изъ земли не луковицу, а длинную тонкую нитку, которую наматываетъ на клубокъ. И мнѣ кажется, что нитка становится все тоньше и тоньше,—какъ волосокъ, и вотъ-вотъ порвется. И мнѣ не то хочется, чтобы она кончила тянуть эту безконечную нитку, не то чего-то страшно... какъ будто жизнь моя связана съ этой ниткой. Я смутно сознаю, что это видѣніе, которое вотъ-вотъ разсѣется, и боюсь, что она исчезнетъ и такъ и не скажетъ мнѣ ни слова. А мнѣ такъ-такъ хочется услыхать ея голосъ! Быть-можетъ, она не узнаетъ меня? И я, рыдая и припадая къ ней, напоминаю ей про себя и про нашу дѣтскую жизнь вмѣстѣ съ ней.

— Спой мнѣ старую, одну изъ твоихъ прежнихъ пѣсенокъ, разскажи мнѣ старую-старую сказку,—прошу я.—Мнѣ такъ-такъ хочется вернуть мое прежнее и дѣтское настроеніе, дѣтскую вѣру въ твои слова.

---

[1]) Изъ греческихъ мелодій „Парки" Фуржерона, съ которымъ я недавно познакомилась (1907 г.).

И я торопливо, захлебываясь рыданіями и слезами, разсказываю ей о себѣ, о пройденномъ пути жизни.

— Увѣренность въ себѣ была такъ велика,— а итогъ жизни такъ скуденъ, такъ ничтоженъ... Теперь я чувствую себя такой безсильной, негодной... Жизнь со всѣми ужасами послѣднихъ лѣтъ пугаетъ меня... Грядущее такъ страшно, сложно и темно. А прошлое такъ ясно, просто и такъ мило.

И сердце мое наполняетъ такая жгучая, безысходная тоска о прошломъ невозвратномъ, счастливомъ дѣтствѣ, о томъ, что его нельзя вернуть и нельзя начать жить сызнова, по-новому, и сердце такъ мучительно бьется въ груди, что кажется, вотъ-вотъ сейчасъ разорвется.

И вотъ, наконецъ, я слышу тихій голосъ няни. Она не то говоритъ, не то поетъ, склонившись надо мною:

— Будь осторожна, нитку не порви! Потерпи, подожди. Не плачь, родная дѣточка моя!

И какъ сладко прозвучалъ для меня этотъ голосъ. Такъ давно-давно меня никто не называлъ: „дѣточка". И вотъ я чувствую, что лежу какъ бы на ея колѣняхъ, прижавшись щекой къ ея груди. А она, тихо лаская меня рукой по волосамъ, почти беззвучно говоритъ:

— Не надо плакать и роптать, мое родное, милое дитя. Все хорошо: и то, что было и прошло, и хорошо—*должно быть хорошо* все то, что есть и будетъ...

И я проснулась: въ слезахъ, прижимаясь къ подушкѣ, я такъ живо чувствовала присутствіе моей милой, дорогой няни, что первыя минуты не могла повѣрить, что это былъ лишь сонъ.

Анна Черткова.

15 мая 1907.
Tuckton House, Англія.

ОГЛАВЛЕНІЕ.

Стр.

Предисловіе 3

Часть I. *Дубовка*.

Вмѣсто вступленія. Домикъ на Волгѣ 7
I. Няня и бурлакъ 8
II. Пожары 12
III. Юродивый Филька 18
IV. Изъ самыхъ раннихъ воспоминаній объ отцѣ и матери 20
V. Какъ отецъ меня высѣкъ 23
VI. Вороной и Тимошка 25
VII. Какою я себя помню въ раннемъ дѣтствѣ 27
VIII. Братъ Ляля 29
IX. Моментальные снимки.
    1. Бѣлянка 33
    2. Монахъ 34
X. Желаніе быть мальчикомъ и отношеніе къ нарядамъ 35
XI. Какъ я боялась жениховъ 38
    1. Морякъ Эльснеръ 39
    2. Андрюша Барсовъ 41
XII. Дядя Ваня 43
XIII. Тетя Варя и тетя Люша 49
XIV. Дѣтскій балъ 55
XV. Изъ отрывочныхъ воспоминаній.
    1. Тараканъ и фельдшеръ 59
    2. Котъ 60
    3. Поѣздка въ яблочный садъ 62
    4. Разбойникъ 63
XVI. Встрѣча съ сумасшедшей 65
XVII. Природа и я 69
XVIII. Изъ отрывочныхъ воспоминаній.
    1. Облако 73
    2. Павитель 73
XIX. Лѣтнее утро съ няней 76
XX. Зимній вечеръ 80
XXI. Волга 84
XXII. Вліяніе пѣсни и волжскія пѣсни 86
XXIII. Отецъ и мать, и вліяніе ихъ на наше воспитаніе въ раннемъ дѣтствѣ 90

		Стр.
XXIV.	Игры и занятія въ раннемъ дѣтствѣ	96
XXV.	Братъ Володя	100
XXVI.	Сестра Неаля	110
XXVII.	Братъ Саша	115
XXVIII.	Обряды	117
XXIX.	Отецъ и леньщики	121
XXX.	Отецъ и кіевскія конфеты	123
XXXI.	Гувернантка. Начало обученія	124
XXXII.	Вліяніе первыхъ книгъ и картинъ	132
XXXIII.	„Много будешь знать, скоро состаришься"	137
XXXIV.	Водовозъ „Мишка" о Христѣ	140
XXXV.	Отецъ, Неля и мы	144
XXXVI.	Отъѣздъ отца	147
XXXVII.	Послѣдняя весна въ Дубовкѣ	152
XXXVIII.	Наша нянюшка	160
	Заключеніе	176

www.ingramcontent.com/pod-product-compliance
Lightning Source LLC
LaVergne TN
LVHW061214060426
835507LV00016B/1925